MICHAEL H. MÜLLER

Die innerstaatliche Umsetzung von einseitigen Maßnahmen der Auswärtigen Gewalt

Schriften zum Öffentlichen Recht

Band 663

Die innerstaatliche Umsetzung von einseitigen Maßnahmen der Auswärtigen Gewalt

Von

Michael H. Müller

Duncker & Humblot · Berlin

Die Deutsche Bibliothek – CIP-Einheitsaufnahme

Müller, Michael H.:
Die innerstaatliche Umsetzung von einseitigen Massnahmen der auswärtigen Gewalt / von Michael H. Müller. — Berlin : Duncker und Humblot, 1994
(Schriften zum öffentlichen Recht ; Bd. 663)
Zugl.: Saarbrücken, Univ., Diss., 1992
ISBN 3-428-08011-4
NE: GT

Fremddatenübernahme und Druck:
Berliner Buchdruckerei Union GmbH, Berlin
Printed in Germany

ISSN 0582-0200
ISBN 3-428-08011-4

Vorwort

Diese Arbeit lag der Rechts- und Wirtschaftswissenschaftlichen Fakultät der Universität des Saarlandes als Dissertation im Sommer 1992 vor. Für seine Unterstützung und Förderung danke ich besonders meinem Doktorvater, Herrn Professor Dr. Dr. Dr. h. c. Georg Ress. Für die anregenden Diskussionen während der gemeinsamen Zeit in dem Europa-Institut der Universität des Saarlandes danke ich allen Kollegen, hier insbesondere Herrn Dr. Alberto Zuppi. Auch Frau Edda Gassert und Frau Michaela Merg bin ich für die Hilfe bei der Fertigstellung des Manuskripts dankbar. Der Universität des Saarlandes danke ich für die Bewilligung eines Druckkostenzuschusses.

Saarbrücken, im März 1994

Michael H. Müller

Inhaltsverzeichnis

Zweiter Teil

Rechtmäßigkeitsvoraussetzungen wirtschaftlicher Zwangsmaßnahmen

Dritter Teil

Die innerstaatliche Durchsetzung einseitiger Maßnahmen der Auswärtigen Gewalt im Bereich des zivilen Luftverkehrs

Einleitung

Seit Bestehen der Bundesrepublik Deutschland haben sich Rechtsprechung und Literatur mit Fragen der auswärtigen Gewalt und insbesondere der Verteilung der Kompetenzen zwischen Parlament und Regierung im Bereich der auswärtigen Gewalt beschäftigt.

In den Entscheidungen zum Petersberger Abkommen[1] und im Kehler Hafen-Abkommen-Fall[2] hat das Bundesverfassungsgericht bis heute allgemein anerkannte Maßstäbe zur Auslegung des Art. 59 Abs. 2 GG entwickelt und damit die in den ersten Jahren des Bestehens der Bundesrepublik Deutschland vorhandenen Unsicherheiten über den Umfang der Zustimmungsbedürftigkeit völkerrechtlicher Verträge beseitigt.[3] Die Beiträge von Menzel und Grewe auf der Staatsrechtslehrertagung im Jahre 1953[4] sowie der Beitrag von Mosler in der Festschrift für C. Bilfinger[5] aus dem Jahre 1954 haben wichtige Teilbereiche der Stellung der auswärtigen Gewalt im Grundgesetz verdeutlicht.

Nachdem das Bundesverfassungsgericht sowohl die Zulässigkeit der Verfassungsbeschwerde gegen ein Zustimmungsgesetz zu einem völkerrechtlichen Vertrag[6] als auch die Zulässigkeit der präventiven Normenkontrolle im Bereich der völkerrechtlichen Verträge bejaht hatte[7], war Gegenstand mehrerer Entscheidungen der Umfang der eigenen Prüfungskompetenz im gewaltenteilenden System des Grundgesetzes bei Sachverhalten mit Außenbezug. Wegweisend in diesem

---

1 BVerfGE 1, 351 ff.

2 BVerfGE 2, 347 ff.

3 Zur Auslegung der Begriffe „politische Verträge" sowie „Verträge, die sich auf Gegenstände der Bundesgesetzgebung beziehen" vgl. die Kommentierungen bei Rojahn, O., in: v. Münch, I. (Hrsg.), Grundgesetzkommentar, Bd. 2, 2. Aufl., Art. 59 Rdnr. 19 ff.; Maunz, T., in: Maunz / Dürig / Herzog / Scholz, Kommentar zum Grundgesetz, Bd. 3, Art. 59 Rdnr. 13 ff. m. w. N.; zur rechtlichen Einordnung der Verträge zwischen der Bundesrepublik Deutschland und der DDR vgl. Doehring, K. / Ress, G., Die parlamentarische Zustimmungsbedürftigkeit von Verträgen zwischen der Bundesrepublik Deutschland und der Deutschen Demokratischen Republik, 1971, S. 48 ff.

4 Menzel, E. / Grewe, W., Die auswärtige Gewalt der Bundesrepublik, VVDStRL 12 (1954), S. 129 ff.

5 Mosler, H., Die auswärtige Gewalt im Verfassungssystem der Bundesrepublik Deutschland, Beiträge zum ausländischen öffentlichen Recht und Völkerrecht, Heft 29, Festgabe für Carl Bilfinger, 1954, S. 243 ff.

6 BVerfGE 6, 290 ff. (195); vgl. auch BVerfGE 16, 220 (226); 24, 33 (53); 45, 83 (96); 57, 9 (23)

7 BVerfGE 1, 396 — Europäische Verteidigungsgemeinschaft, 2, 143 (169)

Bereich waren die Urteile zum Saarstatut[8] und zum Grundlagen-Vertrag[9], die Entscheidungen in Sachen Hess[10], die Beschlüsse betreffend die Verfassungsbeschwerden gegen angebliches Untätigbleiben des Staates hinsichtlich der Lagerung von C-Waffen in der Bundesrepublik Deutschland durch die amerikanischen Streitkräfte[11], die Entscheidung über die gegen die Lagerung von Pershing II-Raketen eingelegten Verfassungsbeschwerden[12] und den von der Fraktion der Grünen in dieser Sache angestrengten Organstreit[13].

Während in den Anfangsjahren des Bestehens der Bundesrepublik Deutschland Auslegungsfragen des Art. 59 Abs. 2 GG im Vordergrund standen, verlagerten sich die Rechtsprobleme durch den Beitritt der Bundesrepublik Deutschland zu internationalen Organisationen und zwischenstaatlichen Einrichtungen, insbesondere durch den Beitritt zu den Europäischen Gemeinschaften, von Art. 59 Abs. 2 GG zur Auslegung des Art. 24 GG. „Solange"-[14], „Vielleicht"-[15] und „Mittlerweile"-Beschluß[16] sowie die Eurocontrol-Entscheidung[17] und die Entscheidung in Sachen Pershing II[18] sind Ausdruck des Bemühens, die Grenzen der Übertragbarkeit deutscher Hoheitsgewalt auf zwischenstaatliche Einrichtungen aufzuzeigen und den Rang zwischen nationalem Recht und dem von zwischenstaatlichen Einrichtungen erlassenen Recht zu bestimmen. Das Verhältnis zwischen Legislative und Exekutive wurde „im Geflecht der internationalen Beziehungen"[19] durch einen Kompetenzverlust des Parlamentes im Rahmen von Art. 59 Abs. 2 GG und dem damit einhergehenden Machtzuwachs der Exekutive beschrieben.[20]

---

8 BVerfGE 4, 157 ff. — Saarstatut; ausführlich zu dieser Entscheidung Zeidler, F.-C., Verfassungsgericht und völkerrechtlicher Vertrag, Schriften zum Öffentlichen Recht, Bd. 251, 174, S. 41 ff., sowie Schuppert, F., Die verfassungsgerichtliche Kontrolle der Auswärtigen Gewalt, 1973, S. 88 ff.

9 BVerfGE 36, 1 ff. (14).

10 BVerfGE 55, 349 ff. (364); vgl. auch BVerfGE 56, 54 ff. — Fluglärmentscheidung m. w. N.

11 BVerfGE 77, 170 ff.; zu diesem Urteil siehe die Anmerkung von R. Wolfrum, in: EuGRZ 1988, S. 295 ff.

12 BVerfGE 66, 39 ff.

13 BVerfGE 68, 1 ff.

14 BVerfGE 37, 271 ff. (277, 280 f., 285)

15 BVerfGE 52, 187 ff. (202 f.)

16 BVerfGE 73, 339 ff., NJW 1987, 577 ff.; vgl. die Besprechung dieser Entscheidung von Kedder, Ch., Ein neuer gesetzlicher Richter?, in: NJW 1987, 526 ff.; Hilf, M., Solange II: Wie lange noch Solange?, in: EuGRZ 1987, S. 1 ff.; Ress, G., Wichtige Vorlagen deutscher Verwaltungsgerichte an den Gerichtshof der Europäischen Gemeinschaften, in: Die Verwaltung 1987, S. 177 f.; vgl. in diesem Zusammenhang auch den Beschluß des BVerfG vom 8.4.1987 = NJW 1988, 1459 ff. zur Abgrenzung der Gerichtsbarkeit des BVerfG von derjenigen des EuGH.

17 BVerfGE 58, 1 ff.; 59, 63 ff. (85 ff.)

18 Siehe Anm. 12, 13; diese Entscheidung wird in der „C-Waffen-Entscheidung" bestätigt (BVerfGE 77, 170 ff.)

19 Erster Beratungsgegenstand der Deutschen Staatsrechtslehrertagung 1978 in Berlin mit Beiträgen von Tomuschat, C. und Schmidt, R., VVDStRL (36) 1978, S. 7 ff.

Tomuschat ist der Ansicht, dieser Entwicklung auf der verfassungsrechtlichen Ebene nicht entgegenwirken zu können. Er verweist das Parlament insoweit auf seine Kontroll- und Artikulationsfunktion, auf sein Recht, die Regierung um Auskunft zu ersuchen, auf sein Recht, über alle Gegenstände zu debattieren.[21] Im Jahre 1984 wurde die Gegenthese aufgestellt, diesem Kompetenzverlust der Legislative könne durchaus auf verfassungrechtlicher Ebene entgegengewirkt werden: Art. 59 Abs. 2 GG sei nämlich folgendermaßen zu lesen:

> „Immer dann, wenn die politischen Beziehungen des Bundes geregelt werden, so ist diese Regelung in Form eines völkerrechtlichen Vertrags zu treffen."[22]

Die Regierung wäre nach dieser Ansicht nicht frei in der Entscheidung, ob eine Materie in Form eines völkerrechtlichen Vertrages oder beispielsweise durch einseitige Erklärung geregelt werden soll. Vielmehr bestünde von Rechts wegen der Typenzwang, politische Angelegenheiten im Sinn von Art. 59 Abs. 2 GG nur noch in der Form des völkerrechtlichen Vertrages zu regeln.

Im außervertraglichen Bereich sind schon seit Mitte der 70er Jahre in der Literatur vereinzelt Stimmen lautgeworden, die Zweifel an der ausschließlichen Kompetenz der Regierung zum Erlaß einseitiger Maßnahmen anmeldeten: So hat Tomuschat im Jahre 1973 auf die rechtlichen Probleme hingewiesen, die die Durchsetzung von Retorsions- und Repressalienmaßnahmen auf der innerstaatlichen Ebene mit sich bringen.[23] Im Rahmen der Diskussion über die Entsendung deutscher Truppen an den persischen Golf wird — unabhängig von der Frage, ob eine Beteiligung an UN-Aktionen von einer Grundgesetzänderung abhängig ist — unter Hinweis auf die Grundrechte der Soldaten die Frage gestellt, ob diese Entsendung allein durch einen Beschluß der Bundesregierung zulässig wäre, oder ob es eines formellen Gesetzes für die Entsendung der deutschen Truppen bedürfe[24]. Die heftigen innenpolitischen Diskussionen im Jahre 1991 über eine Beteiligung deutscher Truppen an den UN-Aktionen anläßlich der kriegerischen Besetzung Kuweits durch den Irak und die Forderung von Teilen

---

20 Tomuschat (Anm. 19), S. 26 f.

21 Ders. (Anm. 19), S. 26 f.

22 Diese Rechtsansicht wurde von der Fraktion der „Grünen" als Antragstellerin im Organstreitverfahren in Sachen Stationierung der amerikanischen Mittelstreckenraketen in der mündlichen Verhandlung vorgetragen. Vgl. BVerfGE 68, 38.

23 Tomuschat, C., Repressalie und Retorsion. Zu einigen Aspekten ihrer innerstaatlichen Durchführung, in: ZaöRV, Bd. 33 (1973), S. 179 ff. Vgl. auch Bleckmann, A., Die völkerrechtliche Repressalie im innerstaatlichen Recht, in: DÖV 1981, S. 353 ff.

24 Kersting, K., Kollektive Sicherheit und peace keeping operations, in: NZWehrR 1983, S. 64 ff.; zur Problematik der Beteiligung an UN-Friedenstruppen vgl. Fleck, D., UN-Friedenstruppen im Brennpunkt, in: VN 1974, S. 161 ff.; Klein, E., Rechtsprobleme einer deutschen Beteiligung an der Aufstellung von Streitkräften der Vereinten Nationen, in: ZaöRV Bd. 34 (1974), S. 429 ff.; Mössner, J. M., Bundeswehr in blauen Helmen, v. Münch (Hrsg.), Festschrift für Hans-Jürgen Schlochauer, 1981, S. 97 ff.; Tomuschat, D., Deutscher Beitrag zu den UN-Friedenstruppen, in: Außenpolitik, 1985, S. 272 ff.; Riedel, K., Bundeswehr mit „blauen Helmen"?, in: NJW 1989, 639 ff. m. w. N.

des Parlamentes, jeglicher Einsatz von deutschen Truppen bedürfe der vorherigen Zustimmung der Legislative, hat den Kompetenzstreit zwischen Parlament und Regierung im Bereich des Auswärtigen erneut entfacht.[25]

Überlegungen zur Gründung einer Europäischen Eingreiftruppe im Zusammenhang mit dem Konflikt in Jugoslawien[26] zeigen die Notwendigkeit, innerstaatlich zu einer klaren und auch für Drittstaaten nachvollziehbaren Kompetenzabgrenzung zwischen Legislative und Exekutive zu gelangen.

Aber auch weniger spektakuläre Ereignisse machen den Kompetenzkonflikt deutlich: So führt beispielsweise die Ausdehnung der Fischereigrenze auf zweihundert Seemeilen allein durch Beschluß der Exekutive und ohne Mitwirkung des Parlamentes in Form eines Gesetzes zu Rechtsfragen, auf die Doehring hinwies: „Wenn die Erweiterung der Hoheitsrechte ohne Mitwirkung des Parlamentes rechtlich zulässig ist, kann dann auch die Exekutive allein über eine Verkleinerung entscheiden? Genießen die deutschen Schiffe bis 200 Seemeilen noch Schutz? Und wie kann dieser durchgeführt werden, wenn kein Gesetz vorhanden ist?“[27] Teilaspekte des Kompetenzkonflikts im Bereich des Auswärtigen hat das Bundesverfassungsgericht im Pershing-Urteil aus dem Jahre 1984 zugunsten der Exekutive entschieden: die Bundestagsfraktion der „Grünen“ hatte im Wege eines Organstreites die Feststellung begehrt, die Regierung habe die Rechte des Parlamentes dadurch verletzt, daß die Zustimmung zur Stationierung der amerikanischen Mittelstrekenraketen (Pershing II, Cruise Misile) ohne vorheriges formelles Gesetz erfolgt sei[28]. Zur Begründung wurde zunächst vorgetragen, daß die Zustimmung der Regierung eine „wesentliche Entscheidung“ sei, die nach der vom Bundesverfassungsgericht entwickelten Wesentlichkeits-Theorie dem Parlamentsgesetzgeber vorbehalten sei. Im Sinne der Rechtsprechung zum

---

25 Die unterschiedlichen Rechtspositionen bezüglich Art. 87a II GG werden deutlich bei Wieland, R., Verfassungsrechtliche Grundlagen und Grenzen für den Einsatz der Bundeswehr, in: DVBl 1991, 1174 ff. Er bejaht einen Verstoß gegen Art. 87a II GG, falls der Einsatz nicht der Verteidigung eines NATO-Partners dient.

Zu der Gegenposition, insbesondere, daß Art. 87a den Auslandseinsatz gar nicht regele und das Zustimungsgesetz zum Beitritt zu den Vereinten Nationen einen hinreichende Ermächtigungsgrundlage darstelle, vgl. Frowein, J. / Stein, T., Rechtliche Aspekte einer Beteiligung der Bundesrepublik Deutschland an Friedenstruppen der Vereinten Nationen, Beiträge zum ausländischen öffentlichen Recht und Völkerrecht, Bd. 101 (1990).

26 F.A.Z. v. 13.1.1992, S. 3

27 Doehring, K., VVDStRL 36 (1978), S. 147 f.

28 Die Argumentation ist wiedergegeben in: BVerfGE 68, ff.; vgl. auch Bleckmann, A., Gesetzesvorbehalt für die Nachrüstung?, in: DVBl. 1984, S. 6 ff.; Däubler, W., Stationierung und Grundgesetz, 1982; Schweisfurth, Th., Rechtsfragen der Raketenstationierung, NJW 1984, S. 1506 ff.; Weber, A., Nachrüstung und Grundgesetz, in: JZ 1984, S. 583 ff.; v. Münch, I., Rechtsfragen der Raketenstationierung, in: NJW 1984, S. 577 ff.; Schweisfurth, Th., Die „Zustimmung“ der Bundesregierung zur Stationierung amerikanischer Mittelstrekkenraketen in der Bundesrepublik Deutschland, in: Archiv des Völkerrechts, Bd. 22 (1984), S. 195 ff.; Eckertz, R., Atomare Rüstung im Verfassungsstaat, in: EuGRZ 1985, S. 165 ff.

Gesetzesvorbehalt im Schulrecht — Sexualkunde — und im Anschluß an die Entscheidungen im Atomrecht — Kalkar und Mülheim / Kärlich — enthalte die Zustimmung der Regierung zur Stationierung der Mittelstreckenraketen eine Grundrechtsgefährdung der Bürger der Bundesrepublik Deutschland. Somit seien diejenigen Anforderungen, die für das Betreiben von Atomkraftwerken auf dem Boden der Bundesrepublik Deutschland gelten, erst recht für die Stationierung von Atomraketen gültig[29]. Ähnlich argumentierten die Beschwerdeführer in dem gegen die Bundesregierung angestrengten Verfahren bezüglich der Lagerung von C-Waffen auf dem Gebiet der Bundesrepublik Deutschland: „. . . Kraft des allgemeinen Grundsatzes des Gesetzesvorbehaltes seien unabhängig vom Vorliegen eines Eingriffs grundlegende und wesentliche Entscheidungen vom Gesetzgeber zu treffen; zu ihnen zähle auch die Entscheidung über eine Stationierung von C-Waffen und die Inkaufnahme der mit einer solchen Stationierung zusammenhängenden Risiken."[30]

Dieser Argumentation — Wesentlichkeitstheorie — folgend wären alle Handlungen der Bundesregierung, sofern sie nur „Grundrechtsrelevanz" besitzen, an ein vor Ausführung der Handlung erlassenes formelles Gesetz verfassungsrechtlich gebunden. Mithin wären auch einseitige Akte im Bereich des Auswärtigen, wie beispielsweise der Abbruch diplomatischer Beziehungen, die Kündigung oder Suspendierung von Verkehrsabkommen oder die Anerkennung bzw. Nichtanerkennung eines Staates an die vorherige Zustimmung des Parlamentes gebunden, sofern diese Akte nur „grundrechtsrelevant" sind, d. h. Rechtsgüter deutscher Bürger im Ausland und / oder Inland zumindest mittelbar berühren oder berühren können.

Diese auf eine extreme Ausdehnung der Mitwirkungsbefugnisse des Parlamentes abzielende These bezeichnet Grewe als „rein politische Forderung", als „über das Demokratieprinzip des Grundgesetzes hinausgehendes Postulat der Demokratisierung"[31]. Grundsätzlich seien Akte der auswärtigen Gewalt dem Kompetenzbereich der Exekutive zugeordnet[32]. Die Mitwirkung des Parlamentes im Bereich des Art. 59 Abs. 2 GG stellt danach einen Einbruch in Kompetenzen der Exekutive dar[33], eine Ausdehnung des Gesetzesvorbehaltes über Art. 59 Abs. 2 GG hinaus verstößt gegen den Grundsatz der Gewaltenteilung.

---

29 In der Organklage der Fraktion der Grünen vom 15.11.1983 wurde das Erfordernis einer gesetzlichen Grundlage zunächst allein mit der Wesentlichkeitstheorie begründet. Erst in der mündlichen Verhandlung vom 17.7.1984 wurde die oben (Anm. 22) dargelegte Ansicht zur Interpretation von Art. 59 Abs. 2 GG dargelegt. Zur Zulässigkeit dieses späteren Vorbringens unter dem Gesichtspunkt der Frist des § 64 III BVErfGG siehe BVerfGE 68, 53, 73.

30 BVerfGE 77, 170 ff. (181).

31 Grewe, W., Zum Verfassungsrecht der auswärtigen Gewalt, in: AÖR 1987 (Bd. 112), S. 521 ff. (526); ders., in: Isensee / Kirchhof (Hrsg.), Handbuch des Staatsrechts, Bd. III, 1988, § 77, Rdnr. 48

32 Unter Hinweis auf BVerfGE 68, 1 ff. (87), „Pershing".

33 BVerfGE 1, 351 ff. (369)

Diese zuvor skizzierten Positionen zum Verhältnis zwischen Legislative und Exekutive im Bereich des Auswärtigen werden in den folgenden Kapitel erörtert werden. Zunächst soll jedoch die Rechtsprechung des Bundesverfassungsgerichtes und Bundesverwaltungsgerichtes zu Umfang und Geltungsbereich des Gesetzesvorbehaltes analysiert werden. Eine solche Analyse ist geboten, da — wie die Bemühungen um die Bestimmung eines „Verwaltungsvorbehaltes" als Grenze des ausufernden Parlamentsvorbehaltes auf der Staatsrechtslehrertagung 1984 beweisen[34] — exakte Kriterien zur Bestimmung des Gesetzes- und Parlamentsvorbehaltes nur unzureichend bestimmt sind. Ohne Berücksichtigung der Besonderheiten der auswärtigen Gewalt werden daher zunächst diejenigen Kriterien dargelegt, die in der Rechtsprechung des Bundesverfassungsgerichtes und des Bundesverwaltungsgerichtes für die Annahme des Gesetzes- und Parlamentsvorbehaltes maßgebend sind. In einem zweiten Schritt soll sodann erörtert werden, ob und inwieweit diese vor allem im Schulrecht und Atomrecht entwickelte Rechtsprechung auf einseitige Maßnahmen der auswärtigen Gewalt übertragen werden kann und welche Modifikationen die Besonderheiten der auswärtigen Gewalt hinsichtlich des Gesetzesvorbehaltes erforderlich machen.

In dem zweiten Teil werden sodann die zuvor gewonnenen Ergebnisse auf konkrete Fallgestaltungen übertragen. Unter dem Gesichtspunkt des Erfordernisses einer gesetzlichen Grundlage werden insbesondere die Rechtmäßigkeit wirtschaftlicher und luftverkehrsrechtlicher Zwangsmaßnahmen dargestellt werden. Im Vordergrund stehen die verfassungsrechtlichen, innerstaatlichen Rechtmäßigkeitsanforderungen. Als Vorfrage wird jedoch die Rechtmäßigkeit der verschiedenen einseitigen Maßnahmen auch unter völkerrechtlichen und — soweit erforderlich — unter europarechtliche Aspekten erörtert.

[34] Maurer, H. / Schnapp, F. E., Der Verwaltungsvorbehalt, VVDStRL 43 (1984), S. 135 ff.; vgl. auch Stettner, R., Der Verwaltungsvorbehalt, in: DÖV 1984, 611 ff.; Degenhart, D., Der Verwaltungsvorbehalt, in: NJW 1984, S. 2184 ff.; Steinberg, R., Art. 12 — Freiheit des Berufs und Grundrecht der Arbeit und der Verwaltungsvorbehalt, in: AöR 110 (1985), S. 255 ff.

Erster Teil

Anforderungen des Demokratie- und Rechtsstaatsprinzips an einseitige Maßnahmen der Auswärtigen Gewalt

I. Begriffsbestimmungen

1. Der Begriff der „Auswärtigen Gewalt"

In der Terminologie des Grundgesetzes ist statt des Begriffes der „auswärtigen Gewalt" derjenige der „auswärtigen Angelegenheiten" gebräuchlich. Das Bundesverfassungsgericht greift jedoch auf den seit Ende des 19. Jahrhunderts in der deutschen Staatsrechtslehre verwandten Begriff der auswärtigen Gewalt bereits in seiner ersten Entscheidung zurück, in der es den Bundespräsidenten als „Träger der ‚auswärtigen Gewalt'" bezeichnet.[1]

Mit dem Begriff „auswärtige Gewalt" wird die Entscheidung über die auswärtigen Angelegenheiten umschrieben, d. h. die Disposition über das Sachgebiet „auswärtige Angelegenheiten". Mit dieser Umschreibung des sachlichen Aufgabenkreises ist noch keine Aussage über die Befugnisse (Zuständigkeiten) getroffen, die die Art und Weise und die Form der Wahrnehmung der Kompetenzen bestimmen. Der Außenbezug dieser staatlichen Tätigkeit, die Überschneidungen von Staats- und Völkerrecht, die innerstaatliche und die völkerrechtliche Seite dieser staatlichen Tätigkeit werden durch die von Mosler eingeführte Trennung in „materielle und formelle auswärtige Gewalt" hervorgehoben[2]. Danach ist zu unterscheiden zwischen der Zuständigkeit zur Erklärung des Willens nach außen und der Zuständigkeit zur internen Mitwirkung an der Willensbildung. Dasjenige Organ besitzt formell die auswärtige Gewalt, das über die auswärtigen Angelegenheiten rechtswirksam gegenüber Drittstaaten verfügen kann. Materiell ist dieses Repräsentationsorgan (Bundespräsident, Bundesregierung, Außenminister) jedoch nicht Alleininhaber der auswärtigen Gewalt, vielmehr ist es an die Entscheidung anderer staatlicher Organe (Bundestag, Bundesrat) gebunden. Für die vorliegende Arbeit, die sich um die Lösung von Problemen der innerstaatlichen Durch-

---

1 BVerfGE 1, 414; zum Begriff „auswärtige Gewalt" vgl. die Nachweise bei Grewe, Anm. 3 (Einleitung).

2 Mosler, H. (Anm. 5, Einleitung), S. 251.

führung einseitiger Maßnahmen der auswärtigen Gewalt bemüht, ist der letztgenannte materielle Aspekt der auswärtigen Gewalt maßgebend. Fragen und Probleme der formellen auswärtigen Gewalt bleiben daher — soweit möglich — ausgeklammert[3].

2. Der Begriff der „Auswärtigen Angelegenheiten"

Obwohl im Grundgesetz ausdrücklich erwähnt (Art. 73 Nr. 1 GG), werden die auswärtigen Angelegenheiten im Grundgesetz nicht näher umschrieben.

Mit den Teilbereichen des Art. 32 GG „Pflege der Beziehungen zu auswärtigen Staaten" und Art. 59 GG „Abschluß von völkerrechtlichen Verträgen und Verwaltungsabkommen" ist der Bereich der auswärtigen Angelegenheiten auch nicht annähernd umschrieben[4]. Verwiesen sei in diesem Zusammenhang nur auf die Institute der Retorsion und Repressalie oder auf sonstige einseitige Rechtsakte, wie beispielsweise Protest, Verzicht, Anerkennung von Staaten etc. Neben diesen klassischen Instituten des Völkerrechts, die unzweifelhaft dem Begriff der auswärtigen Angelegenheiten zuzuordnen sind, haben sich in jüngster Zeit Tatbestände herausgebildet, die nur dann unter den Begriff der auswärtigen Angelegenheiten subsumiert werden können, wenn der unmittelbare Bezug zu einem anderen Völkerrechtssubjekt kein unabdingbares Tatbestandselement der auswärtigen Angelegenheiten ist[5]; so zum Beispiel die Indienstnahme Privater zur Erreichung gewisser politischer Ziele im Rahmen des Südafrika-Kodex der Europäischen Gemeinschaften[6] und der OECD[7], die zwar beide keinen verpflichtenden Charak-

---

[3] Zu den aktuellen Fragen der formellen auswärtigen Gewalt, insbesondere der „Pflege" der auswärtigen Beziehungen durch die Bundesländer, Gemeinden und Universitäten vgl. Fastenrath, U., Auswärtige Gewalt im offenen Verfassungsstaat, in: Dittmann, A. / Kilian, M. (Hrsg.); Kompetenzprobleme der auswärtigen Gewalt, in: Werkhefte der Universität Tübingen, Reihe C — Rechtswissenschaft, Nr. 1, 1982, S. 29 ff. m. w. N.; Beispiele finden sich ebenfalls in dem Beitrag von Finkenzeller, Auch in München wird Weltpolitik gemacht. Die Außenpolitik des bayerischen Ministerpräsidenten Strauß", in: FAZ vom 23.11.1985, S. 10. Zum Kompetenzkonflikt zwischen Bund und Ländern im Rahmen der Übertragung von Hoheitsrechten auf die Europäische Gemeinschaft vgl. Scholz, R., Wie lange bis „Solange III"?, in: NJW 1990, 941 ff. m. w. N. sowohl zur Frage des wirksamen grundrechtlichen Rechtsschutzes als auch zur Frage der Wahrung der Länderzuständigkeiten im Bundesstaat.

[4] Ausführlich zum Begriff U. Fastenrath, Kompetenzverteilung im Bereich auswärtiger Gewalt, 1986, S. 57 ff.

[5] Vgl. die Literaturnachweise bei Fastenrath (Anm. 4) S. 22, Anm. 58-60, sowie bei Mosler, H., Auswärtige Gewalt, S. 254.

[6] Bull. EG 9 / 1977; dieser Kodex wurde von den Außenministern der Europäischen Gemeinschaft am 20.11.1985 verschärft (FAZ v. 21.11.1985, S. 3). Zum Rechtscharakter des Kodex vgl. Hailbronner, K., Rechtswirkungen des EG-Südafrikakodex, in: RIW 1982, S. 111 ff. Handelspolitische Sanktionen der EG wurden in 1992 aufgehoben, so beispielsweise die Aussetzung der Einfuhr von Goldmünzen; vgl. VO Nr. 219 / 92 vom 27.1.1992, ABl. Nr. L 24 / 6 v. 1.2.1992.

ter besitzen, die die Mitgliedstaaten jedoch zumindest politisch verpflichten, auf die jeweiligen, ihrer Jurisdiktionshoheit unterliegenden Firmen und Privatpersonen, im Sinne des Verhaltenskodex einzuwirken. Adressat der Verpflichtung ist in diesem Fall zunächst der Mitgliedstaat, mittelbar die Staatsangehörigen der Mitgliedstaaten. Die völkerrechtliche Relevanz des Verhaltenskodex wird lediglich mittelbar erzielt, nämlich über das jeweils durch die Mitgliedstaaten gesteuerte Verhalten der Privaten, die in Südafrika investieren. Mangels „unmittelbaren Bezugs zu einem Völkerrechtssubjekt“ wären diese Regelungen, die zwar Einzelpersonen als Adressaten haben, die jedoch eindeutig einen Drittstaat treffen sollen und ihn zu einer Verhaltensänderung bewegen sollen, nicht als auswärtige Angelegenheiten anzusehen. Die Rechtsprechung des Bundesverfassungsgerichtes könnte zur Stütze der Argumentation angeführt werden, daß zumindest diejenigen Maßnahmen, die sich unmittelbar an Private richten, nicht als auswärtigen Angelegenheiten anzusehen sind: In der Entscheidung über die Verfassungsmäßigkeit des § 5 Überwachungsgesetz definiert das Bundesverfassungsgericht im Rahmen der Prüfung der Gesetzgebungskompetenz auswärtige Angelegenheiten im Sinne dieser Gesetzesvorschrift (Art. 73 Nr. 1 GG) als „Beziehungen, die sich aus der Stellung der Bundesrepublik Deutschland als Völkerrechtssubjekt zu anderen Staaten ergeben. § 5 Abs. 1 und Abs. 2 GÜV haben als Normadressaten Einzelpersonen“[8] — weshalb Art. 73 Nr. 1 GG nicht tangiert war.

Diese Entscheidung stützt jedoch eine derartig restriktive allgemeine Definition des Begriffes der auswärtigen Angelegenheiten nicht: Die einschränkende Auslegung des Begriffes der auswärtigen Angelegenheiten durch das Bundesverfassungsgericht bezieht sich lediglich auf auswärtige Angelegenheiten im Sinne von Art. 73 Nr. 1 GG. Nur wenn es um die ausschließliche Gesetzgebungszuständigkeit des Bundes geht, sind „auswärtige Angelegenheiten“ im dargelegten Sinne einschränkend auszulegen. Zudem bestand für das Gericht kein Anlaß, eine Aussage darüber zu treffen, ob auch Normen, die sich zwar unmittelbar an Private richten, deren Zielrichtung jedoch eindeutig gegen ausländische Staaten gerichtet ist, als auswärtige Angelegenheiten zu qualifizieren sind. In dem konkret zu entscheidenden Fall wurde die Einfuhr von Filmen in die Bundesrepublik Deutschland geregelt. Zielrichtung war allein der Schutz der freiheitlich-demokratischen Grundordnung der Bundesrepublik Deutschland (vgl. Art. 5 Abs. 1 GÜV). Der Fall ist also nicht anders zu beurteilen als z. B. das Verbot, bestimmte Waren ohne gesundheitspolizeiliche Prüfung in die Bundesrepublik Deutschland zu importieren. Zielrichtung ist allgemein die Gesundheit der Bevölkerung, eine auf einen Drittstaat gerichtete Zielrichtung hat die Maßnahme nicht. Zur auswärtigen Angelegenheit können diese Sachverhalte jedoch dann werden, wenn die Bundesregierung von den ihr zum Schutz der freiheitlichen Grundordnung oder der

---

[7] OECD Doc. C (76), 117; revidiert durch Ratsbeschluß C (79), 143. In diesem Zusammenhang vgl. auch UN Doc. E / C. 10 / AC. 2 / 8 (vom 13.12.1978).

[8] BVerfGE 33, 52 ff. (60)

Volksgesundheit eingeräumten Befugnissen gezielt Gebrauch machte, um mit diesen (vorgeschützten) Argumenten politische Forderungen gegenüber Drittstaaten durchzusetzen. An diesem Beispiel wird deutlich, daß zum notwendigen Begriffsinhalt der auswärtigen Angelegenheiten nicht der direkte und unmittelbare Bezug zwischen den Völkerrechtssubjekten zählt, sondern daß vielmehr die Absicht der Außenwirkung einer Maßnahme genügt[9]. Obwohl die mit dieser subjektiven Komponente verbundenen Probleme — Abgrenzung zu staatsinterner Rechtssetzung, die lediglich im Wege des Reflexes auf die Beziehungen zum Ausland einwirken — deutlich werden und im Einzelfall eine sichere Abgrenzung der auswärtigen Angelegenheiten von sonstigen staatlichen Angelegenheiten problematisch sein kann, führt ein Verzicht auf dieses Abgrenzungskriteriums bzw. auf jegliches Abgrenzungskriterium[10] zu einer unerträglichen Rechtsunsicherheit, da eine völlige Ungewißheit über die Kompetenz- und Zuständigkeitsverteilung entstünde.

Ebensowenig wie der direkte Kontakt bzw. unmittelbare Bezug zwischen Völkerrechtssubjekten gehört „das Handeln in von dem Völkerrecht aufgestellten Formen“[11] zum notwendigen Begriffsinhalt der auswärtigen Angelegenheiten. Die Aussagekraft dieses Tatbestandsmerkmals wird zunächst dadurch erheblich geschwächt, daß das entscheidende Merkmal „Handeln in vom Völkerrecht aufgestellten Formen“ seinerseits erklärungsbedürftig ist. Darüber hinaus werden all diejenigen Maßnahmen nicht umfaßt, die nicht völkerrechtsförmlich ergehen, deren Außenwirkung jedoch unzweifelhaft gegeben ist. So beispielsweise der Beschluß über die Gewährung oder Nichtgewährung von Wirtschaftshilfe und Entwicklungshilfe, Resolutionen des Parlamentes zu Menschenrechtsverletzungen in ausländischen Staaten, die Rede des Regierungschefs, die eine Neuorientierung der Politik zu bestimmten Staaten ankündigt, der Beschluß der Regierung, dem Auslieferungsersuchen eines bestimmten Staates nicht zuzustimmen; all dies sind Maßnahmen, die — wenn überhaupt in rechtliche Formen und Kategorien einzuordnen — nach innerstaatlichen Rechtssetzungsformen zu qualifizieren sind, deren Außenwirkung und Zielrichtung jedoch offenliegt.

Völkerrechtlich erhebliche Beziehungen erfordern demnach weder den unmittelbaren Kontakt mit bzw. Bezug zu dem anderen Völkerrechtssubjekt, noch ein Handeln in vom Völkerrecht aufgestellten Formen. Hingegen ist „Völkerrechtserheblichkeit“ erforderlich, d. h. die Zielrichtung muß nach außen auf ein anderes

---

9 So zutreffend Mosler, H., Auswärtige Gewalt, S. 255.

10 In diesem Sinne wohl Fastenrath, U., S. 18 ff., der die Klärung des Begriffs für „fruchtlos“ erachtet (S. 25).

11 Fastenrath, U., S. 24, spricht von einer „Fixierung“ auf völkerrechtliche Handlungsformen. Keinesfalls trifft es jedoch zu, daß Mosler, H. und Fiedler, W., Auswärtige Gewalt und Verfassungsgewichtung, Festschrift für Schlochauer (1981), S. 57 ff., eine solche Fixierung bejahen. Sie betonen lediglich zutreffend das Erfordernis der Beziehung zwischen Völkerrechtssubjekten. Ob diese Beziehung rechtlicher Natur sein müsse, ist keineswegs automatisch mit diesem Erfordernis verbunden.

Völkerrechtssubjekt gerichtet sein, muß einen Völkerrechtsträger „in der Sphäre des Völkerrechts" berühren [12]. Außenpolitik, z. B. Richtlinienbestimmungen, wird daher erst dann zur auswärtigen Angelegenheit, wenn sie Außenwirkung zeitigt, d. h., wenn sie offenkundig wird und das andere Völkerrechtssubjekt tatsächlich in seiner Rechtsstellung tangiert. Im folgenden werden demnach als Maßnahmen der auswärtigen Gewalt sämtliche Handlungen bezeichnet, durch die die auswärtigen Angelegenheiten in völkerrechtlich erheblicher Weise geregelt werden, die m. a. W. als „internationales Verfassungs*recht*" zu qualifizieren sind. [13]

II. Die Stellung der Auswärtigen Gewalt im System der Gewaltenteilung

1. Der Grundsatz der Gewaltenteilung als Ausprägung des Demokratie- und Rechtsstaatsprinzips

Die Verfassungsgrundsätze der Rechtsstaatlichkeit und der Demokratie umfassen den eigentlichen Kernbereich des Grundgesetzes, sie stellen die „elementaren Prinzipien des Grundgesetzes" dar [14]. Der Bedeutung dieser Verfassungsgrundsätze entspricht die umfangreiche Literatur zur Geschichte, Rechtsnatur, Rang und Inhalt dieser Grundsätze [15]. In der Rechtsprechung des Bundesverfassungsgerichtes werden das Rechtsstaats- und Demokratieprinzip als allgemeine Verfassungsgrundsätze qualifiziert: „Das Verfassungsrecht besteht nicht nur aus den einzelnen Gesetzen der geschriebenen Verfassung, sondern auch aus gewissen sie verbindenden, innerlich zusammenhaltenden allgemeinen Grundsätzen und Leitideen, die der Verfassungsgeber, weil sie das verfassungsmäßige Gesamtbild geprägt haben, von dem er ausgegangen ist, nicht in einem besonderen Rechtssatz konkretisiert hat." [16] Das Rechtsstaats-und Demokratieprinzip zählen zu jenen Leitideen des Grundgesetzes, die das staatliche Handeln auf vielfältige Weise beeinflussen [17].

Bereits aus der Qualifikation „allgemeiner Rechtsgrundsatz" bzw. „Leitidee" wird deutlich, daß es sich bei diesen Prinzipien ebenso wie bei dem Sozialstaats-

---

12 Mosler (Anm. 9), S. 254.

13 Vgl. Fiedler, W., Auswärtige Gewalt und Verfassungsgewichtung. Zum Problem des internationalen Verfassungsrechts, in: v. Münch (Hrsg.); Staatsrecht — Völkerrecht — Europarecht, Festschrift für H.-J. Schlochauer, 1981, 57 ff.

14 BVerfGE 3, 225 (247); 9, 279; 34, 59; 20, 331; 2, 380 ff. (403); 49, 163 f.; 52, 144.

15 Vgl. statt vieler die Nachweise bei Herzog, R., in: Maunz / Dürig / Herzog / Scholz, Art. 20 VI; Benda, E., Der soziale Rechtsstaat, in: Benda, E. (Hrsg.); Handbuch des Verfassungsrechts, 1983, S. 477 ff.

16 BVerfGE 2, 380 ff. (403)

17 Neben der Gewaltenteilung und dem Gesetzesvorbehalt sind u. a. die Grundsätze der Rechtssicherheit, der Bestimmtheit einer Norm, der Verhältnismäßigkeit Ausprägungen des Rechtsstaatsprinzips. Vgl. dazu Herzog (Anm. 15) m. w. N.

prinzip um Ge- und Verbote von Verfassungsrang handelt, die nicht in allen Einzelheiten eindeutig bestimmbar sind. Der Inhalt dieser Prinzipien ist nicht erschöpfend darstellbar, vielmehr bedürfen diese Grundsätze je nach Sachbereich der Konkretisierung. Über die wesentlichen Elemente des Rechtsstaats- und Demokratieprinzip besteht in Rechtsprechung und Literatur weitgehend Einigkeit. Meinungsverschiedenheiten beginnen meist bei der Auslegung der einzelnen Elemente im Detail. Die für die vorliegende Arbeit bedeutsamen Prinzipien der Gewaltenteilung und des Gesetzesvorbehaltes stellen wesentliche Elemente des Rechtsstaats- und Demokratieprinzips dar.[18] Gewaltenteilung und Gesetzesvorbehalt als Elemente vorwiegend des Rechtsstaatsprinzips zu betrachten[19], widerspricht der Konzeption des Grundgesetzes, wonach Demokratie- und Rechtsstaatsprinzip keine isoliert zu sehenden Verfassungsgrundsätze darstellen: Beide Prinzipien sind im Grundgesetz eine innige Verbindung eingegangen. Nach westlichem Verfassungsverständnis gehören Rechtsstaatlichkeit und Freiheit zur Demokratie[20]. Für die „klassische Demokratie" im Sinne des Grundgesetzes ist charakteristisch, daß sie von dem rechtsstaatlichen System die Dreiteilung der Gewalten übernommen und sich mit dieser verschmolzen hat. „Klassische Demokratie ist eine Demokratie mit Gewaltenteilung"[21]. Um diesen das Demokratieprinzip mit dem Rechtsstaatsprinzip verbindenden Aspekt geht es, wenn im folgenden die Stellung der auswärtigen Gewalt im System der Gewaltenteilung erörtert wird.

Diese Verbindung von Rechtsstaats- und Demokratieprinzip rechtfertigt es auch, den Gesetzesvorbehalt sowohl unter dem Aspekt des Demokratiegebotes als auch unter dem des Rechtsstaatsprinzips zu erörtern. Soweit es um den allgemeinen Gesetzesvorbehalt geht, folgt dessen Notwendigkeit nach der Rechtsprechung des Bundesverfassungsgerichtes aus dem Rechtsstaatsprinzip. Geht es hingegen um den Parlamentsvorbehalt, so dominieren Aspekte des Demokratiegebotes[22]. Unter der Geltung des Grundgesetzes ist also sowohl der Grundsatz der Gewaltenteilung als auch der des Gesetzesvorbehaltes in seiner Ausprägung als allgemeiner Gesetzesvorbehalt und Parlamentsvorbehalt rechtlich sowohl im Demokratie- als auch im Rechtsstaatsprinzip verankert.

---

18 BVerfGE 68, 1 ff.

19 So beispielsweise Schnapp, F., in: v. Münch (Hrsg.), Grundgesetzkommentar, Bd. 1, 2. Aufl. 1981, Art. 20, Rdnr. 23; Herzog, (Anm. 15), Art. 20 V Rdnr. 2 m. w. N.

20 Kimminich, O., Die Verknüpfung der Rechtsstaatsidee mit den anderen Leitprinzipien des Grundgesetzes, in: DÖV 1979, S. 765 ff. (769) m. w. N.; Ossenbühl, F., Welche normativen Anforderungen stellt der Verfassungsgrundsatz des demokratischen Rechtsstaats an die planende Tätigkeit?, DJT 1974, Bd. I, Teil B, 60.

21 Herzog (Anm. 15), Art. 20, I, Rdnr. 39 ff. m. w. N.; von Simon, Das demokratische Prinzip im Sinne des Grundgesetzes, VVDStRL 29 (1971), S. 11 ff. (22 ff.).

22 BVerfGE 49, 89 ff. (126).

2. Die Auswärtige Gewalt — keine vierte Gewalt

Bereits Locke weist auf die Schwierigkeit hin, die auswärtige Gewalt in das System der Gewaltenteilung einzuordnen. Er trennt denn auch in zwei Rechtskreise, nämlich in den das innerstaatliche Leben regelnden (executive- und legislative-power) und denjenigen, der das staatliche Handeln gegenüber anderen Staaten regelt (federative power)[23]. Obwohl Locke federative und executive power als zwei selbständige Gewalten verstanden wissen will, erkennt er die praktische Schwierigkeit, die federative power einem besonderen Organ zuzuweisen. In der Hand des Königs werden daher beide Gewalten vereinigt, ihre dogmatische Trennung bleibt jedoch erhalten. Montesquieu hingegen sah die auswärtige Gewalt nicht mehr als eine eigenständige Gewalt an, sondern subsumierte diese unter die „puissance exécutrice". Gleichwohl verkannte er nicht die Besonderheiten der auswärtigen Gewalt und gliederte die Exekutivgewalt in „puissance exécutrice des choses qui dépendent du droit des gens, et la puissance exécutrice de celle qui dépendent du droit civil".[24] Die „ausführende Gewalt betreffend die vom Völkerrecht abhängigen Angelegenheiten" wird damit als eine besondere Form exekutiver Kompetenzausübung ausgewiesen. Dieser Tradition folgend[25] verbleibt auch unter der Geltung des Grundgesetzes die auswärtige Gewalt als besonderer Teil exekutiver Kompetenzausübung. Der Versuch, die aus dem Außenbezug der auswärtigen Gewalt resultierenden Schwierigkeiten dadurch zu umgehen, daß die auswärtige Gewalt als eigenständige vierte Gewalt neben den herkömmlichen drei Staatsgewalten etabliert wird, ist bereits deshalb zum Scheitern verurteilt, weil im Grundgesetz das herkömmliche Dreiteilungssystem übernommen worden ist. Es handelt sich nicht um eine neue Kompetenz — wie der Ausdruck „Gewalt" vortäuschen könnte[26] —, sondern nur um eine besondere Art der Kompetenzausübung. Zudem müßte einer eigenständigen vierten Gewalt ein viertes Organ zugeordnet sein[27]. Nach dem Grundgesetz kommen jedoch als ausführende Instanzen lediglich die Exekutive und / oder Legislative in Betracht.

---

[23] The Second Treatise of Government (An Essay Concerning the True Original, Extent and End of Civil Government) and A Letter Concerning Toleration, Edited with an Introduction by J. W. Gaugh, Oxford 1956, S. 73 ff.; vgl. auch die Darlegung der Lehre Lockes bei Schuppert, F., Die verfassungsrechtliche Kontrolle der Auswärtigen Gewalt, 1972, S. 41 ff.

[24] Montesquieu, De L'Esprit des Lois, 1749, Buch XI, Kap. 6.

[25] Ausführlich zur geschichtlichen Entwicklung bis zur WRV vgl. Grewe (Anm. 31, Einleitung), und Herzog (Anm. 15).

[26] Fiedler, W. (Anm. 13), S. 74.

[27] Tomuschat (Anm. 19, Einleitung), S. 23. Zur kompetentiellen Einordnung der staatlichen Planung siehe Ossenbühl (Anm. 20), B 62, S. 23; für die Finanzkontrolle cf. Menzel, E., Der staatliche Standort der Finanzkontrolle in der Bundesrepublik und im Ausland, in: DÖV 1968, 593 ff. (596).

3. Die Auswärtige Gewalt als kombinierte Gewalt

Auf der Staatsrechtslehrertagung im Jahre 1954 bezeichnete Menzel die auswärtige Gewalt als eine kombinierte Gewalt, „die teils von der Legislative, teils von der Exekutive ausgeübt wird"[28]. Zur Begründung verweist er auf die Mitwirkungsformen des Parlamentes — Art. 24, Art. 59 GG, Entscheidungen über hochpolitische Akte[29] und Entschließungen des Bundestages —, die verdeutlichten, daß die Mitwirkungsbefugnisse des Parlamentes keineswegs zweitrangig oder exeptionell seien[30].

Dieser das Verhältnis von Parlament und Exekutive im Bereich der auswärtigen Gewalt beschreibende Begriff der kombinierten Gewalt wurde von Friesenhahn im Jahre 1958 zum Ausgangspunkt einer allgemeinen Beschreibung des Verhältnisses von Parlament und Regierung. Er gelangt zu dem Ergebnis, daß die Staatsleitung dem Parlament und der Regierung „zur gesamten Hand" zustehen[31]. Unter Würdigung dieser Beiträge von Menzel und Friesenhahn sowie von Stern[32], Böckenförde[33], Kewenig[34] und Ossenbühl[35] gelangt Magiera zu der Überzeugung, daß sich ein neues Gewaltenteilungsverständnis im Grundsatz durchgesetzt habe: „Die Staatsleitung gilt als ‚kombinierte Gewalt', die Parlament und Regierung zur ‚gesamten Hand' zustehen."[36]

Die auswärtige Gewalt als „kombinierte Gewalt" zu bezeichnen, die dem Parlament und der Exekutive zur „gesamten Hand" zustehen, mag zwar dem modernen Verständnis des Verhältnisses von Parlament und Exekutive entsprechen, trägt allerdings wenig zu der Entscheidung der Frage bei, welche Sachverhalte von welcher Gewalt im Einzelfall zu entscheiden sind. Die Feststellung,

---

28 Menzel, E. (Anm. 4, Einleitung), S. 194 ff.

29 Ibidem S. 195. Unter hochpolitischen Akten versteht Menzel die Entscheidung über Krieg und Frieden. Hier komme der Legislative die entscheidende Bedeutung zu, die Exekutive stehe zur Legislative im Verhältnis einer angewiesenen Behörde.

30 Ibidem, S. 197. Vgl. dazu Baade, W., Das Verhältnis von Parlament und Regierung im Bereich der auswärtigen Gewalt. Studien über den Einfluß der auswärtigen Beziehungen auf die innerstaatliche Verfassungsentwicklung, 1962. Er versucht, die These von der kombinierten Gewalt durch rechtshistorische und rechtsvergleichende Untersuchungen zu verifizieren.

31 Friesenhahn, E., Parlament und Regierung im modernen Verfassungsstaat, in: VVDStRL 16 (1957), S. 9 ff.

32 Stern, K., Gesetz zur Förderung der Stabilität und Wachstums der Wirtschaft, in: DÖV 1967, S. 657 ff. (660).

33 Böckenförde, E. W., Planung zwischen Regierung und Parlament, in: Der Staat, 1972, S. 443 f.

34 Kewenig, W. A., Zur Revision des Grundgesetzes: Planung im Spannungsfeld von Regierung und Parlament, in: DÖV 1973, S. 23 ff. (29).

35 Ossenbühl (Anm. 20).

36 Magiera, S., Parlament und Staatsleitung in der Verfassungsordnung des Grundgesetzes, Veröffentlichungen des Instituts für Internationales Recht an der Universiätt Kiel, Bd. 81, 1979, S. 252.

die fortdauernde Zusammenarbeit zwischen Parlament und Exekutive entziehe sich einer genaueren Analyse[37], oder die Qualifikation dieser Frage sei eher politisch[38], ist unbefriedigend. Magiera hat im Jahre 1979 den Versuch unternommen, mit Hilfe bestimmter Kriterien im Einzelfall eine Aufgabe dem Parlament oder der Exekutive zuzuordnen: „Organadäquanz und Funktionsgerechtigkeit sind die Maßstäbe, nach denen die Abgrenzung der Aufgaben — und Organzuständigkeit zu erfolgen hat“[39]. Diese von Magiera entwickelten Kriterien erlauben eine genauere Abgrenzung desjenigen Bereichs, auf den sich das Zugriffsrecht[40] des Parlamentes erstreckt und stellen insoweit eine nützliche Weiterentwicklung der Dogmatik vom „Zugriffsrecht des Parlamentes“ dar. Denjenigen Bereich, in dem das Parlament nicht nur Zugriff nehmen darf, in dem das Parlament vielmehr Zugriff nehmen m u ß, in dem also ein Handeln der Exekutive von einer vorherigen formellen gesetzlichen Zustimmung abhängig ist, umschreibt Magiera mit der „Bedeutsamkeit“ einer Regelung[41]. Inhaltlich entspricht dieses Kriterium weitgehend demjenigen der „Wesentlichkeit“ in der Rechtsprechung des Bundesverfassungsgerichtes[42].

4. Der Grundsatz der Gewaltenteilung nach der Rechtsprechung des Bundesverfassungsgerichtes als Kriterium der Kompetenzabgrenzung zwischen Parlament und Regierung im Bereich des Auswärtigen

In den grundlegenden Entscheidungen des Bundesverfassungsgerichtes aus dem Jahre 1952 über die Verfassungsmäßigkeit des Petersberger Abkommens[43] und des Deutsch-Französischen Wirtschaftsabkommens[44] betonte das Gericht die herausragende Stellung der Exekutive im Bereich des Auswärtigen. „Art. 59 Abs. 2 GG durchbricht das Gewaltenteilungssystem insofern, als hier die Legislative in den Bereich der Exekutive übergreift.“[45] Einen „Sondervorbehalt“ der Legislative, der nach seinem Wesen und Inhalt einen Regierungsakt in Form eines Bundesgesetzes sei, stelle die Mitwirkung des Parlamentes im Rahmen des

---

37 Friesenhahn (Anm. 31), S. 36.

38 Vgl. die Nachweise bei Magiera (Anm. 36), S. 253, dort Anm. 181; gerade insoweit ist auch die Kritik von Grewe (Anm. 31) in vollem Umfang berechtigt.

39 Magiera (Anm. 36), S. 257.

40 Zum gesetzgeberischen „Zugriffsrecht“ vgl. E. W. Böckenförde, Gesetz und gesetzgebende Gewalt, Schriften zum öffentlichen Recht, Bd. 1, 2. Aufl., 1980, S. 382 m. w. N.; Zimmer, G., Funktion — Kompetenz — Legitimation. Gewaltenteilung in der Ordnung des Grundgesetzes, 1979, S. 217 ff.

41 Magiera (Anm. 36), S. 207 ff.

42 Vgl. unten IV.4.

43 BVerfGE 1, 351 ff.

44 BVerfGE 1, 372 ff.

45 BVerfGE 1, 369.

Art. 59 Abs. 2 GG dar: „Eine solche Ausnahmebefugnis der Legislative im Bereich der Exekutive hat Art. 59 Abs. 2 GG in ganz bestimmten Grenzen begründet. Nur weil in Art. 59 Abs. 2 GG für die beiden Sonderfälle (Verträge, welche die politischen Beziehungen des Bundes regeln oder sich auf Gegenstände der Bundesgesetzgebung beziehen) die Form des Gesetzes vorbehalten ist, kann die Legislative durch Mitwirkung in dieser Form in die Tätigkeit der Exekutive eingreifen. Darüber hinaus hat Art. 59 Abs. 2 GG dem Bundestag kein Recht gegeben, in den Zuständigkeitsbereich der Regierung einzugreifen. Der Bundestag bleibt auf die allgemeinen verfassungsmäßigen Kontrollmöglichkeiten beschränkt. Er regiert und verwaltet nicht selbst, sondern er kontrolliert die Regierung. Mißbilligt er deren Politik, so kann er dem Bundeskanzler das Mißtrauen aussprechen (Art. 67 GG) und dadurch die Regierung stürzen. Er kann aber nicht selbst die Politik führen."[46]

Diese Rechtsprechung wurde fortgeführt und bestätigt in der Kalkar-Entscheidung[47] und der Entscheidung zur Stationierung amerikanischer Mittelstreckenraketen[48]. In beiden Urteilen dient der Grundsatz der Gewaltenteilung als Korrektiv und Grenze des Parlamentsvorbehaltes. Die Lehre vom Parlamentsvorbehalt führt nach dieser Rechtsprechung nicht zu einem allumfassenden Parlamentsvorbehalt bei wichtigen Entscheidungen, vielmehr sind auch wichtigste Entscheidungen der Kompetenz anderer Organe anheimgestellt. Die Entscheidungsrelevanz des Grundsatzes der Gewaltenteilung wird jedoch in dieser Funktion als Schranke des Parlamentsvorbehaltes durch die „Kernbereichslehre" des Bundesverfassungsgerichtes relativiert. Das Bundesverfassungsgericht hält zwar an der im Grundgesetz vorgeschriebenen Dreiteilung der Gewalten fest, betont jedoch ständig die vielfachen Überschneidungen der Kompetenzverteilung und zieht sich sodann auf die „Kernbereichsthese" zurück, derzufolge nur dann ein Verstoß gegen den Grundsatz der Gewaltenteilung anzunehmen ist, wenn ein Organ spürbar in den Kernbereich der Kompetenzen eines anderen Organes „eingebrochen" ist.[49] Da eine Umschreibung dieses Kernbereiches bisher nicht geleistet ist, werden nur in Ausnahmefällen eindeutige Kompetenzzuweisungen bzw. — einbrüche dargelegt werden können.

Aus der Eigenart der Fragestellung resultierende Probleme lassen die Kernbereichstheorie für die Abgrenzung der Kompetenzen von Parlament und Regierung im Bereich der auswärtigen Gewalt zudem ungeeignet erscheinen:

Aus der Diskussion um die rechtliche Zulässigkeit der Zustimmung der Bundesregierung zur Stationierung der amerikanischen Mittelstreckenraketen wird

---

[46] BVerfGE 1, 395.

[47] BVerfGE 49, 89 ff. (124 f.)

[48] BVerfGE 68, 1 ff.

[49] BVerfGE 8,104 ff.; 9, 268 ff. (280); ausführlich zur Kernbereichsjudikatur Häberle, P., Die Wesensgehaltsgarantie des Art. 19 Abs. 2 Grundgesetz, 3. Aufl., 1983, 293 ff. m. w. N.

deutlich, daß die Befürworter der These, die Zustimmung durch die Bundesregierung bedürfe eines formellen Zustimmungsgesetzes, diese Rechtsansicht nicht auf die Kernbereichstheorie stützen konnten. Angesichts der Rechtsprechung des Bundesverfassungsgerichtes zur Dominanz der Exekutive im Bereich des Auswärtigen wäre die Behauptung, die Zustimmung der Regierung ohne vorheriges formelles Parlamentsgesetz greife in den „Kernbereich" der Kompetenzen *des Parlamentes* ein, wenig überzeugend.

Die Erweiterung der Kompetenzen der Legislative im Bereich der materiellen auswärtigen Gewalt kann angesichts der Dominanz der Exekutive regelmäßig nur zu einem „Einbruch" in den Kernbereich der Kompetenzen *der Regierung* führen. Ein solcher Einbruch setzt jedoch voraus, daß vom Parlament tatsächlich ein formelles Gesetz beschlossen worden ist oder zumindest ein Gesetzgebungsverfahren eingeleitet wurde[50]. Angesichts der parteipolitischen Konstellation im Parlament und der in der Literatur schon vielfach beschriebenen Verquickung von Regierung und Regierungsfraktion[51] ist es praktisch ausgeschlossen, daß tatsächlich das Parlament entgegen dem ausdrücklichen Willen der Regierung ein solches Gesetz verabschieden würde, das in den Kernbereich der Kompetenzen der Regierung eingreift. Geht es um Fragen wie beispielsweise die Zustimmung der Regierung zur Stationierung der Mittelstreckenraketen[52], die Zustimmung der Bundesregierung zum Verkauf von Leopard-Panzern an Saudi-Arabien durch Großbritannien[53] oder die Entsendung deutscher Truppen an den persischen Golf[54], so hat das Parlament bzw. ein Teil des Parlamentes lediglich die Möglichkeit, diese Entscheidungen der Bundesregierung im Wege des Organstreits anzugreifen mit der Behauptung, die Bundesregierung habe Rechte des Bundestages dadurch verletzt, daß die völkerrechtlich erhebliche Handlung vorgenommen wurde, ohne daß das Parlament diese Handlung durch ein vorheriges formelles Gesetz gebilligt hatte.

Lediglich für den Fall, daß in einem Organstreit das Parlament Antragsgegner wäre, könnte die Kernbereichslehre den Antrag stützen. Ein Beispiel für eine derartige Konstellation stellt das von der Fraktion der Grünen eingebrachte Zustimmungsgesetz zu den Genfer Zusatzprotokollen dar.[55] Nachdem die Bundesregierung seit mehreren Jahren die Einbringung eines Zustimmungsgesetzes zu diesen Protokollen hinauszögerte, entschlossen sich die Grünen, ein solches Zustimmungsgesetz nunmehr in eigener Initiative im Bundestag einzubringen.

---

50 Ein Beispiel stellt das von der Fraktion der „Grünen" eingebrachte Zustimmungsgesetz zu den Genfer Zusatzprotokollen dar. Vgl. insoweit unten V.3.a).

51 Ellwein, Regierungssytem der BRD, 3. Aufl. 1973, S. 350 ff.; ders., Handbuch des Verfassungsrechts, Teil 2, 1984, S. 1089 ff. m. w. N.

52 Vgl. oben Anm. 48.

53 FAZ vom 14.8.1985, S. 3.

54 Vgl. die Nachweise in Anm. 24, 25 der Einleitung.

55 Siehe IV.3.a) zur rechtlichen Bewertung.

Die Bundesregierung ihrerseits könnte einen Einbruch des Parlamentes in den Kernbereich ihrer Kompetenzen behaupten, da das Initiativrecht im Bereich des Art. 59 Abs. 2 GG der Regierung vorbehalten ist.

Festzuhalten bleibt, daß unter Berufung auf den Grundsatz der Gewaltenteilung — insbesondere die in der Rechtsprechung des Bundesverfassungsgerichtes entwickelte Kernbereichslehre — eine Ausdehnung der Kompetenzen des Parlamentes im Bereich der auswärtigen Gewalt außerhalb von Art. 59 Abs. 2 GG, insbesondere im Rahmen einseitiger Maßnahmen, nicht begründet werden kann. Die traditionelle Auslegung des Gewaltenteilungsgrundsatzes ist jedoch geeignet, den historischen Werdegang und das „verfassungsrechtliche Klima", das Vorverständnis vieler mit diesem Problem befaßter Entscheidungen und literarischer Beiträge zu erhellen. Von aktueller Bedeutung ist der Grundsatz der Gewaltenteilung nach der Rechtsprechung des Bundesverfassungsgerichtes[56] als Schranke des Parlamentsvorbehalts, also gerade im Sinne einer Stärkung und Bewahrung der Vorrangstellung der Exekutive im Bereich des Auswärtigen.

Zur Beantwortung der in vorliegender Arbeit interessierenden Fragestellungen ist es zudem nicht erforderlich, die Verteilung der Kompetenzen zwischen Parlament und Regierung im Bereich der auswärtigen Gewalt im Sinne einer allgemeinen Funktionenlehre darzustellen[57]. Es geht nicht darum zu entscheiden, wie weit das Parlament gehen darf, sondern allein um die Frage, in welchen Bereichen ein Handeln der Regierung von einem vorherigen Gesetz abhängig ist. Die allgemeine Funktionenlehre ist also für vorliegende Arbeit nur von untergeordneter Bedeutung. Die Fragestellung des Gesetzesvorbehaltes zielt von vornherein nur auf das „Müssen" des Gesetzgebers, nicht auf das „Dürfen". Der Bereich des gesetzlichen und gesetzgeberischen Zugriffsrechts, d. h. der Bereich, in dem der Gesetzgeber nicht tätig werden muß, aber gesetzlich regeln darf, bleibt in der vorliegenden Arbeit ausgeklammert.

III. Auswärtige Gewalt und Gesetzesvorbehalt

1. Vorbemerkung

Über den Grundsatz der Gewaltenteilung ist aus den geschilderten Gründen die Erweiterung der Mitwirkungsbefugnisse des Parlamentes im Rahmen der auswärtigen Gewalt nicht zu begründen. Eine erweiterte Mitwirkungsbefugnis des Parlamentes in diesem Bereich könnte jedoch aus dem Grundsatz des Gesetzesvorbehaltes hergeleitet werden.

---

56 Vgl. die Nachweise in Anm. 47, 48.

57 Vgl. Magiera, S. (Anm. 36); Zimmer, G. (Anm. 40); Frotscher, W., Regierung als Rechtsbegriff, 1975, 112 ff.

In dem Verfahren betreffend die Rechtmäßigkeit der Zustimmung der Bundesregierung zu der Stationierung amerikanischer Mittelstreckenraketen[58] und zur Lagerung von C-Waffen auf dem Gebiet der Bundesrepublik Deutschland[59] wurde u. a. die Wesentlichkeitstheorie zur Begründung des Gesetzesvorbehaltes für einseitige Maßnahmen der auswärtigen Gewalt angeführt. Mit dem Schlagwort, daß erst recht an die Stationierung von Atomraketen diejenigen Anforderungen zu stellen seien, die an die Errichtung von Atomkraftwerken gestellt wurden, wurde das Erfordernis einer gesetzlichen Grundlage für die Zustimmung postuliert.

Vor einer Erörterung der Judikatur des Bundesverfassungsgerichtes zum Umfang des Gesetzesvorbehaltes und der Frage, ob sich aus dieser Wesentlichkeitstheorie tatsächlich eine erweiterte Mitwirkung des Parlamentes im Bereich der auswärtigen Gewalt herleiten läßt, ist es geboten, zunächst den gegenwärtigen Streitstand zum Vorbehaltsproblem kurz zu skizzieren. Hierzu besteht Anlaß, da die Diskussion über Umfang und Inhalt des Gesetzesvorbehaltes durch Mißverständnisse und Übertreibungen der gegnerischen Standpunkte und damit verbundene Polemik zeitweise belastet und getrübt wurde[60]: Obwohl in der gegenwärtigen Diskussion die Auseinandersetzung mit der von dem Bundesverfassungsgericht entwickelten Wesentlichkeitstheorie im Vordergrund steht und sich die Lehre darum bemüht, einen Verwaltungsvorbehalt als Schranke des Parlamentsvorbehaltes zu begründen[61], ist es geboten, die früher vertretenen Auffassungen zum Gesetzesvorbehalt kurz darzulegen, da die Wesentlichkeitstheorie ihrerseits nur als Kompromiß zwischen den in der früheren Literatur vertretenen Positionen hinsichtlich des Umfangs des Gesetzesvorbehaltes (Totalvorbehalt vs. Eingriffsvorbehalt im Sinne der „klassischen Lehre") verständlich wird. Gerade im Bereich von Art. 59 Abs. 2 GG könnte die „klassische Lehre" zudem an Aktualität gewinnen. In der C-Waffen-Entscheidung[62] hat das Bundesverfassungsgericht die Frage aufgeworfen, ob die aus Art. 20 GG herzuleitende Verpflichtung des Gesetzgebers, im Rahmen wesentlicher Entscheidungen, die den Grundrechtsbereich betreffen, überhaupt tätig zu werden, nicht durch Art. 59 Abs. 2 S. 1 GG eingeschränkt wird. Dies wäre nach Ansicht des Gerichts zu bejahen, wenn für das Verständnis des Art. 59 Abs. 2 S. 1 GG nicht von dem allgemeinen Gesetzes-

---

[58] Siehe Einleitung, dort Anm. 11.

[59] Siehe Einleitung, dort Anm. 28 und die dort zitierte Literatur zur C-Waffen-Entscheidung.

[60] Eine ausführliche Darstellung findet sich bei Ossenbühl, F., Verwaltungsvorschriften und Grundgesetz, 1968, S. 210 ff.

[61] Vgl. die Nachweise in Anm. 34 der Einleitung. Neben dem Bemühen, die Wesentlichkeitslehre einzudämmen (Verwaltungsvorbehalt) existieren gegenläufige Bemühungen: Wahl, R., Gesetzgeber und Juristenausbildung, in: DVBl. 1985, S. 822 ff.; Kloepfer, M., Arbeitsgesetzgebung und Wesentlichkeitstheorie, in: NJW 1985, S. 2497 ff.; Becker, P., Der Parlamentsvorbehalt im Prüfungsrecht, in: NJW 1990, S. 273 ff. m. w. N.

[62] BVerfGE 77, 170 ff.

vorbehalt auszugehen wäre, sondern von dem in den einzelnen Grundrechten enthaltenen Gesetzesvorbehalten oder von dem Vorbehaltsbegriff der „klassischen Lehre“.

2. Die Lehre vom Totalvorbehalt

In den 60er Jahren wurde insbesondere von Jesch[63] und Rupp[64] die Extremposition des Totalvorbehalts vertreten. Während Rupp die Vorbehaltsfrage vor allem als ein rechtsstaatliches Problem ansah, stellte Jesch das Demokratieprinzip in den Vordergrund. Ausgehend von der These, ausschließlich die Legislative sei demokratisch legitimiert, und die Exekutive besitze nur eine abgeleitete Legitimation, gelangt Jesch zu dem Ergebnis, daß das Handeln der Verwaltung nur gesetzesabgeleitet und gesetzesvollziehend sei[65]. Er trägt mit diesem Ansatz den Gesetzesvorbehalt sowohl in den Bereich der Leistungsverwaltung als auch in den der Verwaltungsorganisation[66] hinein. Ein derartiger Totalvorbehalt wäre jedoch nur dann verfassungsrechtlich begründbar, wenn die Legitimation der Exekutive tatsächlich lediglich eine abgeleitete wäre, das Handeln der Exekutive daher auch nur „gesetzesabgeleitet“ und „gesetzesvollziehend“ wäre. Eine solche Interpretation verkennt, daß die herausragende Stellung des Parlaments unter den Staatsorganen lediglich den Vorrang parlamentarischer Rechtssetzungsakte, aber keinen Vorbehalt für sämtliche Bereiche staatlicher Tätigkeit zu begründen vermag. Es existiert kein Primat eines Staatsorgans, vielmehr beziehen die Organe der gesetzgebenden, der vollziehenden und der rechtsprechenden Gewalt ihre institutionelle und funktionelle demokratische Legitimation aus der in Art. 20 Abs. 2 GG getroffenen Entscheidung des Verfassungsgebers[67]. Auch eine durch Wahlen herbeigeführte unmittelbare personelle Legitimation der Mitglieder des Parlamentes führt nicht zu einem Entscheidungsmonopol des Parlamentes. Die verfassunggebende Gewalt hat in Art. 20 Abs. 2 und Abs. 3 GG auch die Exekutive als verfassungsunmittelbare Institution und Funktion geschaffen; die Verfahren zur Bestellung der Regierung verleihen ihr zugleich eine unmittelbare personelle demokratische Legitimation im Sinne des Art. 20 Abs. 2 GG[68]. Diese

---

63 Jesch, D., Gesetz und Verwaltung, 1961.

64 Rupp, H. H., Grundfragen der heutigen Verwaltungsrechtslehre, 1965, S. 113 ff.

65 Jesch, D. (Anm. 63), S. 171 ff., 205.

66 Ausführlich unter Würdigung aller bis 1968 erschienenen Literatur Ossenbühl (Anm. 60), S. 211; vgl. auch Kisker, G., Neue Aspekte im Streit um den Vorbehalt des Gesetzes, in: NJW 1977, S. 1313 ff.; Rottmann, F., Der Vorbehalt des Gesetzes und die grundrechtlichen Gesetzesvorbehalte, in: EuGRZ 1985, S. 277 ff.; Krebs, A., Zum aktuellen Stand der Lehre vom Gesetzesvorbehalt, in: Jura 1979, S. 304 ff.; Pietzker, J., Vorrang und Vorbehalt des Gesetzes, in: JuS 1979, S. 710 ff.; Kloepfer, M., Der Vorbehalt des Gesetzes im Wandel, in: JZ 1984, S. 685 ff. m. w. N.; Staupe, J., Parlamentsvorbehalt und Delegationsbefugnis, Schriften zum Öffentlichen Recht, Bd. 506, 1988, S. 42 ff.

67 BVerfGE 490, 125 (Kalkar).

68 Ibidem; das Gericht verweist insoweit auf Ossenbühl (Anm. 60), sowie auf die Beiträge von Böckenförde und Grawert, in: AÖR 95 (1970), S. 1 ff., 25 ff.

Gleichwertigkeit aller Staatsgewalten wird heute allgemein anerkannt, Forderungen nach einem Totalvorbehalt gehören der Vergangenheit an. Wie die Beiträge zum Verwaltungsvorbehalt[69] beweisen, ist die heutige Diskussion gerade durch ein gegenteiliges Bemühen um Grenzziehung der Wesentlichkeitstheorie durch Einschränkung des Gesetzesvorbehaltes gekennzeichnet. Eine Ausdehnung des Gesetzesvorbehaltes, wie beispielsweise im Arbeitsrecht[70] oder Standesrecht[71], wird im Rahmen der Wesentlichkeitstheorie differenziert diskutiert, Extrempositionen werden nicht mehr vertreten. Es ist aber unverkennbar, daß gerade die aus dem Demokratieprinzip abgeleitete Lehre vom Totalvorbehalt das Verständnis des heutigen „Parlamentsvorbehaltes" entscheidend mitgeprägt hat.

3. Die klassische Vorbehaltslehre

Herausgefordert durch die Extremposition von Jesch wurde in zunehmendem Maße wiederum die „klassische Vorbehaltslehre" vertreten[72]. Die Bezeichnung des klassischen Vorbehalts als „Eingriffsvorbehalt" ist insofern irreführend, als der Eindruck erweckt wird, nach dieser Lehre habe es im Belieben der Verwaltung gestanden, alle Maßnahmen und Regelungen zu treffen, die nicht in die Rechtssphäre des Bürgers eingreifen. In Wirklichkeit war man sich darüber einig, daß die Verwaltung jedenfalls selbständig keine für die gesamte Gesellschaft wichtigen Entscheidungen und Maßnahme wie z. B. Sozialleistungssysteme schaffen kann[73]. Und auch schon in der konstitutionellen Ära hat die Gesetzgebung im allgemeinen mehr geregelt als nur Eingriffe in Freiheit und Eigentum[74]. Gleichwohl verblieb nach dieser klassischen Vorbehaltslehre der Verwaltung ein weiterer Spielraum eigener Zwecksetzung und Initiative, der sich keineswegs in dem möglichen Erlaß begünstigender Verwaltungsakte erschöpfte, sondern auch den Erlaß von Vorschriften umschloß, die — wie beispielsweise die staatliche Planung — nicht einen Bürger allein, sondern die Allgemeinheit betraf. Vor allem wurde durch die klassische Formel vom „Eingriff in Freiheit und Eigentum" keine Schranke der Delegationsbefugnis für den Gesetzgeber errichtet. Dieses Defizit führte noch in der Weimarer Zeit zu dem Streit, ob es im Belieben des Gesetzge-

69 Siehe die Nachweise in Anm. 34 der Einleitung.

70 Siehe die Nachweise in Anm. 61.

71 BVerfGE 76, 171; 77, 125; zu den Reformen des anwaltschaftlichen Standesrechts vgl. Schumann, E., Die Befreiung der Rechtsanwaltschaft von obrigkeitlichen Schranken, in: NJW 1990, 2089 ff. m. w. N.

72 Vgl. die zahlreichen Nachweise bei Ossenbühl (Anm. 60), S. 220 (dort Anm. 171)

73 Bereits in der Weimarer Zeit war der Gesetzesvorbehalt für das Sozialversicherungswesen unstreitig; vgl. insoweit die Nachweise bei Ossenbühl (Anm. 60).

74 Bleckmann, A. / Eckhoff, R., Der „mittelbare Grundrechtseingriff", in: DVBl. 1988, 373 ff., weisen auf den Umstand hin, daß Ausgleichs- und Schutzfunktion des Staates gegenüber den Beziehungen der Staatsbürger untereinander Hauptanlaß gesetzgeberischen Tätigwerdens waren (S. 374).

bers stehe, welche Materien er durch Rechtsverordnung regele[75] oder ob gewisse Sachbereiche existierten, die der Parlamentsgesetzgeber selbst regeln müsse. Diese Diskussion spielte nach Erlaß des Grundgesetzes im Rahmen des Art. 80 GG keine Rolle mehr[76]; nicht die Frage, ob es überhaupt zulässig ist, eine Materie durch Rechtsverordnung zu regeln, stand im Vordergrund, sondern die zweitrangige Frage, ob die Ermächtigungsnorm den Anforderungen des Art. 80 GG entspricht. Die in der Weimarer Zeit mit „Grenzen der Delegationsbefugnis" umschriebene Diskussion wird heute unter dem Begriff „Wesentlichkeitstheorie" vom Bundesverfassungsgericht jedenfalls zum Teil wieder aufgenommen, ohne jedoch die historische Herkunft dieser Theorie darzulegen.

4. Die Rechtsprechung des Bundesverfassungsgerichts zur Wesentlichkeitstheorie

a) Die Entwicklung der Rechtsprechung zur Wesentlichkeitstheorie

Die Wesentlichkeitstheorie stellt zugleich auf das Demokratieprinzip, das Rechtsstaatsprinzip und die Grundrechte ab[77]. Schon im Facharzt-Beschluß[78] entwickelte des Bundesverfassungsgericht die Grenzen der Autonomiegewährung unter Bezugnahme auf diese verfassungsrechtlichen Grundprinzipien und legte damit den Ansatz der Lehre von der Wesentlichkeit. Da der Gesetzgeber den ärztlichen Verbänden Autonomie gewährt und das Recht zum Erlaß der erforderlichen Organisationsnormen einräumt[79], hat der Gesetzgeber die Verbände „zugleich zu Eingriffen in den Grundrechtsbereich ermächtigt. Dem staatlichen Gesetzgeber erwächst hieraus eine gesteigerte Verantwortlichkeit . . ."[80]. Da es um Maßnahmen geht, die das Bundesverfassungsgericht in späteren Entscheidungen als „grundrechtsrelevante Entscheidungen"[81] bezeichnet, bilden Rechtsstaats- und Demokratieprinzip die Grenzen der Autonomiegewährung: Forderung des Rechtsstaatsprinzips ist, die öffentliche Gewalt in allen ihren Äußerungen auch durch klare Kompetenzordnung und Funktionstrennung rechtlich zu binden, so daß Machtmißbrauch verhütet und die Freiheit des einzelnen gewahrt wird; das Demokratieprinzip gebietet zudem, daß jede Ordnung eines Lebensbereichs durch

[75] Triepel, H., Delegation und Mandat im öffentlichen Recht, 1942.

[76] In der heutigen Kommentarliteratur werden „Grenzen der Delegationsbefugnis" im Rahmen von Art. 80 GG nicht erörtert.

[77] BVerfGE 40, 237 ff.; 45, 400 ff.; 47, 46 ff.; 49, 89 ff.; 57, 295 ff.; 58, 257 ff.; 61, 260 ff.; 68, 1 ff.

[78] BVerfGE 33, 125 ff.

[79] Ibidem, S. 158; bis zu dieser Entscheidung regelten die ärztlichen Verbände das gesamte Facharztwesen durch Satzung. Nunmehr sind alle „statusbildenden Normen" in den Grundzügen durch förmliches Gesetz zu regeln (S. 163 ff.).

[80] BVerfGE 33, 158.

[81] Vgl. die Entscheidungen in Anm. 77.

Sätze objektiven Rechts auf eine Willensentschließung der vom Volke bestellten Gesetzgebungsorgane zurückgeführt werden kann. Gerade die Nichtbeachtung der nach diesem Inhalt des Demokratieprinzips an gesetzgeberisches Handeln zu stellenden Anforderungen war entscheidend für die Bejahung eines verfassungswidrigen Eingriffs in die Berufsfreiheit durch standesrechtliche Maßnahmen der Ehrengerichte oder Kammervorstände der Rechtsanwälte[82]. Im Unterschied zu den ärztlichen Berufsordnungen, um deren Verfassungsmäßigkeit es im Facharzt-Beschluß ging, enthält die Bundesrechtsanwaltsordnung keinerlei Ermächtigung durch den Gesetzgeber zum Erlaß standesrechtlichen Satzungsrechts. Seiner „gesteigerten Verantwortung“[83] ist der Gesetzgeber mithin gerade nicht nachgekommen.

Das Bundesverfassungsgericht hat durch die Entscheidung zum anwaltlichen Standesrechts die im Facharzt-Beschluß begründete Rechtsprechung zu dem besonders sensiblen Bereich der Autonomiegewährung konsequent fortgeführt. Ein Rückgriff auf die „Standardformel zur Wesentlichkeitstheorie“[84] war weder erforderlich, noch hat das Gericht diese Formel bemüht.

Nach dem Facharzt-Beschluß hat das Gericht die Rechtsprechung zur Wesentlichkeit in der ersten Numerus-clausus-Entscheidung[85] fortgeführt. § 17 des Hamburgischen Universitätsgesetzes wurde als verfassungswidrig verworfen, da der Landesgesetzgeber mit einer solchen Blankettermächtigung seiner Verantwortung nicht gerecht wurde[86]. Der Gesetzgeber hat die Grenzen der Delegation der Normsetzungsbefugnis im Bereich der Grundrechte mißachtet, „da in einer rechtsstaatlich-parlamentarischen Demokratie der Vorbehalt, daß in den Grundrechtsbereich lediglich durch ein Gesetz oder aufgrund eines Gesetzes eingegriffen werden darf, nur den Sinn haben kann, daß der Gesetzgeber die grundlegenden Entscheidungen selbst verantworten soll“.[87]

Sowohl der Facharzt-Beschluß als auch die spätere Numerus-clausus-Entscheidung stellen im Vergleich zu der Rechtsprechung, die zur Verordnungsermächtigung gemäß Art. 80 GG ergangen war[88], insofern eine Neuerung dar, als erstmals die Frage nach dem „Ob“, nach der Zulässigkeit der Delegation von Normsetzungsbefugnissen gestellt worden ist. In der Strafvollzugsentscheidung[89] hat das

---

82 BVerfGE 76, 171; vgl. dazu die Beiträge von Zuck, R., Die notwendige Reform des anwaltlichen Berufs- und Standesrechts, in: NJW 1988, S. 175 ff. und Kleine-Cosack, M., Verfassungswidriges Standesrecht, in: NJW 1988, S. 164 ff. sowie Anm. 105.

83 BVerfGE 33, 125 ff. (159).

84 So Zuck (Anm. 82), S. 176.

85 BVerfGE 33, 303 ff. (345 ff.).

86 § 17 Hamb. Universitätsgesetz besagte lediglich, daß in den von der Universität oder Exekutive zu erlassenden Zulassungsordnungen „auch Bestimmungen über die Auswahl und die Zahl der zuzulassenden Bewerber zu treffen sind.“

87 BVerfGE 33, 346.

88 BVerfGE 40, 237 ff. (248 ff.).

89 BVerfGE 30, 237 ff.

Gericht sodann die Lehre vom Wesentlichkeitsvorbehalt in vollem Umfang entfaltet: Der Vorbehalt des Gesetzes sei in den Grundrechten nur spezialisiert und konkretisiert. Als allgemeiner Gesetzesvorbehalt sei er jedoch in Art. 20 Abs. 3 GG enthalten und in einer demokratisch-parlamentarischen Verfassungsordnung dahin zu verstehen, daß er die gesetzlich Entscheidung aller grundsätzlichen Fragen verlange[90].

Insoweit stimmen die Ausführungen des Bundesverfassungsgerichts teilweise wörtlich mit denjenigen in der Facharzt- und Numerus-clausus-Entscheidung überein, da auch in diesen letztgenannten Entscheidungen die Regelungen der grundsätzlichen Fragen durch förmliches Gesetz gefordert wird. Obwohl das Gericht bereits in der Numerus-clausus-Entscheidung, der kein „klassischer Eingriff in Freiheit und Eigentum" zugrundeliegt, die Regelung durch formelles Gesetz forderte, wird erst in der Strafgefangenen-Entscheidung ausdrücklich hervorgehoben,

> „daß die Entscheidung aller grundsätzlicher Fragen, die den Bürger unmittelbar betreffen, durch Gesetz erfolgen muß, und zwar losgelöst von dem in der Praxis fließenden Abgrenzungsmerkmal des ‚Eingriffs'"[91].

Solche grundsätzlichen Fragen können Leistungen ebenso wie Eingriffe betreffen. Sogar verwaltungsorganisatorische Regelungen können grundsätzliche Entscheidungen in diesem Sinne darstellen, wenn auch die Regelung der Behördenzuständigkeit und des Verwaltungsverfahrens nicht bis in alle Einzelheiten dem formellen Gesetzgeber vorbehalten ist[92].

In der Folgezeit wurde diese Rechtsprechung vor allem auf das Schulrecht und Atomrecht übertragen und präzisiert. Im Oberstufen-Beschluß[93] wird unter Hinweis auf die vorangegangenen Urteile betreffend Hessische Förderstufe[94] und Speyerer Kolleg[95] als ständige Rechtsprechung die aus dem Rechtsstaats- und Demokratieprinzip folgende Verpflichtung des Gesetzgebers festgehalten, die wesentlichen Entscheidungen im Schulrecht selbst zu treffen und nicht der Schulverwaltung zu überlassen. Das Bundesverfassungsgericht argumentiert im Oberstufen-Beschluß noch behutsam und wirkt einer extensiven Auslegung insofern entgegen, als die Verpflichtung des Gesetzgebers ausdrücklich auf das Schulwesen bezogen wird und weiterhin auf die der staatlichen Gestaltung offenliegende Rechtssphäre im Bereich der Grundrechtsausübung. In der Sexualkunde-Entscheidung[96] wird sodann als Resümee und als „entscheidender Fortschritt dieser Rechtsauffassung angesehen, daß der Vorbehalt des Gesetzes von seiner Bindung

---

90 Ebd. S. 250.

91 BVerfGE 40, 249.

92 BVerfGE 40, 250.

93 BVerfGE 45, 400 ff.

94 BVerfGE 34, 165 ff. (182).

95 BVerfGE 41, 46 ff. (107).

96 BVerfGE 47, 46 ff.

an die überholte Formel „Eingriff in Freiheit und Eigentum" gelöst und von seiner demokratisch-rechtsstaatlichen Funktion her auf ein neues Fundament gestellt wird, auf dem Aufbau, Umfang und Reichweite dieses Rechtsinstituts neu bestimmt werden können. Während in den früheren Entscheidungen lediglich das Erfordernis der „grundsätzlichen bzw. wesentlichen Fragen" für die Geltung des Gesetzesvorbehaltes gefordert wurde, bemüht sich das Gericht nunmehr, Kriterien herauszuarbeiten, denzufolge eine Maßnahme als „wesentliche" dem Parlament vorbehalten ist. „Ob eine Maßnahme wesentlich ist und damit dem Parlament selbst vorbehalten bleiben muß oder zumindest nur aufgrund einer inhaltlich bestimmten parlamentarischen Ermächtigung ergehen darf, richtet sich zunächst allgemein nach dem Grundgesetz. Hier vermittelt der Schutz der Grundrechte einen wichtigen Gesichtspunkt. Die meisten Grundrechtsartikel sehen ohnehin vor, daß Eingriffe nur aufgrund eines Gesetzes zulässig sind. Außerdem entspricht ihre Sicherung durch Einschalten des Parlaments dem Ansatze nach der überkommenen Vorbehaltslehre, ohne daß allerdings zwischen Eingriffen und Leistungen zu unterscheiden ist. Im grundrechtsrelevanten Bereich bedeutet somit ‚wesentlich' in der Regel ‚wesentlich für die Verwirklichung der Grundrechte'"[97].

Auf der Grundlage der früheren Rechtsprechung wird in der Kalkar-Entscheidung[98] im Jahre 1978 die Wesentlichkeits-Lehre wiederum ausführlich dargelegt. Unter ausdrücklicher Erwähnung von Jesch, Gesetz und Verwaltung, 1961, betont das Gericht die Änderung des Verständnisses des Gesetzesvorbehaltes mit der Erkenntnis auch seiner demokratischen Komponente. Als ständige Rechtsprechung wird festgehalten, daß der Gesetzgeber verpflichtet sei — losgelöst vom Merkmal des Eingriffs —, in grundlegenden normativen Bereichen, zumal im Bereich der Grundrechtsausübung, soweit diese staatliche Regelung zugänglich sei, alle wesentlichen Entscheidungen selbst zu treffen. Art. 80 Abs. 1 und 59 Abs. 2 S. 1, 2. Halbsatz GG sowie die besonderen Gesetzesvorbehalte seien Ausprägungen dieses allgemeinen Gesetzesvorbehaltes. In welchen Bereichen danach staatliches Handeln einer Rechtsgrundlage durch förmliches Gesetz bedürfe, lasse sich nur im Blick auf die jeweiligen Sachbereiche und die Intensität der geplanten oder getroffenen Regelungen ermitteln. Die verfassungsrechtlichen Wertungskriterien seien dabei in erster Linie den tragenden Prinzipien des Grundgesetzes, insbesondere den vom Grundgesetz anerkannten und verbürgten Grundrechten zu entnehmen. Nach den gleichen Maßstäben beurteile sich, ob der Gesetzgeber, wie der verfassungsrechtliche Gesetzesvorbehalt weiter fordere, mit der zur Überprüfung vorgelegten Norm die wesentlichen normativen Grundlagen des zu regelnden Rechtsbereichs selbst festlege und dies nicht etwa dem Handeln der Verwaltung überlassen habe.[99]

---

97 Ebd. S. 79.

98 Kalkar — BVerfGE 49, 89 ff.

99 Ebd. S. 126.

Bereits in der Kalkar-Entscheidung wird deutlich, daß das Bundesverfassungsgericht den „verfassungsrechtlichen Gesetzesvorbehalt" in einen „allgemeinen Gesetzesvorbehalt" und einen weiteren, später als „Parlamentsvorbehalt" bezeichneten Gesetzesvorbehalt aufspaltet.

Diese Trennung zwischen allgemeinem Gesetzesvorbehalt und Parlamentsvorbehalt wird sodann in der FRAG-Entscheidung[100] und der Entscheidung über den Umfang des Gesetzesvorbehaltes im Schulrecht (Nichtversetzung, Schulentlassung) durchgeführt[101]: Die im Bereich des Rundfunkrechts zu treffenden Entscheidungen sind wesentlich, „weil sie, abgesehen von der sachlichen Bedeutung des Rundfunks für das individuelle und öffentliche Leben der Gegenwart, im grundrechtsrelevanten Bereich ergehen. Namentlich treffen hier verschiedene Grundrechtspositionen zusammen, die in Kollision miteinander geraten können . . .; es ist Sache des Gesetzgebers, solche Kollisionen zum Ausgleich zu bringen". [102]

Dieser Vorbehalt des Gesetzes ist ein (Landes-)Parlamentvorbehalt: Das zur Gewährleistung der Rundfreiheit Wesentliche muß das Parlament selbst bestimmen: es darf die Entscheidung darüber nicht der Exekutive, etwa in Gestalt einer allgemeinen, die Befugnis zu Auflagen umfassenden Ermächtigung überlassen, auch nicht in der Weise, daß dies zwar nicht ausdrücklich, aber der Sache nach durch nicht hinreichend bestimmte Normierungen geschieht.

Ganz offensichtlich wird die Trennung zwischen allgemeinem Gesetzesvorbehalt und Parlamentsvorbehalt in der Entscheidung aus dem Jahre 1981 zum Gesetzesvorbehalt für die Entlassung bzw. Nichtversetzung im Schulrecht. Beide schulischen Maßnahmen (Entlassung und Nichtversetzung) sind grundrechtsrelevant in dem Sinne, daß sie die Rechtssphäre des betreffenden Schülers im Bereich der Grundrechtsausübung berühren. Da es sich um eine Begrenzung der Grundrechtsausübung handelt, muß die Regelung durch Rechtssatz erfolgen. Ob dies in einem formellen Gesetz geschehen muß oder ob auch eine Rechtsverordnung aufgrund einer den verfassungsrechtlichen Anforderungen entsprechenden gesetzlichen Ermächtigung genügt, hängt von der Reichweite des Parlamentsvorbehaltes ab. Der Umfang des Parlamentsvorbehaltes bestimmt sich nach der Intensität, mit welcher die Grundrechte der Regelungsadressaten betroffen werden[103].

Aus den beiden letztgenannten Entscheidungen (FRAG, Schulentlassung bzw. Nichtversetzung) wird deutlich, daß in der Rechtsprechung des Bundesverfassungsgerichts der Gesetzesvorbehalt differenziert betrachtet werden muß:

Zunächst ist zu prüfen, ob zur Regelung einer bestimmten Materie *überhaupt* ein Gesetz erforderlich ist. Dies ist die Frage des „allgemeinen Gesetzesvorbe-

---

[100] BVerfGE 57, 295 ff.
[101] BVerfGE 58, 257 ff.
[102] BVerfGE 57, 321.
[103] BVerfGE 58, 274.

halts". Diesem allgemeinen Gesetzesvorbehalt genügt ein förmliches Gesetz, ebenso wie eine Rechtsverordnung, die auf der Grundlage eines förmlichen Gesetzes ergangen ist. Erst wenn feststeht, daß eine Materie überhaupt durch ein (materielles) Gesetz geregelt werden muß, ist zu fragen, ob die Materie durch förmliches Gesetz geregelt werden muß oder ob auch eine Rechtsverordnung, die den in Art. 80 GG aufgestellten Anforderungen genügt, zur Regelung der Materie verfassungsrechtlich ausreichend ist. Diesen letztgenannten Gesetzesvorbehalt bezeichnet des Bundesverfassungsgericht als „Parlamentsvorbehalt". Falls eine konkrete Materie zwar dem allgemeinen Gesetzesvorbehalt unterfällt, mangels Intensität jedoch der Parlamentsvorbehalt nicht eingreift, so ist zu prüfen, ob dem Bestimmtheitsgrundsatz des Art. 80 GG Genüge getan ist.

Bei dieser Sichtweise ergeben sich keine Schwierigkeiten in der Bestimmung des Verhältnisses von Wesentlichkeitstheorie und Art. 80 GG. Art. 80 GG erweist sich vielmehr als notwendige Ergänzung des Gesetzesvorbehalts.

Diese Interpretation der Wesentlichkeitstheorie erinnert zumindest partiell — wie bereits kurz dargelegt[104] — an die Diskussion der Weimarer Zeit um die Grenzen der Delegationsbefugnis. Tripel[105] definierte Delegation als einen Rechtsakt, durch den der Inhaber einer staatlichen Zuständigkeit seine Kompetenz ganz oder zum Teil auf ein anderes Subjekt überträgt. Auch die Lehre der Weimarer Zeit sah sich vor der Schwierigkeit, eine Trennungslinie zwischen zulässiger und unzulässiger Delegation zu ziehen. Diese Diskussion war der gegenwärtigen um die Wesentlichkeitstheorie nicht unähnlich[106]. Selbst die Be-

---

[104] Vgl. III.3.

[105] Triepel, H. (Anm. 75), S. 23.

[106] Unter der Geltung der WRV wurde in der Literatur diskutiert, ob und in welchem Umfang die Delegation von Rechtssetzungsbefugnissen durch die Legislative auf die Exekutive rechtlich zulässig ist. Wurde eine Delegation von Kompetenzen überhaupt für zulässig erachtet (verneinend z. B. G. Jellinek, System der subjektiven Rechte, 2. Aufl., S. 345; Otto Mayer, Deutsches Verwaltungsrecht, 3. Aufl. Bd. 1, S. 44; zusammenfassend Triepel, S. 108 ff., insbes. Anm. 67, 68), so wurde die Frage nach den Schranken der Delegationsbefugnis gestellt (Triepel, S. 112 ff. m. w. N.).

Neben den Sonderbestimmungen der Verfassung, die eine Regelung durch formelles Gesetz vorschreiben (z. B. Haushaltsplan, Kreditaufnahme, Übernahme finanzieller Garantien, Kriegserklärung und Frieden), besteht eine weitere Schranke der Delegationsbefugnis in dem Verbot, „die ganze Kompetenz zu delegieren" (so Triepel, S. 113; S. 120 m. w. N.). Die Lehre der Weimarer Zeit sah sich sofort vor der Schwierigkeit, eine Trennungslinie zwischen zulässiger partieller Delegation und unzulässiger Delegation der „ganzen Kompetenz" zu ziehen. Die Diskussion über die Gesichtspunkte, nach denen die Teilung zwischen Delegierbarem und Nichtdelegierbarem vorzunehmen seien, ist der gegenwärtigen Diskussion über die Wesentlichkeitstheorie nicht unähnlich: „Soll man zwischen ‚Wichtigem' und ‚Unwichtigem' die Trennungslinie ziehen?" (Triepel, S. 113, unter Hinweis auf Hatschek, Deutsches und preussisches Staatsrecht, Bd. 2 (1923), zitiert nach Triepel, Anm. 93).

Triepel fährt fort: „Das möchte doch dem freien Ermessen einen zu weiten Spielraum gewähren. Man muß wohl so entscheiden: die Delegation ist nur dann erlaubt, wenn, und nur erlaubt insoweit, als die Rechtsordnung nicht in erkennbarer Weise auf die persönliche Ausübung der Zuständigkeit durch ihren Inhaber Wert legt. Sie ist verboten, deutung der Angelegenheit als Abgrenzungskriterium wurde diskutiert. Im Rückgriff und anknüpfend an diese Diskussion kann die Lehre von der Wesentlichkeit auch als Lehre von den Schranken der Delegationsbefugnis bezeichnet werden[107].

Die Wesentlichkeitstheorie erschöpft sich jedoch nicht in einem Delegationsverbot. Nicht nur das „Ob" einer gesetzlichen Regelung, sondern auch das „Wie" der Regelung werden mit Hilfe der Wesentlichkeitstheorie entschieden[108]. Der Gesetzgeber kann sich seiner Verantwortung nicht nur durch Verordnungsermächtigung entziehen, sondern ebenso gut durch die Verwendung unbestimmter Rechtsbegriffe oder Ermessensvorschriften. Auch diese Formen verdeckter Delegation können mit dem Vorbehalt des Gesetzes unvereinbar sein[109].

b) Die Bedeutung des Begriffes „Normativer Bereich" in der Rechtsprechung des Bundesverfassungsgerichts

In der Kalkar-Entscheidung[110] wird die Reichweite des allgemeinen Gesetzesvorbehaltes beschränkt auf die Regelung grundlegender normativer Bereiche, zumal den Bereich der Grundrechtsausübung, soweit dieser staatlicher Regelung zugänglich ist. Ausgegrenzt werden also von vornherein solche Regelungen, die in „nicht normativen" Bereichen ergehen. Das Gericht selbst definiert jene „normativen Bereiche" nicht. Tautologisch wäre es, wollte man den Begriff „normativer Bereich" mit „dem vom Gesetzgeber zu regelnden Bereich" umschreiben. Mit einer derartigen Definition wäre nichts gewonnen, es handelt sich — wie Lerche zutreffend ausführt[111] — um eine „banale Formel", die darauf hinausläuft, daß das Parlament den ihm verfassungsrechtlich zugewiesenen Kompetenzraum auch wahrzunehmen habe.

Die Diskussion um Norm und Rechtssatz, um Jellineks These von der normativen Kraft des Faktischen[112] vermögen einen Eindruck zu vermitteln, in welche letztendlich rechtsphilosophischen Erörterungen der Versuch münden müßte, jenen „normativen Bereich" mit den bisher in der Literatur entwickelten Kriterien erfassen zu wollen.[113] Es wäre jedoch auch vereinfachend, auf die zweifellos

---

wenn und soweit die Verfassung erkennen läßt, daß diese Kompetenz gerade von diesem Inhaber aus persönlichen oder sachlichen Gründen selbst ausgeübt werden muß". (S. 113 f.).

107 Als „umfassendes Delegationsverbot" bezeichnet Erichsen, U., Schule und Parlamentsvorbehalt, in: Festschrift zum 125jährigen Bestehen der juristischen Gesellschaft zu Berlin, 1984, S. 113 ff., den Parlamentsvorbehalt.

108 Vgl. Kloepfer, M., Der Vorbehalt des Gesetzes im Wandel, JZ 1984, 685 ff.).

109 BVerfGE 57, 327 (FRAG).

110 BVerfGE 49, 89 ff. (126).

111 Lerche, P., Bayerisches Schulrecht und Gesetzesvorbehalt, Rechtsgutachten erstattet im Auftrag des Bayerischen Staatsministeriums für Unterricht und Kultus, 1981, S. 35.

112 Jellinek, G., Allgemeine Staatslehre, 3. Aufl., 1976, S: 337 f.

vorhandenen dezisionistischen Elemente in der Rechtsprechung des Bundesverfassungsgerichts zum Gesetzesvorbehalt hinzuweisen und zu behaupten, jene „normativen Bereiche" fügten sich nahtlos in die Kette wenig aussagekräftiger Begriffe wie „wesentlich", „grundrechtsrelevant", „mittelbare" und „unmittelbare" Eingriffe ein. Eine derartige Kritik verkennt, daß das Bundesverfassungsgericht selbst jenen „normativen Bereich" näher umschreibt als „grundlegenden Bereich, zumal dem der Grundrechtsausübung, soweit dieser einer gesetzlichen Regelung zugänglich ist."[114]

„Normativ" sind solche Sachbereiche, die zur Vermeidung einer Kollision verschiedener Rechtsgüter durch Rechtsnormen zu umgrenzen und abzugrenzen sind, deren konkrete Ausgestaltung nur aufgrund von Rechtsnormen erfolgen kann. Diese Bereiche werden noch weiter eingegrenzt, indem eben nur „grundlegende" Bereiche vom Gesetzgeber zu regeln sind. Zu diesen grundlegenden normativen Bereichen ist auf jeden Fall („zumal") der Bereich der Grundrechtsausübung zu zählen[115]. Die Regelung möglicher Grundrechtskollisionen und/oder Kollisionen von Grundrechten mit anderen Rechtsgütern kann nur — sofern einer Regelung überhaupt zugänglich — durch Rechtsnormen getroffen werden. Neben der Grundrechtsausübung als einem grundlegenden normativen Bereich kommen als weitere grundlegende normative Bereiche solche in Betracht, die verfassungsrechtlich verankert sind und in das Grundgesetz Eingang gefunden haben.

Das Bundesverfassungsgericht hatte bisher in seiner Rechtsprechungen keinen Anlaß, jene grundlegenden Bereiche außerhalb des Bereichs der Grundrechte näher zu umschreiben. Das Grundgesetz selbst schreibt jedoch für bestimmte Bereiche außerhalb des Grundrechtskatalogs die Regelung durch Gesetz vor, in besonders wichtigen und grundlegenden Bereichen — beispielsweise Art. 24 Abs. 1, Abs. 2 GG und Art. 59 Abs. 2 GG wird sogar ein Parlamentsvorbehalt im Sinne eines Delegationsverbotes statuiert[116]. Die Zustimmung zu völkerrechtlichen Verträgen und die Übertragung von Hoheitsrechten können nicht aufgrund eines Gesetzes durch Rechtsverordnung erfolgen. Es handelt sich um Essentialia unserer Verfassung, deren konkrete Ausgestaltung der Gesetzgeber selbst zu besorgen hat. Ohne den Terminus Parlamentsvorbehalt und Wesentlichkeit ausdrücklich zu erwähnen, hat das Bundesverfassungsgericht bereits in der ersten Eurocontrol-Entscheidung[117] die Reichweite des Gesetzesvorbehaltes auch in

---

113 Vgl. die Nachweise bei Jellinek (Anm. 106); Herzog, R., Allgemeine Staatslehre, 1971, S. 300 ff.; Schneider, H., Gesetzgebung, 1982, Rdnr. 12 ff.

114 BVerfGE 49, 126.

115 Ebd. S. 126.

116 BVerfGE 58, 1 ff. (35 ff.); betr. Art. 59 II bereits BVerfGE 1, 372 ff. (395): „Die Zustimmung oder die Mitwirkung der gesetzgebenden Körperschaften gemäß Art. 59 Abs. 2 GG ist nach Wesen und Inhalt ein Regierungsakt in der Form eines Bundesgesetzes, der nur durch förmliches Gesetz und nicht durch Rechtsverordnung der Regierung vorgenommen werden kann.

diesem grundlegenden Bereich in Anlehnung an die Kriterien der Wesentlichkeitstheorie bestimmt. Da der Gründungsvertrag selbst nicht alle Vollzugsschritte enthalten kann, die in der Entwicklung einer zwischenstaatlichen Einrichtung erforderlich werden, bedarf es für die einzelnen Vollzugsschritte dann keines gesonderten Gesetzes im Sinne von Art. 24 Abs. 1 GG, wenn der Vollzugsverlauf im Gründungsvertrag hinreichend umschrieben ist[118]. Wesentliche Änderungen oder Neuerungen sind hingegen nicht mehr vom ursprünglichen Zustimmungsgesetz gedeckt[119]. Konsequent fortgeführt wurde diese Rechtsprechung in der Entscheidung über die Verfassungsmäßigkeit der Zustimmung zur Stationierung nuklearer Mittelstreckenraketen[120] und zur Lagerung von C-Waffen[121].

Neben Art. 24 und Art. 59 Abs. 2 GG ist auch der Bereich der Verteidigung als „grundlegender normativer Bereich" im Grundgesetz verankert. Die grundlegende Entscheidung, daß überhaupt Streitkräfte aufgestellt werden, hat der Verfassungsgeber in Art. 87 a GG getroffen. Diese verfassungsrechtliche Grundentscheidung bedarf der Ausformung und Konkretisierung durch Rechtsnormen: „Nach der gewaltenteilenden Verfassungsordnung des Grundgesetzes ist es Sache des Gesetzgebers und der für das Verteidigungswesen zuständigen Organe des Bundes, diejenigen Maßnahmen zu beschließen, die zur Konkretisierung dieses Verfassungsgrundsatzes der militärischen Landesverteidigung erforderlich sind."[122]

Unter Zugrundelegung der zu Art. 24 GG und Art. 87 a GG ergangenen Entscheidungen können als „grundlegende normative Bereiche" solche Sachgebiete definiert werden, die im Grundgesetz selbst als verfassungsrechtliche Grundentscheidungen getroffen sind und der Konkretisierung durch Rechtsnormen bedürfen. Neben den Bereichen der Grundrechtsausübung, der Art. 24 Abs. 1 S. 2 und 59 Abs. 2 GG sowie des Art. 87 a GG sind dazu beispielsweise auch die Grundentscheidungen für das Berufsbeamtentum in Art. 33 Abs. 5 GG und die aus der objektiven Wertordnung in ständiger Rechtsprechung abgeleiteten Instituts- und institutionellen Garantien zu zählen.[123]

Auch der Bereich des Auswärtigen ist im Grundgesetz selbst in den Artt. 32, 59, 24, 65, 73 Nr. 1 GG näher geregelt. Er bedarf sowohl im Regelungsbereich der jeweiligen grundgesetzlichen Vorschrift als auch über diese verfassungsrecht-

---

117 BVerfGE 58, 1 ff.

118 Ebd. S. 37.

119 Diese Rechtsprechung wird fortgeführt in BVerfGE 68, 1 ff. (121) — Pershing II; das Gericht erkannte in der Zustimmung der Bundesregierung zur Stationierung keine „wesentliche Änderung des Bündnisprogrammes, dem der Gesetzgeber beim Beitritt der Bundesregierung zu dem Bündnisgefüge zugestimmt hat . . .".

120 BVerfGE 68, 1 (89 ff.).

121 BVerfGE 77, 170 ff. (232).

122 BVerfGE 48, 127 ff. — „Kriegsdienstverweigerung per Postkarte" —.

123 BVerfGE 7, 198 ff. (205); 12, 45 ff. (51); 20, 162 (175 f.); 6, 55 (72 f.).

lichen Normen hinausgehend der Konkretisierung und Umgrenzung durch Rechtsnormen.

Mit der Qualifizierung eines Sachbereichs als grundlegendem normativen Bereich ist jedoch noch keine Aussage darüber getroffen, welches Organ in welcher Rechtssatzform die Konkretisierung dieses Sachbereichs vorzunehmen hat. Es ist lediglich die Feststellung getroffen, daß das Handeln der zuständigen Organe überhaupt rechtssatzförmig zu erfolgen hat. Für den Bereich des Auswärtigen bedeutet die rechtliche Qualifizierung als grundlegender normativer Bereich lediglich, daß der allgemeine Gesetzesvorbehalt im Sinne der Rechtsprechung des Bundesverfassungsgerichts zur Wesentlichkeitstheorie grundsätzlich auch in diesem Bereich Geltung besitzt.

c) Das Kriterium der „Wesentlichkeit" der Entscheidung

In den „normativen Bereichen" ist der Gesetzgeber verpflichtet, „alle wesentlichen Entscheidungen selbst zu treffen".

In der Kalkar-Entscheidung [124] wird die Grundsatzentscheidung für oder gegen die rechtliche Zulässigkeit der friedlichen Nutzung der Kernenergie im Hoheitsgebiet der Bundesrepublik Deutschland als „wesentliche Entscheidung" qualifiziert wegen

— der weitreichenden Auswirkung auf den Bürger,

— insbesondere auf den Freiheits- und Gleichheitsbereich,

— auf die allgemeinen Lebensverhältnisse,

— wegen der Art und Intensität der Regelung.

Neben der Grundsatzentscheidung für oder gegen die Nutzung der Atomenergie sind auch die Genehmigung oder Nichtgenehmigung von Atomkraftwerken im Einzelfall als „wesentliche Entscheidungen" zu qualifizieren, da es sich hierbei um Rechtsakte handelt, „die den Grundrechtsbereich der Bürger einschneidend betreffen können" [125].

Die Nichtversetzung und der Ausschluß eines Schülers sind grundrechtsrelevante Maßnahmen, da sie die Rechtssphäre des betroffenen Schülers im Bereich der Grundrechtsausübung berühren. Sie sind aus diesem Grund durch Rechtssatz zu regeln [126].

---

124 BVerfGE 49, 89 ff.

125 Ebd. S. 127.

126 BVerfGE 58, 274; die Terminologie „Rechtssatz" wurde übernommen von BVerwGE 56, 155 ff. (159). Vgl. zum Gesetzesvorbehalt im Schulrecht die Verhandlungen des DJT, Bd. II, M 230; Niehues, Schul- und Prüfungsrecht, 1976, S. 47 f., 182 ff.; Lerche (Anm. 111); Erichsen (Anm. 107); ausführlich J. Staupe, Parlamentsvorbehalt und Delegationsbefugnis, Schriften zum Öffentlichen Recht, Bd. 506, 1986, insbes. zur Reichweite des Parlamentsvorbehalts im Schulrecht.

Die für die Veranstaltung von Privatrundfunk notwendigen Entscheidungen sind „wesentliche Entscheidungen, weil sie abgesehen von der sachlichen Bedeutung des Rundfunks für das individuelle öffentliche Leben der Gegenwart im grundrechtsrelevanten Bereich ergehen und wesentlich für die Verwirklichung der Grundrechte sind“.[127]

Die Vielzahl der Kriterien — Berührung der Rechtssphäre im Bereich der Grundrechtsausübung, Ergehen im grundrechtsrelevanten Bereich, wesentlich für die Verwirklichung der Grundrechte, einschneidende Betroffenheit im Grundrechtsbereich des Bürgers — und die Unbestimmtheit dieser Kriterien erschweren die Umschreibung des Bereichs des allgemeinen Gesetzesvorbehalts. Erschwert wird die Abgrenzung des allgemeinen Gesetzesvorbehaltes zudem vom Bereich des Parlamentsvorbehalts, wenn dieser — wie das Bundesverfassungsgericht in der Kalkar-Entscheidung darlegt -“nach den gleichen Maßstäben“ wie der allgemeine Gesetzesvorbehalt beurteilt werden soll.[128]

Angesichts dieser wachsweichen und dehnbaren Wertungskriterien ist die in der Literatur an dieser Theorie des Bundesverfassungsgerichts geübte Kritik[129] durchaus verständlich und angebracht. Man erinnere sich nur an die von Theologie und Philosophie geführte Diskussion über die Abgrenzung von Substanz und Akzidens[130], um zu erkennen, daß der Begriff der Wesentlichkeit als solcher als Abgrenzungskriterium denkbar ungeeignet ist. Dem Vorwurf, einen „Wesentlichkeitsjargon“ zu pflegen[131], können die Juristen dadurch entgehen, daß die Geltung und Umfang des Gesetzesvorbehaltes lediglich hinsichtlich spezieller Fallgruppen erörtert werden. Die von Kloepfer geübte Kritik „Wesentlich ist, was das Bundesverfassungsgericht dafür hält“[132], ist jedoch überzogen und wird den Bemühungen um Systematisierung der Wesentlichkeitstheorie nicht gerecht. Gerade der Beitrag von Kloepfer trägt zur Systematisierung der Wesentlichkeitstheorie nicht bei, da Kloepfer seinerseits den Terminus „Parlamentsvorbehalt“ abweichend von der Rechtsprechung für jegliche Mitwirkung des Parlaments benutzt, also beispielsweise auch für die Mitwirkung durch schlichten Parlamentsbeschluß[133]. Auch das von ihm vorgeschlagene Kriterium „der substantiellen Veränderung der Freiheits- und Gleichheitsentfaltung“[134] zur Bestimmung des Umfanges des „Rechts-

---

127 BVerfGE 57,320 f.

128 BVerfGE 49, 127.

129 Kloepfer (Anm. 66); Eberle, Gesetzesvorbehalt und Parlamentsvorbehalt, in: DÖV 1984, S. 485 ff. Eberle versucht — negativ — denjenigen Bereich zu umschreiben, der dem Parlamentsvorbehalt nicht unterliegt. Vgl. in diesem Zusammenhang die Literatur zum „Verwaltungsvorbehalt“, oben Anm. 34 der Einleitung.

130 Vgl. Lotz, J., Substanz, in: Rahner, K. (Hrsg.), Theologisches Lexikon, Bd. 7, S. 116 ff.

131 So der Vorwurf Adornos an die Thomisten.

132 Kloepfer (Anm. 66), S. 692.

133 Ebd. S. 694 ff.

134 Ebd. S. 694.

satzvorbehaltes" ist im Vergleich zu dem Wesentlichkeitskriterium noch weniger bestimmbar und handhabbar.

d) Fallgruppen des allgemeinen Gesetzesvorbehaltes (Rechtssatzvorbehaltes)

Nach der Rechtsprechung des Bundesverfassungsgerichts und des Bundesverwaltungsgerichts [135] besitzt der allgemeine Gesetzesvorbehalt (= Rechtssatzvorbehalt) bei folgenden Fallkonstellationen Geltung:

- Entsprechend dem historischen Verständnis des Gesetzesvorbehaltes sind *Eingriffe* in Grundrechte nur aufgrund eines Gesetzes zulässig.
- Maßnahmen der öffentlichen Gewalt bedürfen schon dann einer gesetzlichen Grundlage, wenn sie bloße Grundrechtsgefährdungen darstellen, sofern diese Grundrechtsgefährdungen einer Grundrechtsverletzung gleichstehen. [136]
- Zudem bedürfen solche Maßnahmen einer gesetzlichen Regelung, die die Rechtssphäre des Bürgers bei Grundrechtsausübung berühren, wenn die gesetzliche Grundlage gerade der Verwirklichung der Grundrechte dient (vgl. Numerus clausus) [137].
- Eine gesetzliche Grundlage ist schließlich erforderlich, sofern Grundrechtskollisionen zu regeln sind [138].

Allein im Rahmen dieser Fallkonstellationen zeigen sich bereits eine Vielzahl von Detail-Problemen: Sicherlich sind Ge- und Verbote, Auflagen und Weisungen, die direkt an den Grundrechtsträger gerichtet sind, als Grundrechtsbeschränkungen typische Grundrechtseingriffe. Fraglich ist jedoch der Eingriffscharakter solcher Maßnahmen, die den Bürger zwar nicht gezielt und unmittelbar treffen, die aber dennoch von Einfluß auf die Verwirklichung der Grundrechte sind. Ebenso fraglich ist der Eingriffscharakter von „Grundrechtseingriffen Privater" oder von Eingriffen durch Drittstaaten bzw. allgemein die Grundrechtsrelevanz bei Sachverhalten mit Auslandsberührung [139].

---

135 Siehe unten III.4.d.(c).

136 Zur Grundrechtsgefährdung vgl. III.4.d.cc.

137 BVerfGE 33, 303 ff. (333 f., 336 f.).

138 BVerfGE 57, 320 f. (FRAG-Entscheidung); zur Dogmatik der Grundrechtskollision vgl. Fahmann, L. H., Konkurrenzen und Kollisionen im Grundrechtsbereich, in: EuGRZ 1985, S. 49 ff.

139 Heintzen, M., Das grundrechtliche Eingriffskriterium bei Sachverhalten mit Auslandsberührung, in: DVBl. 1988, 621 ff. Die von Heintzen vertretene These, das Souveränitätsprinzip stelle eine Schranke für die grundrechtliche Zurechenbarkeit dar, so daß das hoheitliche Verhalten eines ausländischen Souveräns der deutschen öffentlichen Gewalt nicht zurechenbar sei, auch wenn es von ihr möglicherweise veranlaßt wurde, beruht auf einer Verkennung der von ihm zitierten Entscheidungen des BVG, hier insbesondere BVerfGE 57, 9 ff.

Lösungsansätze für die spezifisch durch den Auslandsbezug resultierenden Rechtsprobleme im Grundrechtsbereich und damit im Rahmen des Gesetzesvorbehaltes lassen sich aus den rein den nationalen Bereich betreffenden Diskussionsbeiträgen und Gerichtsentscheidungen zum Problembereich „Grundrechtseingriff durch Private" finden. Auch für die rechtliche Bewertung von Sachverhalten mit Auslandsberührung ist die im nationalen Recht geführte Diskussion mit-entscheidend, ob das Handeln des Staates, beispielsweise die Erteilung einer Genehmigung, einen Eingriff in die Grundrechte Dritter insofern darstellt, als der Dritte verpflichtet wird, solche Eingriffe zu dulden [140] oder ob vielmehr der (unmittelbare) Eingriff von dem Antragsteller, einer Privatperson, ausgeht, eine Verantwortlichkeit des Staates daher nur im Rahmen der Schutzpflicht besteht.

Sofern diese auf die innerstaatliche Rechtsordnung bezogenen dogmatischen Überlegungen zum Grundrechtseingriff auf den Eingriff durch Drittstaaten übertragen werden, sind Modifikationen erforderlich, die den Besonderheiten des Bereiches der auswärtigen Angelegenheiten Rechnung tragen. Welche Anforderungen werden in diesem Zusammenhang an den Eingriff in Grundrechte überhaupt gestellt? Ist Zielgerichtetheit und Unmittelbarkeit erforderlich, oder genügt der mittelbare Eingriff zur Begründung des Gesetzesvorbehaltes? [141] Im Rahmen der Grundrechtsgefährdung ist zu erörtern, unter welchen Voraussetzungen eine bloße Gefährdung einem Grundrechtseingriff gleichsteht. Zudem sind die Anforderungen an die der Grundrechtsgefährdung korrespondierende Schutzpflicht des Staates zu präzisieren. In diesem Zusammenhang ist zudem zu prüfen, ob sich aus der Schutzpflicht des Staates automatisch ein Schutzanspruch des Bürgers ableiten läßt und unter welchen Voraussetzungen aus der Schutzpflicht des Staates das Erfordernis einer gesetzlichen Grundlage folgt. [142]

Die skizzierten Rechtsprobleme werden nachfolgend zunächst ohne Berücksichtigung der Besonderheit des Bereiches der auswärtigen Angelegenheiten erörtert. In einem zweiten Schritt wird untersucht werden, ob und gegebenenfalls mit welchen Änderungen diese Resultate auf Sachverhalte mit Auslandsberührung übertragen werden können.

aa) Der allgemeine Gesetzesvorbehalt und die Bedeutsamkeit der Entscheidung

In einer demokratisch-parlamentarischen Staatsverfassung liegt die Annahme nahe, daß die Entscheidung aller grundsätzlichen Fragen durch Gesetz zu erfolgen

---

[140] Murswiek, D., Die staatliche Verantwortung für die Risiken der Technik, 1986, S. 87 ff.; Schwabe, J., Probleme der Grundrechtsdogmatik, 1977, S. 152 ff.

[141] In der C-Waffen-Entscheidung (E 77, 170 ff.) wurde die Frage aufgeworfen, ob im Rahmen von Art. 59 Abs. 2 GG eventuell die „klassische Vorbehaltslehre" Geltung besitzt, ein Gesichtspunkt, der möglicherweise für den Gesamtbereich des Auswärtigen Gültigkeit beanspruchen könnte.

[142] Vgl. Anm. 135.

hat und zwar losgelöst von dem in der Praxis fließenden Abgrenzungsmerkmal des Eingriffs in Grundrechte. Staatliches Handeln, durch das dem einzelnen Leistungen und Chancen gewährt oder angeboten werden, ist für die Entfaltung des einzelnen nicht weniger bedeutungsvoll als die Freiheit von staatlichen Belastungen. Sowohl bei der Gewährung von Leistungen als auch bei der Beschränkung von Freiheiten kommt dem vom Parlament beschlossenen Gesetz im Vergleich zu dem Verwaltungshandeln ohne gesetzliche Grundlage eine unmittelbarere demokratische Legitimation zu. Das parlamentarische Verfahren gewährleistet ein erhöhtes Maß an Öffentlichkeit der Auseinandersetzung und Entscheidungssuche und damit auch größere Möglichkeiten eines Ausgleichs widerstreitender Interessen. Diese Gesichtspunkte sprechen für eine Ausdehnung des allgemeinen Gesetzesvorbehaltes über die überkommenen Grenzen hinaus [143]. Berücksichtigt man zudem die Aussagen des Bundesverfassungsgerichts in der Kalkar-Entscheidung — weitreichende Auswirkungen auf den Bürger, Auswirkungen auf die allgemeinen Lebensverhältnisse [144] sowie diejenigen in der FRAG-Entscheidung, sachliche Bedeutung des Rundfunks für das individuelle und öffentliche Leben [145] —, so ließe sich durchaus behaupten, der allgemeine Gesetzesvorbehalt gelte unabhängig von der Grundrechtsrelevanz einer Maßnahme für besonders weitreichende Entscheidungen von besonderer Bedeutung für das Staatsganze oder für politisch umstrittene Fragen [146]. In den bisherigen Entscheidungen hat das Bundesverfassungsgericht stets ein Bündel der genannten Kriterien zur Begründung des allgemeinen Gesetzesvorbehaltes herangezogen. So werden in der Kalkar-Entscheidung [147] als Kriterien „die weitreichenden Auswirkungen auf die Bürger, insbesondere auf ihren Freiheits-und Gleichheitsbereich, auf die allgemeinen Lebensverhältnisse und die Intensität der Regelung“ genannt, in der FRAG-Entscheidung [148] sind Grundrechtskollision und die sachliche Bedeutung des Rundfunks Kriterien des allgemeinen Gesetzesvorbehalts. Die Behauptung, eine Regelung, die Auswirkungen allein auf die allgemeinen Lebensverhältnisse hat und nur indirekte oder keine Auswirkungen auf die Grundrechte der Bürger besitzt, jedoch von besonderer Bedeutung für das Staatsleben ist, unterfalle dem allgemeinen Gesetzesvorbehalt, ist eine rein politische Forderung, die verfassungsrechtlich nicht zu begründen ist.

Gerade Sachverhalte mit Auslandsbezug können eine herausragende Bedeutung für das Staatsleben gewinnen. Dies gilt für den vom Bundesverfassungsgericht [149] erwähnten „klassischen Fall“ des Abbruches diplomatischer Beziehungen

---

143 BVerfGE 40, 237 ff. (249).

144 BVerfGE 49, 89 ff. (127).

145 BVerfGE 57, 295 (319, 329 f.)

146 Zum Kriterium der „politischen Umstrittenheit“ vgl. Kisker (Anm. 66), S. 1318; Kisker ist der Ansicht, die Formel: „das Wesentliche ist das politisch Kontroverse“ entspreche der Funktion der Lehre vom Gesetzesvorbehalt.

147 Siehe oben Anm. 144.

148 Oben Anm. 145.

ebenso wie für die Aufnahme diplomatischer Beziehungen, die — wie das Beispiel der Anerkennung Kroatiens im Dezember 1991 zeigt — innenpolitisch kontrovers und mit überragendem öffentlichen Interesse diskutiert worden ist.[150] Abhängig von politischen Erwägungen gewinnen jedoch auch Sachverhalte unversehens an „besonderer Bedeutung", die zuvor in der breiten Öffentlichkeit nicht oder nur wenig bekannt waren. So beispielsweise die Beteiligung der Bundesrepublik Deutschland an der amerikanischen Verteidigungsinitiative (SDI)[151], die Diskussion um die verfassungsrechtliche Zulässigkeit der Entsendung deutscher Truppen in Kontingente einer UN-Friedenstruppe[152] oder Teilbereiche des deutschen Außenwirtschaftsrechts[153]. Das Bundesverfassungsgericht erwähnt in der Kalkar-Entscheidung den „klassischen Fall" des Abbruches der diplomatischen Beziehungen, der allein der Regierung obliege[154]. Der Hinweis des Gerichts, diese Zuständigkeit folge aus der Kompetenzverteilung, ist zur Begründung dieses Ergebnisses nur bedingt geeignet, zumal das Gericht die Regelung des Art. 59 Abs. 2 GG *als Ausprägung* des Vorbehaltes des Gesetzes bezeichnet[155], und damit gerade offenläßt, ob auch weitere Maßnahmen der auswärtigen Gewalt dem allgemeinen Gesetzesvorbehalt unterfallen.

Die Kriterien „Auswirkung auf die allgemeinen Lebensverhältnisse, Intensität der Regelung" vermögen den allgemeinen Gesetzesvorbehalt bereits allein deshalb nicht zu begründen, da diese Kriterien zu unbestimmt sind, um zu auch nur annähernd vertretbaren Ergebnissen zu gelangen. Der Kreis der Maßnahmen, die sich auf die „allgemeinen Lebensverhältnisse" auswirken oder die von besonderer „sachlicher Bedeutung" sind, läßt sich nicht näher umschreiben. Im Endeffekt hängt es von der politischen und / oder Weltanschauung ab, wie der Begriff „allgemeine Lebensverhältnisse" definiert wird. Der politischen Willkür wäre Tür und Tor geöffnet, würden diese Kriterien zu den den Gesetzesvorbehalt bestimmenden Elementen erklärt.

Im Grundgesetz selbst sind einige für die „allgemeinen Lebensverhältnisse" besonders bedeutsame Bereiche in Grundzügen als — wie zuvor beschrieben —

---

149 BVerfGE 48, 125.

150 Zur Diskussion vgl. die Berichte in F.A.Z. v. 15.1.1992, S. 2; 14.1.1992, S. 2; 17.1.1992, S. 5.

151 „Strategic Defence Initiative" = SDI; vgl. die Beiträge von Hoffmann, H., Europa vor dem Problem der Raketenabwehr, in: Außenpolitik 1985, S. 136 ff.; Fliess, B., Strategische Rüstungskontrolle und Verteidigungspolitik unter Reagan, in: Aus Politik und Zeitgeschichte. Beilage zur Wochenzeitung Das Parlament, B 44 / 85 (vom 2.11.1985), S. 12 ff.; vgl. die Stellungnahmen der Regierung zu SDI und EUREKA, Bull. Nr. 121, S. 1053 ff. vom 7.11.1985 sowie Bull. Nr. 120, S. 1045 ff., vom 5.11.1985.

152 Vgl. die Nachweise unter Anm. 24 u. 25 der Einleitung.

153 So die angebliche Belieferung des Irak unter Umgehung bestehender Vorschriften mit Technologie zum Bau von Raketen oder Urananlagen. Ausführlich dazu siehe Teil II.

154 BVerfGE 48, 125.

155 Ebd. S. 127.

grundlegende normative Bereichen geregelt. Unter Berücksichtigung dieser verfassungsrechtlichen Vorgaben — beispielsweise in Art. 24 und Art. 59 Abs. 2 GG — ist im jeweiligen Sachbereich die Kompetenzabgrenzung vorzunehmen. Ganz eindeutig in diesem Sinne hat sich das Bundesverfassungsgericht in der Kalkar-Entscheidung und der Entscheidung über die Zustimmung der Bundesregierung zur Stationierung der amerikanischen Mittelstreckenraketen gegen eine Begründung des allgemeinen Gesetzesvorbehaltes allein aufgrund der Bedeutung einer Entscheidung ausgesprochen:

> „Der Umstand, daß es sich bei der Erteilung der Zustimmung um ein für die Bundesrepublik Deutschland in ihrer Gesamtheit wesentlichen Akt handelt, vermag angesichts der ausdrücklich normierten Kompetenzregelung für den Bereich der auswärtigen Angelegenheiten eine besondere Gesetzgebungsbefugnis des Bundestags nicht zu begründen. Das Grundgesetz kennt weder einen Totalvorbehalt, noch eine Kompetenzregel, die besagt, daß alle ‚objektiv wesentlichen' Entscheidungen vom Gesetzgeber zu treffen seien"[156].

Eine sinnvolle Eingrenzung derjenigen Maßnahmen, die dem allgemeinen Gesetzesvorbehalt unterliegen, kann aus dem mit dem allgemeinen Gesetzesvorbehalt intendierten Schutz des Bürgers hergeleitet werden: Immer dann, wenn eine weitreichende und für das Staatsleben bedeutsame Maßnahme auch die durch das Grundgesetz garantierten Rechtsgüter der Bürger zu schmälern vermag, ist zum Schutz der gesetzesunterworfenen Bürgers ein Gesetz erforderlich. Sonstige Entscheidungen, seien sie auch politisch von noch so großer Bedeutung, unterliegen nur dann dem Gesetzesvorbehalt, wenn das Grundgesetz dies — wie beispielsweise in Artt. 24, 59 Abs. 2 oder in Art. 110 GG — ausdrücklich vorschreibt.

bb) Das Kriterium des „Eingriffs in Grundrechte"

Wie bereits an früherer Stelle dargelegt[157], beansprucht der allgemeine Gesetzesvorbehalt nach der Rechtsprechung des Bundesverfassungsgerichts Geltung, wenn in Grundrechte eingegriffen wird, Grundrechtsgefährdungen zu besorgen sind, Grundrechtskollisionen zu regeln sind oder eine gesetzliche Regelung zur Verwirklichung der Grundrechte erforderlich ist.

Ohne Berücksichtigung der sich aus der Stellung der auswärtigen Gewalt ergebenden Besonderheiten hinsichtlich des Inhalts und der Geltung des allgemeinen Gesetzesvorbehaltes soll zunächst der Umfang und die Reichweite des allgemeinen Gesetzesvorbehaltes anhand der zuvor beschriebenen Fallkonstellationen (Eingriff, Grundrechtsgefährdung, Grundrechtskollisionen, Verwirklichung der Grundrechte) dargelegt werden.

---

[156] BVerfGE 68,108.

[157] Vgl. III.4.a.

(1) Begrenzungen auf wesentliche im Sinne spürbarer Beeinträchtigungen?

In der Kalkar-Entscheidung[158] finden sich zwei Passagen, in denen der Ausdruck „wesentlich" scheinbar in verschiedenem Sinn Verwendung findet:

Die Entscheidung geht von der Feststellung aus, daß nach dem „Grundsatz des allgemeinen Vorbehaltes des Gesetzes die Exekutive für Akte, die den Freiheits- und Gleichheitsbereich des Bürgers wesentlich betreffen, der gesetzlichen Grundlage bedürfen". Daran schließt das Gericht die bereits zitierte Feststellung an, daß „losgelöst vom Merkmal des Eingriffs" der Gesetzgeber verpflichtet sei, „in grundlegenden normativen Bereichen, zumal im Bereich der Grundrechtsausübung, soweit diese staatlicher Regelung zugänglich ist, alle wesentlichen Entscheidungen selbst zu treffen ..."[159].

Lerche[160] zieht aus dem unterschiedlichen grammatikalischen Gebrauch des Ausdrucks „wesentlich" den Schluß, daß in der ersten Passage alle nicht-wesentlichen Grundrechtsbeeinträchtigungen von vornherein außerhalb jenes Kreises gestellt seien, in dem eine gesetzliche Grundlage notwendig ist. Er folgert aus der Formulierung, daß nur intensive (nicht unwesentliche) Einwirkungen die Forderung nach gesetzlicher Grundlage auslösen. Diese Interpretation beruht auf einer Verkennung der Rechtsprechung des Bundesverfassungsgerichts: In der erwähnten ersten Passage „... daß die Exekutive für Akte, die den Freiheits- und Gleichheitsbereich des Bürgers wesentlich betreffen ..." umschreibt das Bundesverfassungsgericht in einem Obersatz den Umfang des allgemeinen Gesetzesvorbehaltes. In der weiteren Urteilsbegründung wird sodann — unter 2. — zunächst der allgemeine Gesetzesvorbehalt näher präzisiert, sodann der Umfang des Parlamentsvorbehaltes bestimmt. Die von Lerche zitierte Passage des Urteils ist eine Umschreibung des allgemeinen Gesetzesvorbehaltes, jedoch nicht des Parlamentsvorbehaltes. Dies wird deutlich aus der folgenden Passage des Urteils, derzufolge die Beurteilung, ob der Gesetzgeber, wie der verfassungsrechtliche Gesetzesvorbehalt weiter fordert, mit der zur Prüfung vorgelegten Norm die wesentlichen normativen Grundlagen des zu regelnden Rechtsbereichs selbst festgelegt und dies nicht dem Handeln der Verwaltung überlassen hat, nach den „gleichen Maßstäben" zu erfolgen hat, wie die Beurteilung des allgemeinen Gesetzesvorbehaltes[161].

Die von Lerche zitierten Passagen in der Kalkar-Entscheidung stehen daher nicht zueinander im Verhältnis von „allgemeinem Gesetzesvorbehalt und Parlamentsvorbehalt", sondern die erste Passage formuliert den Gesetzesvorbehalt als

---

158 Siehe Anm. 154.

159 Ebd. S. 127.

160 Lerche (Anm. 111), S. 58 f.

161 BVerfGE 48, 127.

Obersatz, während erst die zweite Passage den Umfang des allgemeinen Gesetzesvorbehaltes definiert. Diese Interpretation wird auch durch die spätere Rechtsprechung des Bundesverfassungsgerichts bestätigt: in der Entscheidung zum Umfang des Gesetzesvorbehaltes bei der Schulentlassung und Nichtversetzung wird die Trennung von allgemeinem Gesetzesvorbehalt als Rechtssatzvorbehalt und Parlamentsvorbehalt strikt durchgeführt. Ohne auf die „Intensität“ der Regelung auch nur mit einem Wort einzugehen, fordert das Gericht für die Schulentlassung und Nichtversetzung eine Regelung durch Rechtssatz, da beide Maßnahmen grundrechtsrelevant in dem Sinn sind, daß die Rechtssphäre des betroffenen Schülers im Bereich der Grundrechtsausübung berührt werden[162]. Ob dies in einem formellen Gesetz geschehen muß oder ob auch eine Rechtsverordnung aufgrund einer den verfassungsrechtlichen Anforderungen entsprechenden gesetzlichen Grundlage genügt, ist eine Frage des Parlamentsvorbehaltes und hängt von der Intensität der Regelung ab. Aus dieser Entscheidung wird deutlich, daß bei Prüfung des allgemeinen Gesetzesvorbehaltes die Frage der Intensität der Regelung keine Rolle spielt. Hingegen ist der Umfang des Parlamentsvorbehaltes von der Intensität der Regelung abhängig[163].

(2) Die grundsätzliche Geeignetheit der Regelung, in geschützte Positionen einzugreifen

Das Vorliegen eines „Eingriffes oder einer Beeinträchtigung oder Berührung von Grundrechten“ ist bereits dann zu verneinen, wenn die betreffenden Vorschriften nach Struktur und Inhalt nicht geeignet sind, Rechtspositionen nachteilhaft zu verändern. Hat eine Regelung — wie beispielsweise das Zustimmungsgesetz zu den Ostverträgen[164] — keine Auswirkungen auf die Rechtsstellung der Bürger der Bundesrepublik Deutschland, werden also keine Rechte und Pflichten durch die Regelung begründet, so ist diese Regelung nach ihrer Struktur und ihrem Inhalt nach objektiv ungeeignet, Rechtspositionen der Grundrechtsträger zu beeinträchtigen.

(3) Die Abgrenzung zwischen Eingriffen und der grundrechtlich irrelevanten Verursachung von Nachteilen

Nur wenn die Regelung überhaupt geeignet ist, grundrechtlich geschützte Rechtsgüter zu beeinträchtigen, ist die weitere Frage zu stellen, ob ein Eingriff vorliegt, ob Grundrechte „beeinträchtigt“ oder „berührt“ werden. Im Rahmen dieser Erörterung ist eine Grenzziehung vorzunehmen zwischen Eingriffen, die an Grundrechten gemessen werden können und der grundrechtlich irrelevanten

162 BVerfGE 58, 274.

163 Siehe unten III.4.e.

164 BVerfGE 40, 141 ff. (166 ff.) — Ostverträge.

Verursachung von Nachteilen an Rechtsgütern. Hier sind die sogenannten „mittelbaren, ungezielten, reflexiven Eingriffe" angesiedelt[165].

Unproblematisch sind dabei diejenigen Fallgestaltungen, in denen eine hoheitliche Maßnahme auf einen bestimmten Adressatenkreis abzielt und Rechtsgüter dieses Adressatenkreises beschneidet. Über den in der Regelung angesprochenen Adressatenkreis hinaus können auch sonstige Personen in gleicher Weise wie die ausdrücklich benannten Adressaten von der Regelung betroffen werden. Obwohl im Bereich der Zulässigkeit der Verfassungsbeschwerde ergangen, bietet die Rechtsprechung des Bundesverfassungsgerichts zur Beschwerdebefugnis im Verfassungsbeschwerdeverfahren einen geeigneten Anhaltspunkt, um den Kreis der „Grundrechts"-Adressaten einer Regelung zu bestimmen. Die gegenüber diesem „Grundrechts"-Adressatenkreis ergangenen beeinträchtigenden hoheitlichen Maßnahmen stellen stets direkte Eingriffe in grundrechtlich geschützte Rechtsgüter dar. In mehreren Entscheidungen[166] hat das Bundesverfassungsgericht im Rahmen der Prüfung der Selbstbetroffenheit der Beschwerdeführer Kriterien entwickelt, denzufolge eine Norm, die sich dem Wortlaut nach an einen bestimmten Adressatenkreis wendet, auch Rechte sonstiger Personen, die nicht zu diesem Adressatenkreis zählen, beeinträchtigen kann. In der Entscheidung zur Verfassungsmäßigkeit des Ladenschlußgesetzes[167] bejaht das Gericht die unmittelbare Selbstbetroffenheit des Kunden, obwohl sich die Regelung dem Wortlaut nach nur an die Inhaber der Verkaufsstellen richtet mit der Begründung, diese Regelung wirke auf die allgemeine Handlungsfreiheit in einem Maße ein, das über die bloße Reflexwirkung hinausgehe. Die Kundschaft werde zwangsläufig an dem Einkauf gehindert, die Regelung des Ladenschlußgesetzes „wirkt also wie ein unmittelbar an die Kunden gerichteter Gesetzesbefehl"[168].

In der Entscheidung über die Verfassungsmäßigkeit zweier auf der Grundlage des Preisgesetzes erlassener Verordnungen bestätigt das Gericht, daß eine Norm, die sich ausdrücklich nur an einen bestimmten Adressatenkreis richtet (vorliegend: an die öffentlichen Auftraggeber), auch einen weiteren Personenkreis betreffen kann[169]. Selbst wenn der Normadressat dieser Rechtsverordnung ausschließlich der öffentliche Auftraggeber sein sollte, betrifft die Regelung die Beschwerdeführer als Auftragnehmer gleichwohl rechtlich unmittelbar und nicht lediglich als eine eher zufällige Nebenfolge. Das Verbot zielte gerade darauf ab, auch abweichende Angebote eines möglichen Auftraggebers unschädlich zu machen.[170]

---

165 Schwabe (Anm. 140), S. 128 ff. m. w. N.; ausführlich: Bleckmann, A., Der mittelbare Grundrechtseingriff, in: DVBl. 1988, 373 ff.

166 Zum Merkmal der Selbstbetroffenheit vgl. BVerfGE 6, 273 (278); 12, 10 (22); 50,290 (320 f.); Beschluß vom 14.5.1985, Az.: 2 BvR 397 / 82 u. a.

167 BVerfGE 13, 230 ff.

168 Ebd. S. 233.

169 BVerfGE 53, 1 ff.

170 Ebd. S. 14.

Neben der Zielgerichtetheit kann auch das Kriterium der „tatsächlichen Auswirkung" die Annahme eines Grundrechtseingriffs begründen. Hingegen vermögen bloße Reflexwirkungen [171] die Selbstbetroffenheit nicht zu begründen. Unter „Reflexwirkung" ist jede zufällige Nebenfolge zu verstehen. Eine Auswirkung, die weder beabsichtigt noch zwangsläufig einen Dritten betrifft, vermag einen Eingriff in Grundrechte nicht zu begründen, seien die tatsächlichen Auswirkungen auch für den Dritten von besonderem Gewicht. Dieses Ergebnis — keine Selbstbetroffenheit bei bloß zufälligen Nebenfolgen ohne Rücksicht auf die Schwere eventueller Nachteile — steht nur vordergründig im Widerspruch zur Rechtsprechung betreffend den „rechtswidrigen Grundrechtseingriff" im Rahmen des Entschädigungsrechts [172]. Der Bundesgerichtshof verlangt nicht mehr, daß der enteignungsgleiche Eingriff bewußt und zielgerichtet erfolgt [173]. Vielmehr wird eine Entschädigung schon dann zugesprochen, wenn sich die Beeinträchtigung als unmittelbare Auswirkung [174] einer hoheitlichen Maßnahme darstellt. Auch zufällige Nebenfolgen können daher eine Entschädigungspflicht des Staates auslösen. Dieses Ergebnis steht nicht im Widerspruch dazu, daß zufällige Nebenfolgen keinen Eingriff im Sinne der Wesentlichkeitslehre darstellen. Für Bleckmann / Eckhoff [175] folgt aus der Beschränkung gesetzgeberischen Handelns auf vorhersehbare Eingriffe einerseits und der Notwendigkeit eines Schadensersatzanspruchs der Bürger für nicht vorhersehbare Eingriffe andererseits „ein logisch letztlich nicht mehr zu lösender Interessenkonflikt". Dieser Schlußfolgerung kann man sich nur dann anschließen, wenn sowohl im Rahmen der Lehre vom Gesetzesvorbehalt als auch dem Entschädigungsrecht ein inhaltlich identischer Begriff des Eingriffs gelten würde. Zufällige, nicht vorhersehbare Folgen kann der Gesetzgeber logischerweise nicht durch Gesetz regeln. Gegenteiliges zu fordern, hieße eine objektiv unmöglich zu erfüllende Forderung aufstellen [176], hieße vom Gesetzgeber prophetische Gaben verlangen und letztendlich jedes Gesetzge-

---

171 Ähnliche Fragestellungen ergeben sich auch im Rahmen von Art. 173 Abs. 2 EWGV. Vgl. Koch, K., Die Klagebefugnis Privater gegenüber Europäischen Entscheidungen gemäß Art. 173 Abs. 2 EWG-Vertrag, Europäische Hochschulschriften, Reihe II, Bd. 211, 1981, m. N. zur Rspr. des EuGH. Zu der Auslegung des Begriffes „Opfer" in Art. 25 EMRK vgl. Delvaux, H., Die Opfereigenschaft nach Art. 25 der Europäischen Menschenrechtskonvention, in: Europäischer Menschenrechtsschutz: Schranken und Wirkungen; Verhandlungen des 5. Internationalen Kolloquiums über die Europäische Menschenrechtskonvention, hrsgg. v. Irene Maier, 1982, S. 33 ff.

172 Rspr. des BGH zum „Grundrechtseingriff" in: BGHZ 37, 47; 57, 359 (369) m. w. N.; 54, 332 (338) sowie die Darstellung von Rüfner, W., Das Recht der öffentlichrechtlichen Schadensersatz- und Entschädigungsleistungen, in: Erichsen / Martens (Hrsg.), Allgemeines Verwaltungsrecht, 7. Aufl., 1986, S. 473 ff.

173 In diesem Sinne noch BGHZ 23, 240; erst im sog. Schützenpanzerfall (BGH in: NJW 1964, S. 105) wurde diese Rspr. aufgegeben.

174 Das Kriterium der „Unmittelbarkeit" ist verschwommen und führt zu einer kasuistischen Rspr.; vgl. die Auflistung bei Rüfner (Anm. 172).

175 Bleckmann (Anm. 165), S. 381.

176 So auch Murswiek (Anm. 140), S. 125, zum Erfordernis einer gesetzlichen Regelung im Umweltrecht betr. nicht finale Eingriffe.

bungsverfahren durch die Berücksichtigung aller Eventualitäten erheblich zu verzögern oder gar unmöglich zu machen. Hingegen ist die Ausdehnung des Eingriffs auf unvorhersehbare Ereignisse im Entschädigungsrecht stets nur mit der Erweiterung der finanziellen Verpflichtungen des Staates verbunden, Rückwirkungen auf die Funktionsfähigkeit der Organe sind mit dieser Erweiterung nicht verbunden. Zudem geht es im Entschädigungsrecht um die Beseitigung eines bereits entstandenen Schadens im Einzelfall, der Gesetzesvorbehalt hingegen bezweckt den generellen Schutz der Grundrechtsträger vor zukünftigen Eingriffen. Der Begriff des Eingriffes im Sinne des Entschädigungsrechts und der Gesetzesvorbehaltslehre ist also nicht identisch. Geht es um den Gesetzesvorbehalt, so ist nur dann ein Eingriff in Grundrechte zu bejahen, wenn der Grundrechtsträger zielgerichtet oder zwangsläufig von einer Regelung betroffen wird, d. h. die Einschränkung der Rechte stets und notwendigerweise mit der Regelung verbunden ist (typischer Geschehensablauf, enger Zusammenhang)[177].

(4) Der Grundrechtseingriff durch Dritte

In den erwähnten Entscheidungen des Bundesverfassungsgerichts zur Selbstbetroffenheit[178] ging es stets um Fallkonstellationen, in denen ein an einen bestimmten Adressatenkreis gerichtetes Verbot zugleich (zwangsläufig) Auswirkungen auf Rechtsgüter Dritter hatte. Ähnlich liegen die Probleme im gesamten Nachbarrecht, im Atomrecht oder im Bundesimmissionsschutzrecht. Es werden jeweils Rechtspositionen eingeräumt, gleichzeitig jedoch stellt die erteilte Bau- oder Betriebsgenehmigung einen Eingriff in Rechte Dritter dar. Während in Rechtsprechung[179] und Literatur[180] bei dieser Sachverhaltskonstellation stets davon ausgegangen wird, daß der Eingriff in grundrechtlich geschützte Positionen von dem privaten Dritten (Bauherr, Kraftwerksbetreiber) ausgeht und der Staat für diesen „mittelbaren Eingriff" nur verantwortlich ist, wenn er ihm zugerechnet werden kann, wird von einem Teil der Literatur[181] das Vorliegen eines direkten Grund-

---

177 Ohne Vollständigkeit beanspruchen zu wollen, erscheint diese Systematisierung geeignet, „mittelbare" Einwirkungen mit Eingriffsqualität und Relevanz für den Gesetzesvorbehalt von bloßen Reflexwirkungen bzw. zufälligen Nebenwirkungen ohne Bedeutung für den Gesetzesvorbehalt abzugrenzen: Im Subventionsrecht ist beispielsweise die Subventionierung eines Unternehmers *zwangsläufig* verbunden mit der Beeinträchtigung der Rechte des nicht subventionierten Konkurrenten. Da diese Beeinträchtigung der Rechte des Konkurrenten vorhersehbar ist, werden die Anforderungen an den Gesetzgeber nicht überspannt, verlangt man aus verfassungsrechtlichen Gründen eine rechtssatzförmige Regelung der Subventionierung. Zu diesem Ergebnis vgl. die Beschlüsse des Deutschen Juristentages 1984, in: Verhandlungen des 55. DJT, Bd. II, Sitzungsberichte, M 189, 193; zudem die Beiträge von Friauf, K. H., sowie Jutowski, A. / Thiel, E., Ordnungsrahmen für das Recht der Subventionen, Verhandlungen des 55. DJT (1984), Bd. II, M 8 ff., M 45 ff.

178 Anm. 166-169.

179 Beispielsweise BVerfGE 53, 30 ff. (Mühlheim-Kärlich).

180 Vgl. die zahlreichen Nachweise bei Schwabe (Anm. 140), S. 182 ff.

rechtseingriffs des Staates in grundrechtlich geschützte Rechtsgüter der Nachbarn behauptet. Ausgehend von der Prämisse, die staatliche Genehmigung stelle gleichzeitig eine Verpflichtung des Nachbarn dar, dieses genehmigte Verhalten zu dulden, wird die Verpflichtung des Staates hergeleitet, für die Folgen seiner Rechtssetzung einzustehen. „Die staatliche Grundrechtseinschränkung liegt genau genommen nicht in der Genehmigung privater Eingriffe, sie liegt in der Verpflichtung, solche Eingriffe zu dulden.“[182]

Begreift man die Grundrechte als vorstaatliche Freiheiten, werden diese Freiheiten also nur durch das Grundgesetz gewährleistet, nicht jedoch gewährt, so ist die These, daß die dem Antragsteller erteilte Genehmigung zugleich die Verpflichtung des Nachbars zur Duldung erweitert, nicht unbedingt schlüssig. Diese These berücksichtigt nicht in gebührendem Umfang, daß jede Genehmigung und jedes Gesetz, auf dessen Grundlage die Genehmigung erteilt wurde, für den Antragsteller und den Nachbarn zugleich begünstigende und benachteiligende rechtliche Wirkungen zeitigt. In der Rechtsprechung des Bundesverfassungsgerichts kommt deutlich zum Ausdruck, daß die Schranken der Grundrechte und die im Rahmen dieser Schranken erlassenen Gesetze als Kollisionsregeln zu begreifen sind[183]. Gesetze grenzen die Freiheitssphären gegeneinander ab, ermöglichen mithin erst ein geordnetes Zusammenleben in einem rechtlich verfaßten Gemeinwesen. In einem solchen Gemeinwesen kann ein pauschaler Anspruch des Individuums auf Unterlassung von Einschränkungen seiner Freiheitsrechte nicht existieren; es existiert vielmehr ein Anspruch, in der Ausübung seiner Freiheitsrechte nur soweit eingeschränkt zu werden, als dies zur Regelung der Kollision mit Freiheitsrechten Dritter oder mit bedeutsamen Interessen des Staates erforderlich ist. Unter der Geltung des Grundgesetzes ist der Freiheitsanspruch also dahingehend zu präzisieren, von der öffentlichen Gewalt nicht über die formulierten Schranken der Grundrechte hinaus in der Ausübung der Freiheit eingeschränkt zu werden.[184] Aus diesem Grund wäre es auch verfehlt, die dem Antragsteller erteilte Genehmigung als Beeinträchtigung eines umfassenden Unterlassungsanspruchs des Dritten anzusehen. Tatbestandsmerkmal des in einem Staatswesen bestehenden Unterlassungsanspruchs ist das Handeln der öffentlichen Gewalt ohne gesetzliche Ermächtigungsgrundlage.

Existiert also kein pauschaler Unterlassungsanspruch, so wird die These „Erweiterung der Duldungsverpflichtung“ fraglich. Erweiterung der Duldungsverpflichtung bedeutet nichts anderes als Verkürzung eines Unterlassungsanspruchs. Konsequenterweise ist der Anspruch des Dritten auf Unterlassung jedoch ebenfalls dahingehend zu präzisieren, daß auch dieser Anspruch erst dann entsteht, wenn die öffentliche Gewalt ohne die gesetzliche Ermächtigung bzw. über diese

---

181 Murswiek (Anm. 140), S. 80 ff.

182 Ebd. S. 80.

183 Nachweise bei Fahmann (Anm. 138).

184 Schwabe (Anm. 140), S. 65.

hinausgehend die Rechte beschränkt. Folglich besteht insoweit kein Unterlassungsanspruch, als die öffentliche Gewalt rechtmäßig handelt. Die Duldungsverpflichtung als Kehrseite des Unterlassungsanspruchs wird also erst dann erweitert, vielmehr überhaupt erst begründet, wenn die öffentliche Gewalt die Rechte des Dritten ohne gesetzliche Grundlage bzw. über die gesetzliche Grundlage hinaus einschränkt. Allein die Erteilung einer Genehmigung kann die Duldungsverpflichtung nicht automatisch erweitern, es sei denn, man wollte behaupten, es bestünde ein umfassender Unterlassungsanspruch des Bürgers.

(5) Zurechnung des Grundrechtseingriffs kraft Unterlassens

Grundsätzlich kann der öffentlichen Gewalt ein Grundrechtseingriff nur dann ohne weitere Voraussetzungen zugerechnet werden, falls zwischen Eingriff und Handlung[185] ein direkter Ursachenzusammenhang besteht, die Handlung des Trägers öffentlicher Gewalt dem Grundrechtseingriff in einer Ursachenkette unmittelbar oder zumindest zurechenbar mittelbar vorausgeht. Sofern der Eingriff nächstursächlich auf eine Handlung eines Dritten — sei es eines Privaten oder eines ausländischen Staates — zurückzuführen ist, kommt eine Zurechnung dieses Eingriffs nur dann in Betracht, falls die öffentliche Gewalt ein Unterlassen trifft, das dem positiven Tun gleichgesetzt werden kann. Eine Gleichstellung von positivem Tun und Unterlassen ist dann rechtlich zulässig, wenn der Träger öffentlicher Gewalt im Einzelfall rechtlich verpflichtet ist, den Grundrechtseingriff durch Dritte zu verhindern bzw. in seiner Intensität abzuschwächen[186]. Zur Konkretisierung derartiger Pflichten zum Tätigwerden dient die vom Bundesverfassungsgericht entwickelte Lehre von der „Schutzpflicht des Staates"[187].

Eine Haftung für Unterlassen setzt tatbestandlich zunächst voraus, daß das Unterlassen überhaupt ursächlich für den Grundrechtseingriff war und der Träger der öffentlichen Gewalt auch die tatsächlich und rechtliche Möglichkeit der Einflußnahme besaß. Erst nach Bejahung dieser tatbestandlichen Voraussetzungen stellt sich die Frage, ob der Staat die ihm obliegende Schutzpflicht verletzt hat, ob er für den Grundrechtseingriff verantwortlich ist.

---

185 Sauer, W., Juristische Methodenlehre, 1940, S. 55 ff.: Er gliedert in Wollen, Denken, Gestalten (Fühlen) und Handeln. „Handeln ist das Betätigen des Willens, regelmäßig verbunden mit dem Herbeiführen eines äußeren Erfolges." Schiedermair, H., Das Phänomen der Macht und die Idee des Rechts bei Gottfried Wilhelm Leibniz,1970, S. 24 ff.

186 Der Gesetzgeber kann auch durch Unterlassen Grundrechte verletzen, sofern er gegen Handlungspflichten verstößt. Vgl. BVerfGE 11, 255 ff.; 23, 242 ff.; 56, 54 ff. (70 f.).

187 Siehe insbesondere BVerfGE 39, 1 ff. (41 f.); 46, 160 ff. (164 f.).

(a) Die Ursächlichkeit des Unterlassens der Handlung

Ist der Eingriff in grundrechtlich geschützte Güter auf eine Handlung eines Dritten zurückzuführen, so ist das Unterlassen der öffentlichen Gewalt dann ursächlich für den Grundrechtseingriff, wenn die Vornahme der gebotenen Handlung durch die öffentliche Gewalt den Eingriff verhindert bzw. gemildert hätte. In den bekannten Fallgestaltungen aus den Bereichen des Bau- oder Immissionsrechts ist das Unterlassen insofern ursächlich, als die erteilte Genehmigung den Eingriff erst ermöglichte[188]. Problematisch ist hingegen schon die Feststellung der Ursächlichkeit des Unterlassens in den Entscheidungen betreffend die Entführung von Hanns Martin Schleyer[189] oder im Fall Hess[190]. Auch wenn die Bundesregierung der erpresserischen Forderung der Entführer des Hanns Martin Schleyer nachgegeben hätte, wäre es durchaus möglich gewesen, daß Schleyer gleichwohl getötet worden wäre. Es ist also nicht feststellbar, ob die gebotene Handlung (Freilassung der Terroristen) das Leben des Entführten tatsächlich gerettet hätte. Ebenso ist nicht feststellbar, ob die Fortdauer der Haft des Rudolf Hess durch Handlungen der Bundesregierung hätte beeinflußt werden können. Die Ursächlichkeit einer Handlung der Bundesrepublik Deutschland war auch zweifelhaft in der Entscheidung über die gegen die Zustimmung zur Stationierung der amerikanischen Mittelstreckenraketen eingelegten Verfassungsbeschwerden[191]: „... im Hinblick darauf, daß die von den Beschwerdeführern angenommene Gefahrenlage wesentlich von der politischen Willensentscheidung eines fremden souveränen Staates im Zusammenhang einer weltpolitischen Gesamtlage abhängt, kann das Bundesverfassungsgericht nicht anhand rechtlich maßgebender Kriterien beurteilen, ob das angegriffene Verhalten der deutschen öffentlichen Gewalt als für das Entstehen dieser angenommenen Gefahrenlage bestimmend oder zumindest mitbestimmend und in diesem Sinne als ursächlich zu werten ist."

Trotz dieser Bedenken hat das Gericht die Zulässigkeit der Verfassungsbeschwerden nicht mit der Begründung „nicht nachvollziehbarer Ursächlichkeit" verneint. Vielmehr wurde die Ursächlichkeit als gegeben unterstellt, die Zulässigkeit scheiterte letztendlich an der fehlenden Möglichkeit der tatsächlichen Einflußnahme durch die Bundesrepblik Deutschland auf Entscheidungen der UdSSR[192]. Diese Unterstellung der Ursächlichkeit im Rahmen der Zulässigkeitsprüfung ist geboten, wenn nachvollziehbare Gründe auch für eine Ursächlichkeit des Verhaltens der deutschen öffentlichen Gewalt sprechen; aus Gründen der

188 Obwohl Baufreiheit besteht, „ermöglicht" die Genehmigung den Eingriff insofern, als die Übereinstimmung des geplanten Vorhabens mit den gesetzlichen Vorschriften und mithin auch den nachbarschützenden Normen bescheinigt wird.

189 BVerfGE 46, 160 ff.

190 BVerfGE 55, 349 ff.

191 BVerfGE 66, 40 ff. (61).

192 Siehe unten (b).

Gewährung eines effektiven Rechtsschutzes ist daher die Annahme der Ursächlichkeit im Sinne einer erfahrungsgesetzlichen Verbindung geboten und die Zulässigkeit einer Verfassungsbeschwerde jedenfalls nicht aus Gründen fehlender Ursächlichkeit zu verneinen. Sollte es im Einzelfall in der Begründetheitsprüfung tatsächlich auf den Nachweis der Ursächlichkeit ankommen, so kann die für die Zulässigkeit geltende Regelung jedoch keine Anwendung finden. Das Gebot effektiven Rechtsschutzes verbietet nämlich nicht eine „non-liquet-Entscheidung"[193].

(b) Die Möglichkeit der Einflußnahme

Dem Träger öffentlicher Gewalt kann das Unterlassen der gebotenen Handlung nur dann zugerechnet werden, wenn überhaupt die Möglichkeit der Einflußnahme bestanden hat. Ist eine Einflußnahme aus rechtlichen oder tatsächlichen Gründen von vornherein ausgeschlossen, so hat der Träger öffentlicher Gewalt für das Unterlassen nicht einzustehen. In der Entscheidung betreffend die Stationierung der Mittelstrekenraketen verneint das Bundesverfassungsgericht die Zulässigkeit der Verfassungsbeschwerden, da der Eingriff der Bundesrepblik Deutschland nicht zugerechnet werden könne: „Ist die Bundesrepblik Deutschland aus rechtlichen und tatsächlichen Gründen gehindert, auf einen Geschehensablauf, der zu einem Eingriff in ein grundrechtlich geschütztes Rechtsgut führt, durch Steuerung der als maßgebend erscheinenden Umstände Einfluß zu nehmen, kann ihr das Ergebnis dieser Geschehensablaufs verfassungsrechtlich nicht als Folge ihres eigenen Verhaltens zugerechnet werden."[194]

Diese Argumentation steht und fällt mit der Annahme, daß die (relevante) Gefahrenerhöhung und damit der Eingriff in Grundrechte von der UdSSR ausgeht, sei es in Form eines Präventivschlages oder eines irrtümlich ausgelösten Gegenschlages. Diese Möglichkeiten — Präventivschlag, irrtümlicher Gegenschlag — wertet das Gericht als „wirkungsmächtigste Ursache" für die angenommene Gefährdung der Beschwerdeführer. „Die von den Beschwerdeführern angegriffenen Akte der deutschen Hoheitsgewalt erscheinen hiernach nur als eine der Vorbedingungen einer angenommenen Gefahrenlage, die eine grundrechtliche Verantwortung der deutschen Hoheitsgewalt für diese Lage nicht zu begründeten vermochte"[195].

---

193 Die Terminologie „Willkür" wird zwar von dem BVG nicht verwendet, die Entscheidungen in Sachen Hess, Schleyer, Ostverträge und Pershing II zeigen jedoch, daß im Ergebnis der Prüfungsumfang derartig eingeschränkt ist.

194 BVerfGE 66, 62; diese Argumentation ist schlüssig, sofern der Eingriff allein in der Steigerung der Bedrohung durch die UdSSR gesehen wird (nuklearer Präventivschlag, irrtümlich ausgelöster „Gegenschlag"). Es ist jedoch auch zu fragen, ob nicht von der Lagerung der Raketen selbst eine Gefahrenerhöhung ausgeht.

195 BVerfGE 66, 75.

Im Vergleich zu der Argumentation in der C-Waffen-Entscheidung[196], in der allein die Lagerung dieser Waffen als Ursache der angenommenen Gefährdung angesehen wird, muß man sich die Frage stellen, ob das Resultat einer verfassungsrechtlichen Prüfung primär vom Sachvortrag der Parteien abhängen darf. Wäre die Entscheidung zur Stationierung jedenfalls bezüglich des Kriteriums „tatsächliche und rechtliche Möglichkeit der Einflußnahme" abweichend ergangen, wenn die Beschwerdeführer sich substantiierter mit der Gefährdung durch die bloße Lagerung der Pershing-Raketen auseinandergesetzt hätten?[197] Oder wäre bereits die Zulässigkeit der Verfassungsbeschwerde gegen die Zustimmung der Bundesregierung zur Lagerung von C-Waffen aus Gründen fehlender Möglichkeit zur Einflußnahme verneint worden, wenn der wohl auch bei C-Waffen zu befürchtende Präventivschlag eines Drittstaates als „wirkungsmächtigste Ursache" für die angenommene Gefährdung nach dem Sachvortrag der Beschwerdeführer zu werten wäre?

Die Konstruktion einer „wirkungsmächtigsten Ursache" sollte nach meinem Dafürhalten nicht weiterverfolgt werden. Wenn eine Ursache auch nur von untergeordneter Relevanz für eine Grundrechtsgefährdung ist, auf diese und nur auf diese jedoch die Bundesrepblik Deutschland Einfluß nehmen kann — beispielsweise auf die allein von *der Lagerung* der Waffen eventuell ausgehenden Gefahren —, so ist es gerechtfertigt, der Bundesrepublik Deutschland auch gerade diese Gefahr, aber auch nur diese, zuzurechnen. Der untergeordneten Bedeutung der Ursache für die Grundrechtsgefährdung kann hinreichend im Rahmen der Bestimmung des Umfanges der Schutzpflicht Rechnung getragen werden: Je geringer die Bedeutung der Ursache für die Grundrechtsgefährdung, desto geringer die Anforderungen an den Umfang staatlicher Schutzpflicht.

(c) Zurechenbarkeit des Unterlassens bei Verletzung der Schutzpflicht

Sofern das Unterlassen ursächlich war und die Möglichkeit der Einflußnahme bestanden hat, ist der Träger der öffentlichen Gewalt für das Unterlassen dann verantwortlich[198], wenn ihm eine Pflicht zur Abwendung des Eingriffs in Grundrechte obliegt und dieser Pflicht nicht Genüge getan ist.

Angesprochen ist damit die Schutzpflicht des Staates. Begründung, Gegenstand und Umfang der Schutzpflicht sind nach Sachbereichen differenziert zu beurtei-

196 BVerfGE 77, 170 ff.

197 Darauf deutet die Bezugnahme auf das Nichtbestreiten durch die Beschwerdeführer hin (BVerfGE 66, 76; EuGRZ 1984, S. 45).

198 Vgl. den Beitrag von Pietzcker, J., Mitverantwortung des Staates, Verantwortung des Bürgers, in: JZ 1985, S. 209 ff. Er beschäftigt sich weniger mit grundrechtlichen Aspekten der Verantwortung des Staates für Genehmigungen etc., sondern beschränkt sich auf die Darstellung der „Verantwortungsteilung" auf der Verwaltungsebene, dort insbes. hinsichtlich Baugenehmigung, Stoffzulassung und § 4 BImSchG.

len. Droht die Verletzung der Menschenwürde, so verpflichtet Art. 1 Abs. 1 GG den Staat, zu deren Schutz tätig zu werden[199]. Weitere ausdrückliche Normierungen der Schutzpflicht enthalten Art. 6 Abs. 1 und Abs. 4 GG, die den Staat verpflichten, der Familie bzw. der Mutter Schutz zu gewähren. Neben diesen ausdrücklich normierten Schutzpflichten in Art. 1 und Artt. 6, 4 GG ist die Schutzpflicht Bestandteil jedes einzelnen Freiheitsrechts. Nach der Rechtsprechung des Bundesverfassungsgerichts enthalten die Grundrechtsnormen nicht nur Abwehrrechte des einzelnen gegen den Staat, sondern sie sind zugleich Ausdruck einer objektiven Werteordnung[200]. Wenn in den Grundrechtsnormen die Entscheidungen für bestimmte Werte deutlich werden — Wissenschaftsfreiheit, Kunstfreiheit, Presse- und Rundfunkfreiheit —, so ist der Staat auch verpflichtet, zur Erhaltung und Verwirklichung dieser Werte tätig zu werden. So gebietet beispielsweise Art. 5 Abs. 3 GG, daß der Staat für die Idee der freien Wissenschaft einsteht und verpflichtet ihn, sein Handeln positiv danach einzurichten, d. h. schützend und fordernd einer Aushöhlung dieser Freiheitsgarantie vorzubeugen[201]. Neben den bereits zitierten Entscheidungen im Hochschulrecht, dem Fall Schleyer und der Entscheidung über die Verfassungsmäßigkeit des § 218 StGB[202] gewinnt der Gedanke der Schutzpflicht in solchen Fallkonstellationen besondere Bedeutung, in denen die grundrechtlich geschützten Rechtspositionen von dritten Staaten beeinträchtigt oder bedroht werden. Aus dem Status der deutschen Staatsangehörigkeit[203] folgt insoweit die Pflicht der Bundesrepublik Deutschland, dem deutschen Staatsangehörigen im Ausland diplomatischen Schutz zu gewähren[204]. Unabhängig von der Staatsangehörigkeit eines in der Bundesrepublik lebenden Bürgers ist die deutsche öffentliche Gewalt verpflichtet, Eingriffe dritter Staaten auf dem Boden der Bundesrepublik Deutschland in

---

199 BVerfGE 39, 1 ff. (41); 46, 160 (164 f.); vgl. Vitzthum, W., Die Menschenwürde als Verfassungsbegriff, in: JZ 1985, S. 201 ff. Ausführlich Klein, E., Grundrechtliche Schutzpflicht des Staates, in: NJW 1989, 1633 ff.

200 BVerfGE 7, 198 (205) — Lüth; 35, 79 (144) — Hochschulurteil; 39, 1 (41) — § 218 StGB.

201 BVerfGE 35, 79 (114); ähnlich 39, 1 (42); zur Kunstfreiheit vgl. BVerfGE 30, 173 (188): „Art. 5 II 1 enthält eine objektive, das Verhältnis des Bereiches der Kunst zum Staat regelnde wertentscheidende Grundsatznorm, zugleich ein individuelles Freiheitsrecht". Zur Pressefreiheit vgl. BVerfGE 20, 162 (175).

202 BVerfGE 35, 79 (114); 46, 160 ff.; 39, 1 ff.

203 Neben der Staatsangehörigkeit wird die Pflicht zum Auslandsschutz aus dem Treueverhältnis von Staat und Bürger abgeleitet; vgl. Schiedermair, H., Das Phänomen der Macht und die Idee des Rechts bei Gottfried Wilhelm Leibniz, 1970, S. 122 ff.

204 BVerfGE 36, 1 (30 f.) — Grundlagenurteil: die Pflicht zur Gewährung diplomatischen Schutzes gilt auch im Verhältnis zur früheren DDR; vgl. auch BVerfGE 40, 141 (177) — Ostverträge; 55, 349 (364 f.) — Hess; aus der Lit. vgl. Geck, W. K., Der Anspruch des Staatsbürgers auf Schutz gegenüber dem Ausland nach deutschem Recht, in: ZaöRV 17 (1956 / 59), S. 475 ff.; ders., Die Ausweitung von Individualrechten durch völkerrechtliche Verträge und der diplomatische Schutz, Festschrift für Carl Carstens, 1984, S. 339 ff.; Ress, G., Diplomatischer Schutz, in: Seidl-Hohenveldern (Hrsg.), Lexikon des Rechts — Völkerrecht, 1985, S. 54 ff. m. w. N.

Grundrechte dieses Bürgers zu verhindern, sich schützend vor den Betroffenen zu stellen. Ein Extremfall ist insoweit sicherlich der Mordbefehl des Staatsoberhauptes des Iran gegen den in England lebenden Salman Rushdie und die ausländischen Verleger seines Buches[205]. Aber auch in Bereichen der Außenwirtschaft werden die Eingriffe fremder Staaten in grundrechtlich geschützte Positionen immer häufiger: So beispielsweise die Ausdehnung der Hoheitsgewalt der Vereinigten Staaten auf amerikanische Konzernunternehmen in Drittstaaten über das bisherige Maß hinaus durch den im Dezember 1988 verabschiedeten Omnibus Trade and Competitiveness Act[206] oder die Aufnahme in der BRD ansässiger Unternehmen in sogenannte „schwarze Listen" mit der Folge eines Import-Verbotes.

Neben dieser objektiv-rechtlichen Schutzpflicht des Staates in Bezug auf Grundrechte existiert eine Schutzpflicht in Bezug auf im Grundgesetz garantierten Einrichtungen[207], die neben den Grundrechten die der objektiven Werteordnung zugrundeliegenden Vorstellungen widerspiegeln.

Die an die Schutzpflicht des Staates zu stellenden Anforderungen sind zunächst davon abhängig, ob der Schutz von Grundrechten oder von im Grundgesetz garantierten Einrichtungen zu gewährleisten ist.

Geht es um den Schutz von im Grundgesetz garantierten Einrichtungen, so ist die Funktionstüchtigkeit der Einrichtung Maßstab des Umfangs der Schutzpflicht[208]. Welche Regelungen und Maßnahmen im Einzelfall erforderlich sind, um die Funktionstüchtigkeit zu gewährleisten, haben die zuständigen Organe in eigener Verantwortung zu entscheiden. Sie haben dabei einen weiten Ermessensspielraum zur politischen Entscheidung[209]. Die Entscheidung für eine bestimmte Maßnahme zur Erhaltung der Funktionstüchtigkeit kann gerichtlich nur dann korrigiert werden, falls diese Entscheidung evident die Funktionstüchtigkeit beeinträchtigen sollte[210].

---

205 Es kann kein Zweifel bestehen, daß — lebte Rushdie in der Bundesrepublik — die Regierung Sicherheitsmaßnahmen ähnlich derer Englands zu seinen Gunsten zu ergreifen hätte. Hingegen ist — soweit dies aus den Veröffentlichungen zu ersehen ist, der Gedanke der Schutzpflicht des Staates zugunsten des / der deutschen Verleger(s) nicht berücksichtigt worden.

206 Omnibus Trade and Competitiveness Act of 1988, Pub. L. Nr. 100-418; vgl. dazu den Beitrag von Murphy, T. / Dielmann, J., Der U.S. Omnibus Trade and Competitiveness Act von 1988, in: RIW 1988, S. 929 ff.

207 BVG und BVerwG betonen z. B. die Pflicht des Staates, die Einrichtung von Privatschulen zu schützen: BVerfGE 27, 195 (200 f.); BVerwGE 23, 347 (350); 27, 360 (362); betr. Strafrechtspflege: BVerfGE 33, 367 (383); 34, 238 (248). Vgl. zum Aspekt Schutzpflicht betr. Einrichtungen Schiedermair, H. / Dörr, D., Der Schutz der Deutschen Handelsflotte, 1985, S: 40 ff.

208 Schiedermair / Dörr (Anm. 207).

209 Ebd. S. 47.

210 BVerfGE 48, 127 (160) betr. Funktionstüchtigkeit der Landesverteidigung.

In bezug auf Grundrechte ist der Umfang der Schutzpflicht abhängig von dem jeweiligen Sachbereich und dem Rang des Rechtsgutes innerhalb der Werteordnung des Grundgesetzes[211]. Da das menschliche Leben innerhalb der Werteordnung den Höchstwert darstellt, kann sich im Einzelfall die Schutzpflicht zu einer Verpflichtung zum Strafen verdichten, falls ein effektiver Lebensschutz anders nicht erreichbar ist[212]. Diese Rechtsprechung zur Verfassungsmäßigkeit des § 218 StGB wurde fortgeführt in der Entscheidung über die Rechtmäßigkeit des Verhaltens der Bundesregierung anläßlich der Entführung des Hanns Martin Schleyers[213]. Das Gericht betont, daß der Gesetzgeber in der Wahl der Schutzmaßnahme grundsätzlich frei ist, daß lediglich in besonders gearteten Fällen die Wahl auf eine einzige Maßnahme reduziert ist, sofern anders kein effektiver Lebensschutz erreichbar ist. Während das Bundesverfassungsgericht in der Entscheidung über die Verfassungsmäßigkeit des § 218 StGB die Strafbarkeit gewisser Sachverhaltskonstellationen als verfassungsrechtlich geboten erachtet[214], da andere Mittel einen effektiven Schutz in diesen Fällen nicht gewährleisten, wird die Entscheidung der Regierung, die Hauptforderung der Entführer des Hanns Martin Schleyer nicht zu erfüllen, als vertretbar erachtet. Das Gericht sieht in der Erfüllung der Hauptforderung nicht das einzige Mittel, um einen effektiven Lebensschutz zu erreichen[215]. Wird also im Rahmen der Schutzpflicht in Bezug auf Einrichtungen eine Korrektur der Entscheidung der zuständigen Organe lediglich bei „evidenter Beeinträchtigung“ der Funktionstüchtigkeit als zulässig erachtet wird, wird in Bezug auf den Schutz von Grundrechten geprüft, ob die zuständigen staatlichen Organe im Rahmen der ihnen zur Verfügung stehenden Möglichkeiten das Erforderliche in vertretbarer Art und Weise getan haben, um Gefahren von dem zu schützenden Rechtsgut abzuwenden.[216]

Die in den Entscheidungen zu § 218 StGB und dem Fall Schleyer entwickelte Schutzpflichtlehre hat das Gericht sodann in der Kalkar-Entscheidung[217] und dem Mülheim-Kärlich-Beschluß[218] weiterentwickelt. Die Pflicht, rechtliche Regeln so auszugestalten, daß auch die Gefährdung von Grundrechten eingedämmt bleibt, folgt demnach ebenfalls aus der Schutzpflicht des Staates. „Ob, wann und mit welchem Inhalt sich eine solche Ausgestaltung von Verfassungs wegen

---

211 BVerfGE 39, 42.

212 Ebd. S. 47.

213 BVerfGE 46, 160 ff.

214 Anm. 207, S. 65 ff.

215 BVerfGE 46, 165.

216 BVerfGE 39, 51; der Maßstab der Erforderlichkeit erlaubt dem Gericht eine im Einzelfall sachgerechte Entscheidung zu treffen. Zur Rspr. des Europäischen Gerichtshofes für Menschenrechte vgl. Ress, G., Die Einzelfallbezogenheit in der Rechtsprechung des Europäischen Gerichtshofes für Menschenrechte, Festschrift für H. Mosler, 1983, S. 719 ff.

217 BVerfGE 49, 141 f.

218 BVerfGE 53, 57 f.

gebietet, hängt von der Art, der Nähe und dem Ausmaß möglicher Gefahren, der Art und dem Rang des verfassungsrechtlich geschützten Rechtsguts sowie von den schon vorhandenen Regelungen ab."[219]

Da im konkreten Fall der Nutzung der Atomenergie die Integrität Dritter Gefährdungen ausgesetzt wird, die diese nicht beeinflussen können und denen sie kaum ausweichen können, „erscheint es geboten, bei der verfassungsrechtlichen Beurteilung der materiell- und verfahrensrechtlichen Vorschriften für die Genehmigung von Kernkraftwerken nicht weniger strenge Maßstäbe anzulegen als bei der Prüfung staatlicher Eingriffsgesetze".[220]

Zu den Maßstäben, die an Eingriffsgesetze anzulegen sind, zählt auch der Gesetzesvorbehalt im Sinne des allgemeinen Gesetzesvorbehaltes und des Parlamentsvorbehaltes. Abhängig von dem Ausmaß der Gefährdung der grundrechtlich geschützten Rechtspositionen sowie dem Rang des gefährdeten Rechtsgutes folgt also im Einzelfall aus der Schutzpflicht des Staates das Erfordernis einer gesetzlichen Grundlage bei Grundrechtseingriffen oder Gefährdungen durch Dritte. Konkret bedeutet dies für den Sachbereich der Atomenergie, daß der Staat seiner Schutzpflicht nur Genüge tut, wenn die Grundsatzentscheidung für oder gegen die Nutzung der Atomenergie sowie das Genehmigungsverfahren in förmlichem Gesetz geregelt werden[221]. Zudem hat der Parlamentsgesetzgeber das Genehmigungsverfahren[222] in der Weise auszugestalten, daß die grundrechtlich geschützten Rechtspositionen der Bürger vorrangig beachtet werden[223].

Differenzierend nach dem Ausmaß der Gefährdungen und den betroffenen Grundrechten lassen sich auch in anderen Sachbereichen Grundsätze und Ausformungen des Gedankens der Schutzpflicht nachweisen: So beispielsweise im Rahmen der Rechtsprechung zur nachbarschützenden Wirkung des Art. 14 GG, derzufolge ein Eingriff nur vorliegt, falls der Nachbar durch die Baumaßnahme „schwer und unerträglich" betroffen wird[224]. Letztgenannte Voraussetzung ist Ausdruck der Verpflichtung, die Rechtspositionen der Parteien gegeneinander abzuwägen. Da sich sowohl der Bauherr als auch der Nachbar auf Art. 14 GG berufen können, hat das schutzwürdige Interesse des Bauherrn lediglich dann

---

219 BVerfGE 49, 142.

220 BVerfGE 53, 57. Gerade der Mülheim-Kärlich-Beschluß bestätigt die Auffassung, daß die dem Antragsteller erteilte Genehmigung kein direkter Eingriff in Grundrechte Dritter darstellt, daß der Staat jedoch — und dies ist der Inhalt der Schutzpflicht — die grundrechtlich geschützten Rechtspositionen Dritter bei der Genehmigungserteilung zu berücksichtigen hat („Mitverantwortung").

221 Siehe Anm. 217.

222 Zum Genehmigungsverfahren siehe W. Ronellenfitsch, Das Genehmigungsverfahren von Kernkraftwerken, 1984.

223 Das Atomgesetz bezweckt vorrangig den Schutz des Lebens und die Gesundheit der Bürger, die Förderung der Atomnutzung ist nachrangig; BVerwG in: DVBl 1972, S. 678 ff. (680).

224 BVerwGE 32, 173; 50, 286; NJW 1979, 995.

zurückzutreten, wenn den Nachbarn schwere Benachteiligungen treffen[225]. Auch das in der Rechtsprechung entwickelte Gebot der „Rücksichtnahme"[226] ist Ausdruck dieser Verpflichtung des Staates, die Rechte Dritter zu achten, sich schützend vor ihn zu stellen. Diesem vom Bundesverwaltungsgericht als „objektivrechtlich" qualifizierten Gebot korrespondieren subjektive Rechte des Nachbarn, sofern „in qualifizierter und zugleich individualisierbarer Art und Weise auf besondere Rechtspositionen Rücksicht zu nehmen ist" oder „sofern unabhängig von der besonderen rechtlichen Schutzwürdigkeit der Betroffenen ihr Betroffensein wegen der gegebenen Umstände so handgreiflich ist, daß dies die notwendige Qualifizierung, Individualisierung und Eingrenzung bewirkt"[227]. Diese Recht-

[225] BVerwGE (Anm. 258), Pietzcker (Anm. 66).

[226] BVerwGE 52, 122.

[227] BVerwGE 52, 122: Selbst die bloße Beeinträchtigung von Erwerbsmöglichkeiten und Erwerbschancen sind vom Gesetzgeber bzw. von der Genehmigungsbehörde im Rahmen der Entscheidung zu berücksichtigen. Im konkreten Fall erhob ein Berufsfischer Klage gegen die einem chemischen Unternehmen erteilte Einbringungserlaubnis für Dünnsäure in die Nordsee (BVErwGE 66, 307 ff.). Nach der hier vertretenen Konzeption ist eigentlicher Gegenstand der Klage die Behauptung, die Beklagte habe bei Erteilung der Einbringungsgenehmigung die mit der Genehmigung zwangsläufig verbundene Beeinträchtigung des Rechtsguts (Eigentum) nicht hinreichend berücksichtigt, der Staat habe durch dieses Unterlassen seine Schutzpflicht verletzt mit der Konsequenz, daß die Genehmigung aufzuheben ist. Im Rahmen der Prüfung der Klagebefugnis gem. § 42 Abs. 2 VwGO wiederholte das BVerwG zunächst den Grundsatz, daß bloße Erwerbschancen oder Möglichkeiten durch Art. 14 GG nicht geschützt sind. Es fährt fort: „Wenn diese Chance — Fanggründe — aber objektiv rechtlich geschützt ist und der Kläger als Berufsfischer auf diese Chancen seines Gewerbebetriebs seinen Gewerbetrieb aufgebaut hat, darf sie ihm nicht in gesetz- und damit rechtswidriger Weise durch eine Maßnahme der Verwaltung wieder entzogen werden, wenn dies zur Folge hat, daß sein Gewerbebetrieb ‚schwer und unerträglich' betroffen oder ‚der Bestand seines eingerichteten ausgeübten Gewerbebetriebes ernsthaft in Frage gestellt sind'" (S. 309).

Indem das BVerwG auf die Existenzgefahr oder darauf abstellt, daß der Gewerbebetrieb schwer und unerträglich betroffen wird, folgt es der Rechtsprechung des BVerfG, das bei Beeinträchtigung bloßer Chancen einen Eingriff in Art. 14 Abs. 1 S. 2 GG erst dann für gegeben erachtet, wenn der Kernbereich des Eigentumsrechts angetastet wird. Die nachträgliche Änderung der Rechtslage und die damit einhergehende Verschlechterung von Erwerbschancen kann nur dann eigentumsrechtlich relevant sein, sofern die Erwerbschancen auf einer bestimmten Rechtslage beruhen (BVerfGE 45, 173).

Das BVerwG hingegen erachtet einen objektiv-rechtlichen Schutz der Chance für ausreichend, ohne in die Prüfung einzutreten, ob die Erwerbschance auf den Vorschriften des Einbringungsgesetzes (BGBl. I., S. 165) beruht oder nicht vielmehr auf dem völkerrechtlichen Grundsatz der freien Nutzung der Meere. Zudem sind die grundlegend verschiedenen Sachverhalte der Entscheidungen des BVerfG und des BVerwG nicht hinreichend gewürdigt worden: In der Entscheidung des BVerfG ging es um mögliche Grundrechtsverletzungen im Verhältnis Antragsteller zur Behörde. Die Frage lautete, ob das Grundrecht aus Art. 14 GG dadurch verletzt worden ist, daß die für die Bescheidung des Antrags zuständige Behörde den Antrag auf Intervention gem. Art. 7 Abs. 1 S. 2 der Verordnung Nr. 120 / 67 / EWG ablehnt. Das BVerwG hingegen hatte über die mögliche Grundrechtsverletzung eines Dritten durch die dem Antragsteller erteilte Genehmigung zu entscheiden, über einen Sachverhalt also, der mit „Beeinträchtigung der Rechtsgüter durch Dritte" umschrieben wird.

Bezieht sich die Schutzpflicht nicht nur auf den Schutz grundrechtlicher Rechtsgüter, sondern zudem auf bloße Chancen und Möglichkeiten, sofern die Beeinträchtigung der sprechung hat ihre Grundlage in der gegenseitigen Verflechtung der baulichen Situation und dem Erfordernis, die durch Art. 14 GG geschützten Rechtspositionen derart aufeinander abzustimmen, daß der Kernbereich der Grundrechte nicht angetastet wird. Aus dem Gedanken der Schutzpflicht folgt, daß der Staat die mit der Genehmigung zwangsläufig verbundenen Beeinträchtigung Dritter berücksichtigen muß und das zum Schutz der Dritten Erforderliche unter Berücksichtigung der Rechte des Antragstellers zu veranlassen hat. Angesichts der auf dem Spiel stehender Rechtsgüter und unter Berücksichtigung der für das Eigentum bestehenden Gefahren ist allerdings eine detaillierte gesetzliche Regelung der Grundrechtskollision nicht erforderlich. Die in der Rechtsprechung entwikkelten Grundsätze tragen dem Gesichtspunkt des Ausgleichs widerstreitender Interessen hinreichend Rechnung. Weitergehende Anforderungen an die Schutzpflicht des Staates ergeben sich jedoch, wenn nicht nur Art. 14 GG, sondern auch Art. 2 Abs. 2 GG zu berücksichtigen ist. Das Bundesverwaltungsgericht betont die „Selbstverständlichkeit", daß auch Art. 2 Abs. 2 GG eine Nachbarklage im Baurecht zu begründen vermag[228]. Die Berücksichtigung von Art. 2 Abs. 2 auch im Rahmen der Baugenehmigungsverfahren im Nachbarrecht bringt gerade unter dem Gesichtspunkt der Schutzpflicht weitere Probleme mit sich: Es ist schwierig, das Rechtsgut der Gesundheit in einer Weise greifbar zu machen, um daraus im Nachbarrecht Konsequenzen zu ziehen. Es gibt in der heutigen Lebenssituation zahlreiche Vorgänge, die sich zumindest bei einem weiten Begriff der Gesundheit[229] als Beeinträchtigung deuten lassen. Es ist häufig schwierig zu entscheiden, ob die zu beurteilenden Belastungen der Gesundheit nach objektiven Kriterien einen Grad erreichen, die den Staat unter dem Gesichtspunkt der Schutzpflicht zwingen, weitergehende Schutzvorschriften zu erlassen. Selbst wenn im Einzelfall die Gesundheit tatsächlich erheblich gefährdet sein sollte, stellen die in der Rechtsprechung entwickelten Kriterien den Schutz hinreichend sicher. Die Rechtsprechung des Bundesverfassungsgerichts (Kalkar, Mülheim-Kärlich) zu Art. 2 Abs. 2 GG[230] auch auf den Bereich des Nachbarrechts zu übertragen, ist nicht geboten. Eine generelle Übertragung dieser für den Bereich des Atomrechts entwickelten Rechtsprechung auf das Bau- und Immissionsschutzrecht scheidet deshalb aus, weil die rechtlichen Anforderungen jeweils von der Art, der Nähe

---

Chancen zur Existenzberechtigung führt, so droht die Gefahr, daß die schutzbedürftigen Interessen des Antragstellers nicht in gebührendem Umfang berücksichtigt werden. War bisher der Kreis derjenigen, die gegen eine Genehmigung im Klagewege unter Berufung auf Art. 14 GG vorgehen konnten, noch in etwa für den durch die Genehmigung Begünstigten vorhersehbar, so könnte diese Rspr. des BVerwG zur Verletzung des Art. 14 GG bei Beeinträchtigung objektiv-rechtlich geschützter Chancen zur Ausuferung der Anfechtungsberechtigten führen.

228 BVerwGE 54, 262.

229 Seewald, O., Zum Verfassungsrecht auf Gesundheit, 1981; ders., Gesundheit als Grundrecht, Monographien zur rechtswissenschaftlichen Forschung, Öffentliches Recht, Bd. 9, 1982; BVerfGE 56, 54 ff. (73 ff.)

230 Anm. 217, 218.

und dem Ausmaß möglicher Gefahren, der Art und dem Rang des verfassungsrechtlich geschützten Rechtsgutes sowie den schon vorhandenen Regelungen abhängen.[231]

Ausgehend von dem Ausmaß der Gefahr ergeben sich daher hinsichtlich des Rechtsguts Leben und Gesundheit Dritter durchaus differenzierte Anforderungen an die Schutzpflicht des Staates: Schärfste Anforderungen sind danach an die Genehmigung von Atomkraftwerken zu stellen; in diesem Bereich gilt sowohl der allgemeine Gesetzesvorbehalt als auch der Parlamentsvorhalt. Im Bereich der Genehmigungsverfahren nach den Vorschriften des Bundesimmissionsschutzgesetzes ist unter Berücksichtigung der möglichen Gefahren zu prüfen, ob der Gesetzgeber den Anforderungen des Parlamentsvorbehalts im Einzelfall Genüge getan hat. Unterstellt, daß die von einer nach den Vorschriften des Bundesimmissionsschutzgesetzes genehmigungsbedürftigen Anlage ausgehenden Gefahren ebenso schwerwiegend einzuschätzen sind wie diejenigen, die von einem Atomkraftwerk ausgehen, so sind gleichwohl an die Genehmigungsvorschriften für eine solche Anlage unter dem Gesichtspunkt des Gesetzesvorbehalts nicht dieselben Anforderungen zu stellen wie an die Genehmigung eines Atomkraftwerkes, da das Atomrecht eine Sonderstellung innehat: Gemäß Art. 86 des Euratom-Vertrages stehen die besonderen spaltbaren Stoffe im Eigentum der Gemeinschaft, dem Kraftwerksbetreiber wird lediglich ein Nutzungs- und Verbrauchsrecht gewährt (Art. 87). Diese Form „öffentlichen Eigentums", die durch Art. 86 des Euratom-Vertrages auch mit Wirkung für die Bundesrepublik Deutschland begründet wird, gestattet ein in Bezug auf diese Stoffe grundsätzlich weiterreichendes Eingriffs- und Beschränkungsfeld für die hoheitliche Gewalt als dies gegenüber Privateigentum zulässig ist[232].

Es würde über den Rahmen der vorliegenden Arbeit hinausgehen, für die angesprochenen Bereiche — Nachbarrecht, Immissionsschutz, Atomrecht — sämtliche aus der Schutzpflicht des Staates folgenden Anforderungen zu erläutern. Hinsichtlich des Gesetzesvorbehaltes bleibt festzuhalten, daß die Gefährdung von Grundrechten die Regelung eines Sachbereiches aufgrund und durch Gesetz erforderlich machen kann. Von dem Grad der Gefährdung und auch dem berührten Grundrecht ist es abhängig, ob die Regelung beispielsweise durch Rechtsverordnung getroffen werden kann, oder ob die Verwendung unbestimmter Rechtsbegriffe oder Ermessensvorschriften rechtlich zulässig ist. Je bedeutsamer das Grundrecht und je schwerwiegender die Gefahr, desto höhere Anforderungen sind an die Schutzpflicht zu stellen.

---

231 In diesem Zusammenhang ist auch die Fluglärm-Entscheidung (BVerfGE 56, 54 ff.) von Bedeutung. Das Gericht anerkennt Fluglärm als Art. 2 II GG tangierendes Gesundheitsrisiko (S. 77) und leitet aus dem Gedanken der Schutzpflicht eine „Nachbesserungspflicht" des Gesetzgebers ab. Vgl. dazu Rainer, W., Das BVG — Hüter der Umwelt?, in: Kritische Justiz, Heft 3 (1984), S. 239 ff.

232 BVerfGE 49, 146.

cc) Die verletzungsgleiche Gefährdung von Grundrechten

Bisher nicht abschließend geklärt ist die Frage, unter welchen Voraussetzungen die Gefährdung von Grundrechten einer Verletzung gleichsteht. In der Kalkar-Entscheidung hat das Bundesverfassungsgericht hervorgehoben, daß ein Verfassungsverstoß der Art § 7 Abs. 1 und Abs. 2 des Atomgesetzes nicht schon mit dem Hinweis abgetan werden könne, das Risiko eines Schadens stelle noch keine Grundrechtsverletzung dar[233]. Auch Regelungen, die im Laufe ihrer Vollziehung zu einer nicht unerheblichen Grundrechtsgefährdung führen, können mit dem Grundgesetz in Widerspruch geraten[234]. In der Mülheim-Kärlich-Entscheidung wurde eine Verletzung des Schutzbereichs des Art. 2 Abs. 2 GG auch dann bejaht, wenn bei der Errichtung von Kernkraftwerken vorbeugende Maßnahmen gegen spätere Betriebsgefahren außer acht bleiben[235]. In einem Beschluß zu den verfassungsrechtlichen Grenzen für die Durchführung einer Hauptverhandlung im Hinblick auf die Verhandlungsunfähigkeit eines kranken Angeklagten hat das Gericht entschieden, daß eine Grundrechtsverletzung im weiteren Sinne jedenfalls dann vorliege, wenn ernsthaft zu befürchten sei, daß der Beschuldigte bei Durchführung der Hauptverhandlung sein Leben einbüßen oder schwerwiegenden Schaden an seiner Gesundheit nehmen werde[236]. Diese Dogmatik wird fortgeführt in der Entscheidung zur Stationierung amerikanischer Mittelstreckenraketen: Die Stationierung der Raketen könnte als „verletzungsgleiche Beeinträchtigung von Leib und Leben" gewertet werden, weil damit ein „gesteigertes Risiko"[237] für die in Art. 2 Abs. 2 S. 1 GG geschützten Rechtsgüter einhergehen könnte. Für das Bundesverfassungsgericht bestand in dem Beschluß über die gegen die Stationierung der amerikanischen Mittelstreckenraketen eingelegten Verfassungsbeschwerden keine Veranlassung, darüber zu entscheiden, ob die Stationierung tatsächlich ein solch gesteigertes Risiko für die in Art. 2 Abs. 2 S. 1 GG geschützten Rechtsgüter herbeiführen wird, da nach Ansicht des Bundesverfassungsgerichts eine der deutschen öffentlichen Gewalt zurechenbare Grundrechtsverletzung nicht gegeben ist. Da aus diesem Grund die Verfassungsbeschwerden als unzulässig verworfen wurden, konnte das Gericht der Argumentation der Beschwerdeführer folgend eine verletzungsgleiche Grundrechtsgefährdung als gegeben unterstellen, ohne auf die rechtlichen Voraussetzungen der Gleichstellung von Grundrechtsgefährdung und Grundrechtsverletzung einzugehen.

Die bisherigen Entscheidungen verdeutlichen jedoch, daß eine Grundrechtsgefährdung der Grundrechtsverletzung nur dann gleichsteht, wenn es sich um eine „nicht unerhebliche Gefahr" handelt[238], „wenn ernsthaft zu befürchten ist, daß

---

233 Ebd. S. 141.

234 Ebd.

235 BVerfGE 53, 30 (51).

236 BVerfGE 51, 324 (347).

237 BVerfGE 66, 58 f.

238 BVerfGE 49, 141.

der Schaden eintritt"[239], wenn ein „gesteigertes Risiko"[240] besteht. Die zu befürchtende Beeinträchtigung muß also einen bestimmten Intensitätsgrad erreichen. Die Abgrenzung zwischen dem Bereich der erheblichen und damit verletzungsgleichen Grundrechtsgefährdungen und den irrelevanten Befürchtungen erfordert stets ein Werturteil, das die bedrohten Rechtsgüter und die staatliche Entscheidung, aus der die Bedrohung resultiert, gegeneinander abzuwägen hat. Die im allgemeinen Polizeirecht entwickelten Kriterien des Gefahrbegriffs könnten diese Abwägung erleichtern.[241] Der Grad der Intensität der Bedrohung, der im Einzelfall zu fordern ist, um eine verletzungsgleiche Gefährdung zu bejahen, hängt von der Bedeutung des bedrohten Rechtsguts und dem Umfang des Schadens ab. Je bedeutsamer das Schutzgut ist, desto geringere Anforderungen sind an die Intensität der Gefährdung zu stellen.

Neben dem Erfordernis einer „erheblichen Gefährdung" ist weitere rechtliche Voraussetzung für die Annahme einer verletzungsgleichen Grundrechtsgefährdung, daß der Eintritt der Grundrechtsbeeinträchtigung mit einer gewissen Wahrscheinlichkeit zu erwarten ist. Zu fordern ist in diesem Zusammenhang zumindest eine „hinreichende Wahrscheinlichkeit"[242] der Grundrechtsverletzung. Dabei ist zu beachten, daß hinsichtlich des Grades der Wahrscheinlichkeit differenziert werden muß: Je größer und folgenschwerer die möglicherweise eintretende Grundrechtsverletzung ist, um so geringer sind die Anforderungen, die an die Wahrscheinlichkeit gestellt werden können. Wo es um den Schutz besonders hochwertiger Rechtsgüter geht, kann deshalb auch schon ein geringer Grad an Wahrscheinlichkeit zur Annahme einer verletzungsgleichen Gefährdung genügen. Diese differenzierten Anforderungen an den Grad der Wahrscheinlichkeit der Grundrechtsverletzung dürfen jedoch nicht zur Auflösung des Gefahrbegriffes führen. Reine Spekulationen bzw. hypothetische Erwägungen nur gedachter Geschehnisse rechtfertigen die Annahme einer Gefahr nicht. Die bloße oder theoretische Möglichkeit einer Grundrechtsverletzung ohne Realitätsbezug vermag die Befürchtung der Grundrechtsverletzung nicht zu begründen.[243]

e) Kriterien zur Bestimmung des Parlamentsvorbehalts

Während noch in der Kalkar-Entscheidung die Kriterien für die Bestimmung des allgemeinen Gesetzesvorbehaltes (Rechtssatzvorbehalt) und des Parlaments-

---

239 BVerfGE 51, 347.

240 BVerfGE 66, 58 f.

241 Zum Gefahrbegriff und der Erheblichkeit bzw. Intensität des drohenden Schadens vgl. Drews / Wacke / Vogel / Martens, Gefahrenabwehr, Bd. 2, 8. Aufl. 1977, § 8, 2 a) m. w. N.; K. H. Friauf, Polizei- und Ordnungsrecht, in: v. Münch (Hrsg.), Besonderes Verwaltungsrecht, S. 215 f.

242 Drews / Wacke (Anm. 241), S. 108; Friauf (Anm. 241), S. 216 f.

243 Als eine solche theoretische Möglichkeit ist auch die im Pershing-Urteil vorgetragene Befürchtung eines Präventivschlages durch die UdSSR anzusehen.

vorbehaltes vermengt wurden[244], differenziert das Bundesverfassungsgericht in der Entscheidung zur Nichtversetzung bzw. Schulentlassung[245] zwischen Rechtssatz- und Parlamentsvorbehalt und macht die an den Gesetzgeber zu stellenden Anforderungen von der *Intensität* der Beeinträchtigung der grundrechtlich geschützten Rechtsgüter abhängig.

Da der zwangsweise Ausschluß von der Schule für den Schüler eine „sehr einschneidende Maßnahme", die bloße Nichtversetzung aber „eine erheblich weniger einschneidende Maßnahme"[246] darstellt, hat der Gesetzgeber die wesentlichen Bestimmungen der Schulentlassung selbst zu regeln. Die Voraussetzungen der Nichtversetzung darf er im Wege der Verordnungsermächtigung auf die Schulverwaltung delegieren[247]. Im Einzelfall ist es fraglich, ab welcher Intensitätsstufe der Parlamentsgesetzgeber selbst Regelungen zu treffen hat. Angesichts der Vielfalt der Lebenserscheinungen muß das Kriterium der Intensität einer Regelung sachbereichsabhängig von Fall zu Fall ausgelegt werden[248]. Anhaltspunkte zur Bestimmung der Intensitätsstufe, auf der der Parlamentsgesetzgeber tätig werden muß, kann — entsprechend der Entscheidung über Schulentlassung und der Nichtversetzung[249] — die Konstruktion von Vergleichsfällen liefern. Quasi im Wege einer Stufentheorie hat die Beurteilung der infragestehenden hoheitlichen Maßnahmen zu erfolgen, indem einerseits weniger beeinträchtigende Maßnahmen und andererseits noch einschneidendere Maßnahmen mit der konkret zu beurteilenden Maßnahme verglichen werden. Nur durch den Vergleich ähnlich gelagerter Sachverhalte läßt sich eine Aussage darüber treffen, ob die infragestehende Maßnahme eine derart intensiv in Grundrechte eingreifende darstellt, daß diese Regelung dem Parlamentsgesetzgeber vorbehalten bleiben muß.

IV. Geltung des Gesetzesvorbehaltes bei einseitigen Maßnahmen der Auswärtigen Gewalt

1. Die Rechtsprechung des Bundesverfassungsgerichts

Die Wesentlichkeitsrechtsprechung des Bundesverfassungsgerichts wurde in den rein innerstaatlich geprägten Materien des Schulrechts und Umweltrechts

---

244 BVerfGE 49, 127.

245 BVerfGE 58, 257 ff. (274).

246 Ebd. S. 275.

247 „Wesentliche" Bestimmungen der Entlassung sind: die Voraussetzungen für die zwangsweise Entlassung und der Ausschluß von allen Schulen eines Ortes, die Zuständigkeiten und das Verfahren.

248 Zur Kritik am Kriterium „Intensität" vgl. Eberle (Anm. 129); Kisker (Anm. 66); Kloepfer (Anm. 66).

249 Vgl. Anm. 241.

entwickelt[250]. Ob diese Wesentlichkeitstheorie auch bei Maßnahmen der auswärtigen Gewalt Geltung besitzt und — wenn ja — in welchem Umfang oder mit welchen Modifikationen, ist in der Rechtsprechung bisher noch nicht abschließend entschieden.

In der Entscheidung über die gegen die Stationierung der amerikanischen Mittelstreckenraketen eingelegten Verfassungsbeschwerden[251] bestand für das Gericht zu der Erörterung der Geltung und des Umfangs des allgemeinen Gesetzesvorbehaltes im Bereich des Auswärtigen kein Anlaß, da das Gericht in der Zustimmung der Bundesregierung zur Stationierung der Mittelstreckenraketen keinen der Bundesrepublik Deutschland zurechenbaren Eingriff in Grundrechte erkannte. Es fehlt somit die Grundvoraussetzung für die Annahme des allgemeinen Gesetzesvorbehaltes, nämlich der Eingriff in Grundrechte. Die Anträge auf Erlaß einer einstweiligen Anordnung im Verfassungsbeschwerdeverfahren konnten daher abgelehnt werden, ohne daß das Gericht über den Umfang des Gesetzesvorbehaltes im Bereich des Auswärtigen Stellung nehmen mußte: da kein Eingriff in den Schutzbereich von Art. 2 Abs. 2 GG vorliegt, „entfällt auch die Möglichkeit einer Verletzung von Art. 2 Abs. 2 GG durch das von den Beschwerdeführern angegriffene Unterlassen, eine gesetzliche Grundlage für diese Akte zu schaffen oder herbeizuführen“[252].

In der Entscheidung über den gegen die Zustimmung der Bundesregierung zur Stationierung der amerikanischen Mittelstrekenraketen angestrengten Organstreit vom 18.12.1984[253] hat das Bundesverfassungsgericht zur Frage der Geltung und des Umfangs des auf die Verletzung von Grundrechten gegründeten Gesetzesvorbehaltes im Bereich der auswärtigen Gewalt ebenfalls nicht Stellung genommen. Obwohl die Fraktion der Grünen den Antrag im Organstreitverfahren ursprünglich damit begründete, daß der Wesentlichkeitstheorie folgend ein formelles Gesetz für die Zustimmung der Bundesrepublik Deutschland zur Stationierung erforderlich gewesen sei, da Grundrechte betroffen würden, erübrigte sich für das Gericht eine Auseinandersetzung mit dieser Argumentation bereits aus rein prozessualen Gründen: Im Rahmen eines Organstreites kann nur die Verletzung von Rechten des Antragstellers gerügt werden. Die Fraktion der Grünen konnte daher im Wege der Prozeßstandschaft[254] ausschließlich die Verletzung von Rechten des Bundestages rügen[255]. Demgegenüber ist die Rüge unzulässig, soweit sich die Antragstellerin auf Grundrechte beruft, da Grundrechte keine Rechte des Bundestages im Sinne von § 64 Abs. 1 Bundesverfassungsgerichtsgesetz[256]

---

250 Siehe die früheren Ausführungen oben III.4.

251 BVerfGE 66, 39 ff.

252 Ebd. S. 64.

253 BVerfGE 68, 1 ff.

254 st. Rspr. seit BVerfGE 2, 143 (16).

255 Zulässig war daher die Rüge der Verletzung von Rechten des Bundestages aus Art. 79 I 1 i. V. m. Art. 24 I und Art. 59 II 1 i. V. m. 20 III GG.

sind. Unzulässig ist deshalb auch die Berufung darauf, durch die angegriffene Zustimmung der Bundesregierung seien Rechte des Bundestages aus dem Gesetzesvorbehalt des Art. 2 Abs. 2 S. 3 GG verletzt worden. Soweit die Rüge auf ein nach der Wesentlichkeitstheorie erforderliches Gesetz gestützt wird, „macht die Antragstellerin nicht geltend, daß die Bundesregierung Rechte des Bundestages im Sinne von § 64 Abs. 1 BVerfGG gefährdet oder verletzt habe"[257].

Wenn dieses Urteil auch über Geltung und Umfang des auf die Verletzung von Grundrechten gestützten Gesetzesvorbehaltes im Bereich der auswärtigen Gewalt keine Aussage trifft, so ist diese Entscheidung für das Verständnis der Wesentlichkeitstheorie insofern von besonderer Bedeutung, als das Gericht mit der wünschenswerten Klarheit dem Versuch entgegentritt, allein aus dem Demokratieprinzip den Gesetzesvorbehalt für besonders bedeutsame Entscheidungen abzuleiten[258]. Zudem stellt das Urteil in Fortführung der Eurocontrol-Rechtsprechung[259] eine Weiterentwicklung der Grundsätze der Wesentlichkeitstheorie im Rahmen von Art. 24 Abs. 1 GG dar[260].

Mit Geltung und Umfang des aus Art. 20 GG abgeleiteten Gesetzesvorbehaltes im Bereich des Art. 59 II 1 GG setzt sich das Gericht in der C-Waffen-Entscheidung[261] auseinander.

Obwohl den Sonderbereich des Vertragsrechts betreffend, kann diese Rechtsprechung — möglicherweise im Sinne eines „Erstrecht"-Schlusses — auch für die Entscheidung der Frage nach Geltung und Umfang des Gesetzesvorbehaltes bei einseitigen Maßnahmen der auswärtigen Gewalt herangezogen werden, da die Sachverhalte — seien sie durch Vertrag oder durch einseitigen Akt geregelt — sich ähneln und die abzuwägenden Rechtsgüter vielfach identisch sind.

In der Entscheidung wird zunächst die grundsätzliche Geltung des in Art. 20 GG verankerten allgemeinen Gesetzesvorbehaltes betont und hervorgehoben, daß die Lagerung und der Transport der C-Waffen „eine wesentliche Entscheidung im Sinne des Art. 20 GG ist, die den Grundrechtsbereich betrifft".[262]

Die wirklich interessante Frage, ob nämlich dieser allgemeine Gesetzesvorbehalt (im Sinne des Rechtssatzvorbehaltes) durch Art. 59 II 1 GG eingeschränkt wird, konnte das Gericht mangels Entscheidungserheblichkeit dahinstehen las-

256 Eine Ausnahme gilt möglicherweise dann, „wenn die Bundesregierung im Bereich der Grundrechte einen Gesetzesvorbehalt schlechterdings mißachtete oder sich schlechthin außerhalb des Rahmens eines den Vorbehalt ausfüllenden Gesetzes bewegte, ..." (S. 70).

257 Ebd. S. 71.

258 Ebd. S. 108 f.

259 BVerfGE 58, 1 ff.; 59, 63 ff.

260 Der Schwerpunkt der Entscheidung und damit die Bedeutung des Urteils für die zukünftige Rechtsentwicklung liegt sicherlich bei Art. 24 GG.

261 BVerfGE 77, 177 ff.

262 Ebd., S. 230 f.

sen.[263] Es weist allerdings auf die Möglichkeit hin, daß im Rahmen von Art. 59 II 1 GG nicht von dem allgemeinen Gesetzesvorbehalt, sondern von den in den einzelnen Grundrechten enthaltenen Gesetzesvorbehalten oder von der „klassischen Lehre“ vom Vorbehalt des Gesetzes ausgegangen werden könnte.[264]

Die Geltung des allgemeinen Gesetzesvorbehaltes in der Form des Parlamentsvorbehaltes, der eine parlamentarische Entscheidung aller an Intensität wesentlichen Fragen (Regelungsdichte) fordert, wird im Bereich des Art. 59 II 1 GG vom Grundsatz verneint:

> „Anderenfalls wäre die Bundesrepublik Deutschland von Verfassungs wegen gehalten, völkerrechtliche Verträge nur noch abzuschließen, wenn sie einen erheblichen Grad an Spezifizierung aufweisen. Da die Bundesrepublik Deutschland über den näheren Inhalt eines völkerrechtlichen Vertrages nicht einseitig bestimmen kann, würde eine Ausdehnung des allgemeinen Vorbehaltes des Gesetzes auf Art. 59 II 1 GG, soweit dieser das „Wie“ einer gesetzlichen Regelung betrifft, im vertraglichen Bereich weithin die Gefahr außenpolitischer Handlungsunfähigkeit heraufbeschwören . . .“[265]

Diese ausschließlich auf das Zustimmungsgesetz selbst bezogene Rechtsprechung führt jedoch im Ergebnis zu keiner wirklichen Einschränkung des Parlamentsvorbehaltes, da — wie das Gericht ausdrücklich darlegt[266] — der Parlamentsvorbehalt durchaus weitere gesetzliche Regelungen (neben und ergänzend dem Zustimmungsgesetz) zum innerstaatlichen Vollzug fordern kann.

Wenn sich das Bundesverfassungsgericht auch in der bisherigen Rechtsprechung, insbesondere in den Entscheidung zur Lagerung von C-Waffen und zur Rechtmäßigkeit der Zustimmung der Bundesregierung zur Stationierung der amerikanischen Mittelstreckenraketen mit der Frage der Geltung und des Umfangs des Gesetzesvorbehaltes im Bereich der auswärtigen Gewalt nicht abschließend befaßt hat, so wird doch deutlich, daß eine uneingeschränkte Übertragung der im Rahmen innerstaatlicher Sachverhalte entwickelten Lehre vom Gesetzesvorbehalt den Besonderheiten des Auswärtigen Bereiches nicht gerecht würde und die Handlungsfähigkeit der Exekutive schmälern und gefährden würde.

---

263 Der Gesetzgeber war durch die Zustimmung zum Aufenthaltsvertrag und zum NATO-Truppenstatut nebst Zusatzabkommen tätig geworden. Diese Zustimmungsgesetze genügen der Anforderung des Rechtssatzvorbehaltes.

264 Zu den Schranken des Gesetzesvorbehaltes vgl. VI.

265 BVerfGE 77, S. 231.

266 Ebd., S. 232.

2. Die grundsätzliche Geltung der Lehre vom Gesetzesvorbehalt für staatliches Handeln im Bereich des Auswärtigen

Wie bereits an früherer Stelle[267] dargelegt, wird die Lehre vom Gesetzesvorbehalt in den Ausformungen des allgemeinen Gesetzesvorbehaltes (Rechtssatzvorbehalt) sowie des Parlamentsvorbehaltes aus den Grundrechten, dem Demokratie- sowie Rechtsstaatsprinzip abgeleitet. Die Bindung aller Staatsgewalt an die Grundrechte ist in Art. 1 Abs. 3 GG hervorgehoben[268]. Unbestritten ist es auch, daß die aus dem Demokratie- und Rechtsstaatsprinzip folgenden verfassungsrechtlichen Anforderungen grundsätzlich für jegliche staatliche Tätigkeit gelten[269]. Trotz der nicht zu übersehenden Unterschiede zwischen hochpolitischen Entscheidungen der Regierung und bloß gesetzesvollziehender Tätigkeit einer Verwaltungsbehörde[270] unterliegt die Regierung als Organ der vollziehenden Gewalt auf jeden Fall jedoch den im Grundgesetz festgeschriebenen Bindungen und Schranken staatlichen Handelns. Diese Bindungen werden insbesondere durch die Qualifikation einer Regierungsentscheidung als „Regierungsakt" nicht aufgehoben[271]. Vor Geltung des Grundgesetzes wurde die Regierungsaktqualität einer Maßnahme gegen deren Justitiabilität angeführt[272]. Zudem diente der Begriff des Regierungsaktes der Abgrenzung der Kompetenzen von Regierung und Parlament insofern, als durch den Terminus ‚Regierungsakt' Zonen exklusiver Exekutivrechte umrissen wurden, in deren Bereich eine Beteiligung des Parlaments nur dann in Betracht kommt, wenn dies in der Verfassung ausdrücklich vorgesehen ist. Ganz in diesem Sinne behauptete die Bundesregierung noch im Jahre 1957 im Verfahren über die Wirksamkeit des Abkommens über deutsche Vermögenswerte in der Schweiz[273], ein nach Art. 59 Abs. 2 GG erlassenes Zustimmungsgesetz sei ein nicht justitiabeler Regierungsakt auf dem Gebiet der auswärtigen Gewalt, der nicht durch eine Verfassungsbeschwerde vor dem Bundesverfassungsgericht angefochten werden könne[274]. Es war der letzte (erfolglose) Versuch, dem überkommenen Institut des Regierungsaktes Entscheidungserheblichkeit beizulegen. Der Qualifikation einer Entscheidung als Regierungsakt wird heute weder Bedeutung für die Justitiabilität noch für die Beteiligung der Legislative beigemessen[275].

---

267 Siehe III.4.

268 Herzog (Anm. 3 der Einleitung), Art. 1, Rdnr. 47 ff. m. w. N.

269 Zeidler, F. C., Verfassungsgericht und völkerrechtlicher Vertrag, Schriften zum öffentlichen Recht, Bd. 251 (1974), S. 133 ff.

270 Frotscher (Anm. 57); Scheuner, U., Der Bereich der Regierung, in: Rechtsprobleme in Staat und Kirche, Festschrift für Rudolf Smend (1952), S. 253 ff.

271 Zeidler (Anm. 269), S. 120 ff. m. w. N.

272 Ders., S. 125.

273 BVerfGE 6, 291 ff.

274 Ebd. S. 294.

Die Regierung unterliegt grundsätzlich auch dann sämtlichen Bindungen des Grundgesetzes, wenn sie im Bereich des Auswärtigen handelt. Dieses Ergebnis beansprucht jedenfalls Gültigkeit, sofern es um die Aspekte der materiellen auswärtigen Gewalt geht, d. h. um die Frage, ob und inwieweit das Handeln der Regierung im Bereich des Auswärtigen nach dem Grundgesetz von einem gesetzgeberischen Tätigwerden abhängig ist. Die Frage der sogenannten Außenwirkung der materiellen Verfassungsordnung, d. h. der Bindung der Staatsorgane im völkerrechtlichen Verkehr der Staaten an das Grundgesetz, ist mit dieser Feststellung keineswegs beantwortet.[276]

3. Art. 59 Abs. 2 S. 1 GG als abschließende Regelung der Mitwirkung des Parlamentes im Bereich des Auswärtigen?

Die Bindung jeglichen Staatshandelns an die Grundrechte sowie die elementaren Grundprinzipien der Demokratie und des Rechtsstaats bedeutet nicht, daß für jedes staatliche Handeln unterschiedslos dieselben rechtlichen Anforderungen gelten. Im Bereich der auswärtigen Angelegenheiten ist in Art. 59 Abs. 2 GG und Art. 24 GG bereits die Mitwirkung des Parlaments *durch Gesetz* vorgesehen.[277] Ob über diese Vorbehalte hinaus zugunsten des Parlaments auch sonstige Handlungen der Exekutive — insbesondere einseitige völkerrechtliche Akte — von einer vorherigen parlamentarischen Mitwirkung abhängig sind, ist durch Auslegung zu ermitteln.

Die im Bereich des Abschlusses völkerrechtlicher Verträge eingeschränkten Mitwirkungsbefugnisse des Parlaments könnten als Indiz für die abschließende Regelung des Art. 59 Abs. 2 GG herangezogen werden.

a) Schranken des Gesetzesinitiativrechts als Indiz für die abschließende Regelung des Art. 59 Abs. 2 GG

Gemäß Art. 76 Abs. 1 GG üben die Bundesregierung, der Bundestag und der Bundesrat das Gesetzesinitiativrecht gleichrangig und ohne Einschränkungen aus. Geschriebene Schranken des Initiativrechts finden sich lediglich in Art. 110 Abs. 3 GG und Art. 115 a Abs. 1 GG. Die Gründe für eine Monopolisierung des Initiativrechts bei der Regierung im Rahmen des Haushaltsrechts (Art. 110

---

275 Schmidt / Bleibtreu / Klein, Kommentar zum Grundgesetz, 2. Aufl., Rdnr. 24 zu Art. 19 GG; Doehring, Kl., Lehrbuch für das Staatsrecht der Bundesrepublik Deutschland, S. 376; v. Münch, Art. 19, Rdnr. 46.

276 Die Außenwirkung der materiellen Verfassungsordnung ist nicht Gegenstand dieser Arbeit, die vorwiegend Aspekte der materiellen auswärtigen Gewalt behandelt. Zur Außenwirkung vgl. Tomuschat (Anm. 19 der Einleitung), S. 38 ff.

277 Siehe oben Fn. 116, 117.

Abs. 3 GG) und der Festlegung des Verteidigungsfalles (Art. 115 a Abs. 1 GG) liegen darin, daß die Regierung allein über den administrativen Apparat und die Informationen verfügt, die zur Aufstellung des Haushaltsplanes bzw. zur Beurteilung der militärischen Lage erforderlich sind.[278]

Diese Gesichtspunkte sind auch für die Erwägung maßgebend, der Regierung im Bereich des Art. 59 Abs. 2 GG das Gesetzesinitiativrecht allein vorzubehalten[279]. Nach Art. 59 Abs. 1 GG ist — im Einklang mit den Vorschriften der Weimarer Reichsverfassung[280] — die Exekutive Träger der auswärtigen Gewalt, d. h. der Zuständigkeit zur Erklärung des Staatswillens nach außen. Materiell ist die Disposition der Exekutive im Bereich des Abschlusses völkerrechtlicher Verträge nur ausnahmsweise an die Entscheidung anderer Organe gebunden. Diesem Ausnahmecharakter entsprechend qualifiziert das Bundesverfassungsgericht die grundgesetzlichen Regelungen in Art. 59 Abs. 2 GG in der Entscheidung zum Petersberger Abkommen als Durchbrechung des Gewaltenteilungssystems insofern, „als hier die Legislative in den Bereich der Exekutive übergreift."[281] Auch die restriktive Auslegung des Begriffes „politische Verträge"[282] erklärt sich aus der Auffassung, daß die auswärtige Gewalt wesensmäßig in den Bereich der Exekutive fällt. Die Zustimmung zu den in Art. 59 Abs. 2 GG genannten Verträgen hat nach herrschender Meinung zudem nur akzessorischen Charakter[283], die Zuständigkeit zum Abschluß bleibt beim Bundespräsidenten. Der Bundestag kann den Bundeskanzler oder den Bundespräsidenten nicht bindend anweisen, Verträge zu schließen, über Verträge zu verhandeln oder bereits unterzeichnete Verträge zur Ratifikation vorzulegen. Der Bundesrat „ist auf die Zustimmung beschränkt, wenn die Regierung als Inhaberin der auswärtigen Gewalt selbst bereit ist, einen Vertragsabschluß herbeizuführen".[284] In dem Zustimmungsgesetz wird die Exekutive lediglich dazu ermächtigt, den Vertrag völkerrechtlich verbindlich abzuschließen. Dazu ist jedoch erforderlich, daß die Regierung selbst diese Ermächtigung herbeiführt. Art. 59 Abs. 2 GG gibt also für Ermächtigungen ohne Initiative der Regierung, also sozusagen auf Vorrat und der Regierung aufgenötigt, keinen Raum. Denn allein schon die Tatsache, daß die parlamentarische Zustimmung nachgesucht (bzw. erteilt) wird, hat außenpolitisches Gewicht. Auch bei dieser Entscheidung darf die Regierung nicht präjudiziert werden. Müßte die Regierung

---

278 v. Münch, Art. 110 Rdnr. 20 m. w. N.

279 ebenso: Doehring, K. (Anm. 275), S. 194 f.; Mosler (Anm. 5), S. 290; Bryde, in: v. Münch (Hrsg.), Art. 76 Rdnr. 5.

280 Art. 45 der Weimarer Reichsverfassung von 1919.

281 BVerfGE 1, 341 ff. (369).

282 BVerfGE 1, 318 f.; 4, 250 ff. — Saarstatut.

283 Bleckmann, A., Grundgesetz und Völkerrecht, 1975, S. 214 ff.; Ress, G., Wechselwirkungen zwischen Völkerrecht und Verfassung bei der Auslegung völkerrechtlicher Verträge, Berichte der Deutschen Gesellschaft für Völkerrecht, Heft 23, S. 36 ff. (40); v. Münch, Art. 59 Rdnr. 33 ff.; Maunz, in: Maunz / Dürig, Art. 59 Rdnr. 22 ff.

284 Doehring, K. (Anm. 275), S. 194 f.

befürchten, daß von ihr lediglich unterzeichnete Verträge ohne ihre Initiative in Form eines Vertragsgesetzes in den Bundestag eingebracht werden, dann würde sie in Zukunft von der Unterzeichnung gegebenenfalls schon aus diesem Grunde Abstand nehmen. Die außenpolitischen Wirkungen sind offensichtlich: Wollte man „der Mitte des Bundestages" auch im Rahmen des Art. 59 Abs. 2 GG das Initiativrecht zugestehen, so fände eine Verlagerung der verfassungsrechtlichen Gewichte im Bereich des Abschlusses völkerrechtlicher Verträge zugunsten des Parlamentes statt. Da nur die Bundesregierung aktiv und mit rechtlicher Außenwirkung die auswärtigen Angelegenheiten wahrnehmen kann, entscheidet sie allein, ob sie die staatsrechtlichen Voraussetzungen für die Ratifikation eines von ihr unterzeichneten Abkommens herbeiführen will. Aus dem Wesen der Zustimmung folgt, daß ein Akt gutgeheißen werden soll, um dessen Billigung die Regierung nachsucht[285].

b) Der Grundsatz „ne varietur" als Indiz für die abschließende Regelung des Art. 59 Abs. 2 GG

Sofern die Bundesregierung von ihrem Initiativrecht Gebrauch macht und ein Zustimmungsgesetz zu einem völkerrechtlichen Vertrag im Bundestag gem. Art. 76 Abs. 2 S. 1 GG einbringt, sind die Befugnisse des Parlaments im Gesetzgebungsverfahren auf die Zustimmung oder Ablehnung des Vertragswerkes beschränkt. Die bei rein innerstaatlichen Materien selbstverständliche Befugnis des Parlamentes, in den Lesungen Änderungsvorschläge einzubringen, besteht beim Ratifikationsverfahren gerade nicht[286]. Entsprechend dem nach Unterzeichnung des völkerrechtlichen Vertrages geltenden Grundsatzes „ne varietur"[287] ist es dem Parlament verwehrt, den zwischen den Vertragsparteien festgelegten Vertragstext[288] einseitig zu ändern. Das Aushandeln und Unterzeichnen des völkerrechtlichen Vertrages ist wesentlicher Bestandteil der Kompetenzen der Exekutive beim Abschluß völkerrechtlicher Verträge im Sinne von Art. 59 GG. Das

---

[285] Das von der Fraktion der Grünen im Bundestag im Jahre 1983 eingebrachte Zustimmungsgesetz zu dem Genfer Zusatzprotokoll ist daher wegen Verstoßes gegen den Gewaltenteilungsgrundsatz verfassungswidrig — vgl. BT-Drs. 10/406, sowie die ebenfalls aus 1983 stammende „Aufforderung" der SPD-Fraktion (BT-Drs. 10/419). Nach erster Lesung wurde die Vorlage der Grünen an den auswärtigen Ausschuß überwiesen (Plenarprotokolle 10/50 v. 26.1.1984, S. 3609).

[286] Vgl. § 82 II GeschOBtag.

[287] Mosler, H., Internationale Organisation und Staatsverfassung, Festschrift für Hans Weinberg, 1956, S. 273 ff., 277 f. In den Mitgliedstaaten der EWG gilt der Grundsatz „ne varietur" uneingeschränkt. Vgl. insoweit die Studie PE 58142 der Generaldirektion Wissenschaft und Dokumentation der EWG, „Rolle und Befugnisse der nationalen Parlamente bei internationalen Abkommen mit finanziellen Auswirkungen"; nach dieser Studie gilt lediglich im Vereinigten Königreich eine Ausnahme für Abkommen, die auf einem Gesetzesentwurf beruhen, um diese wirkungslos zu machen.

[288] Art. 9, 10 WVRK.

schutzwürdige Vertrauen des anderen Vertragspartner gebietet es, daß der durch den Inhaber der formellen auswärtigen Gewalt mit der Unterzeichnung festgelegte Vertragstext in der ursprünglichen Form ohne Änderung das parlamentarische Verfahren durchläuft.

c) Die eingeschränkte Mitwirkung des Parlaments bei der Erklärung von Vorbehalten als Indiz für die abschließende Regelung des Art. 59 Abs. 2 GG

Nicht nur bei dem Vertragsschluß selbst, sondern auch bei Erklärung von Vorbehalten wird die nachgeordnete Funktion und Stellung der Legislative im Bereich der völkerrechtlichen Verträge deutlich[289]. Unter Hinweis auf die einseitige Rechtsnatur der Vorbehaltserklärung und die Beschränkung in Art. 59 Abs. 2 GG auf zweiseitige Rechtsgeschäfte wird von einem Teil der Literatur die Genehmigungsbedürftigkeit der von der Regierung erklärten Vorbehalte grundsätzlich verneint[290]. Es ist allerdings nicht zu verkennen, daß die Erklärung eines Vorbehaltes dazu führt, daß einzelne Vertragsbestimmungen der Bundesrepublik Deutschland gegenüber nicht oder nur in beschränktem Umfang anwendbar sind. Die Vorbehaltserklärung entfaltet damit eine Wirkung, die der einer vertraglichen Änderung nahekommt, so daß unter Berufung auf Sinn und Zweck des Art. 59 Abs. 2 GG die Zustimmungsbedürftigkeit der Vorbehaltserklärung begründet werden könnte[291].

Die Frage der Zustimmungsbedürfigkeit von Vorbehalten zu völkerrechtlichen Verträgen ist differenziert zu beantworten: Entscheidend ist es, ob der Vorbehalt zeitlich vor oder zum gleichen Zeitpunkt erklärt wird, zu dem die völkerrechtliche Verbindlichkeit des Vertrages eintritt[292], oder ob der Vorbehalt zu einem späteren Zeitpunkt erklärt wird[293].

---

289 v. Mangoldt / Klein, GG-Kommentar, Art. 59, IV; Backmann, H., Über die Mitwirkung des Gesetzgebers bei der Änderung von Verträgen, in: DVBl. 1956, S. 317 ff.; ders., Über die staatsrechtliche Ermächtigung zum Abschluß zwischenstaatlicher Vereinbarungen, in: DVBl. 1956, S. 747 ff.; v. Münch, Art. 59, Anm. 51, sprechen sich gegen die Mitwirkung des Parlaments bei Vorbehaltserklärungen aus. Zur Praxis in der BRD vgl. Treviranus, H., Vorbehalte zu normativen völkerrechtlichen Verträgen in der Staatspraxis der BRD, in: DÖV 1976, 325 ff.

290 Maunz, in: Maunz / Dürig, Art. 59 Rdnr. 17. Reichel, G. H., Die auswärtige Gewalt nach dem Grundgesetz für die BRD, S. 121 f.; mit differenzierter Begründung Wiese, W., Verfassungsrechtliche Aspekte der Vorbehalte zu völkerrechtlichen Verträgen, in: DVBl. 1975, S. 73 ff.

291 Jarass, H. D., Die Erklärung von Vorbehalten zu völkerrechtlichen Verträgen, in: DÖV 1975, S. 117 ff.

292 Zu den Möglichkeiten der Herbeiführung der Bindung gem. Art. 16 WVRK siehe Verdross / Simma, Universelles Völkerrecht, 3. Aufl., 1984, Rdnr. 714 f.

293 Zum Umfang der später erklärten Vorbehalte und Gegenerklärung Treviranus (Anm. 289), S. 326.

Wird der Vorbehalt vor oder gleichzeitig mit der für die völkerrechtliche Bindung relevanten Handlung erklärt, so ist zweifelhaft, ob es sich bei der Erklärung rechtlich um ein einseitiges Rechtsgeschäft handelt. Da die auf den Abschluß des Vertrages gerichtete Willenserklärung noch nicht wirksam geworden ist, liegt es nahe, die Vorbehaltserklärung als eine Änderung dieser auf den Vertragsschluß gerichteten Willenserklärung zu qualifizieren. Das endgültige Angebot zum Abschluß des Vertrages weicht in diesem Fall von dem zuvor durch Unterzeichnung[294] festgelegten Text ab. Widerspricht der Vertragspartner diesem geänderten Angebot nicht, so werden die von dem anderen Vertragspartner erklärten Vorbehalte Bestandteil des Vertrages[295]. Dieses Ergebnis entspricht der in Art. 20 Abs. 4 lit. a, Art. 21 Abs. 1 lit. a Wiener Vertragsrechtskonvention vorgesehenen Regelung, derzufolge die Annahme eines Vorbehaltes dazu führt, daß der den Vorbehalt erklärende und der den Vorbehalt annehmende Staat Vertragsparteien sind und in ihrem Verhältnis die durch den Vorbehalt reduzierten Vertragspflichten bestehen[296]. Die in Art. 20 Abs. 4 lit. b, Art. 21 Abs. 3 WVRK vorgesehene Regelung hinsichtlich der Rechtswirkungen des gegen einen Vorbehalt erklärten Einspruchs spricht ebenfalls für die These, daß der vor oder gleichzeitig mit der Ratifikation erklärte Vorbehalt keine selbständige einseitige Erklärung, sondern Teil der Vertragsabschlußerklärung ist. Vor Inkrafttreten der Wiener Vertragsrechtskonvention galt im Völkerrecht die Regel, daß der Vertrag insgesamt zwischen dem den Vorbehalt erklärenden Staat und dem widersprechenden Staat nicht zustande gekommen ist[297]. Diese Rechtsfolge entspricht der aus dem Bürgerlichen Recht bekannten Dogmatik, daß ein Angebot nur in vollem Umfang vorbehaltslos angenommen werden kann und durch die Weigerung, das durch Bedingungen etc. modifizierte Angebot anzunehmen, der gesamte Vertrag nicht zustande kommt[298]. Nach dieser früher geltenden Ansicht im Völkerrecht bezog sich also die Erklärung des Vorbehaltes unmittelbar auf die Vertragsabschlußerklärung, beide Erklärungen bildeten eine einheitliche Willenserklä-

---

294 Art. 10 lit. b. WVRK.

295 Dies entspricht der Regelung in § 151 II BGB, derzufolge die Annahme unter Bedingungen als erneutes Angebot anzusehen ist. Vgl. dazu Palandt, Kommentar zum Bürgerlichen Gesetzbuch, 50. Aufl. 1991, Art. 151, Rdnr. 2.

296 Art. 20 ff. WVRK gelten ihrem Wortlaut nach nur für gem. Art. 19 zulässige Vorbehalte. Die Probleme der Rechtsfolgen unzulässiger Vorbehalte sind weitgehend ungeklärt. *Die Annahme* eines unzulässigen Vorbehalts hat m. E. nicht zur Folge, daß die Unzulässigkeit quasi durch Zustimmung geheilt wird, da die in Art. 19 WVRK aufgelisteten Ausschlußgründe primär nicht dem Interesse der jeweiligen Vertragspartner dienen; vielmehr hat Art. 19 zum Ziel, für das gesamte Völkervertragsrecht eine eindeutige Regelung zu schaffen, die aus Gründen der angestrebten Eindeutigkeit und Klarheit nicht zur Disposition der Vertragsparteien steht.

Zu den Rechtsfolgen eines unzulässigen Vorbehalts vgl. Wildhaber, L., Der Fall Temeltasch und die auslegenden Erklärungen der Schweiz, in: EuGRZ 1983, S. 145 ff., 147 m. w. N.

297 Zur früheren Rechtslage vgl. W. Wengler, Völkerrecht, Bd. I., 1964, S. 218.

298 Ebd.

rung[299]. Die Regelungen in Art. 20 Abs. IV lit. b, Art. 21 Abs. III WVRK stellen eine bedeutsame Neuerung insofern dar, als nunmehr festgelegt wird, daß der Einspruch gegen einen Vorbehalt grundsätzlich dem Inkrafttreten des Vertrages — reduziert um die Vertragspflichten im Ausmaß des Vorbehaltes — nicht entgegensteht, sei es denn, eine gegenteilige Absicht wird durch den einwendenden Staat klar ausgedrückt[300].

Im Ergebnis ist festzuhalten, daß der zeitlich vor oder gleichzeitig mit der Ratifikation erklärte Vorbehalt keine einseitige Willenserklärung darstellt. Vielmehr stellen Vertragsabschluß- und Vorbehaltserklärung eine einheitliche Willenserklärung dar. Diese Willenserklärung (durch den Vorbehalt modifiziertes Angebot auf Abschluß des Vertrages) ist ein zweiseitiges Rechtsgeschäft insofern, als es auf Abschluß des völkerrechtlichen Vertrages gerichtet ist. Aus diesem Grund unterfallen diese Vorbehalte der Regelung in Art. 59 Abs. 2 GG, sind also zustimmungsbedürfig[301].

Nicht zustimmungsbedürftig sind hingegen die nach dem völkerrechtlichen Inkrafttreten des Vertrages erklärten Vorbehalte. Der Wortlaut des Art. 59 Abs. 2 GG ist eindeutig und kann nicht unter Hinweis auf Sinn und Zweck[302], auf das Demokratieprinzip oder ähnliches überspielt werden. Art. 59 Abs. 2 GG bezieht sich auf Vertragsabschlußerklärungen, also auf zweiseitige Rechtsgeschäfte. Hingegen stellt der nachträglich erklärte Vorbehalt ein einseitiges Rechtsgeschäft dar, ihm kommt Wirkung per se zu, ohne daß eine Mitwirkung des Vertragspartners erforderlich ist[303]. Auch wenn dieses Ergebnis „unbefriedigend" sein mag[304], so ist angesichts der eindeutigen Begrenzung in Art. 59 Abs. 2 GG auf zweiseitige Erklärungen eine Ausdehnung der Mitwirkungsbefugnisse des Parlaments auf einseitige Rechtsgeschäfte im Zusammenhang mit völkerrechtlichen Verträgen rechtlich unzulässig. Zudem gebieten Sinn und Zweck des Art. 59 Abs. 2 — Schutz des Legislativmonopols im Bereich der Gesetzgebung, keine Präjudizierung durch die Exekutive[305] — gerade keine Beteiligung des Parlaments, da die Bundesrepublik Deutschland keine neuen Verpflichtungen eingeht, sondern im Gegenteil die Vertragspflichten nachträglich reduziert[306].

---

299 Ebd., S. 305.

300 Art. 21 IV lit. b, 2. HS. WVRK.

301 Entscheidend ist es, daß es sich rechtlich um Vorbehalte i. S. von Art. 2 I lit. d. WVRK und nicht um bloße Interpretationserklärungen i. S. von Art. 31 II lit. b handelt. Besteht Uneinigkeit in dieser Frage, so muß es rein innerstaatlich der Regierung überlassen sein, die Erklärung rechtlich zu qualifizieren, da die außenpolitische Handlungsfreiheit der Regierung eingeschränkt würde, könnten allein aus der politischen Behandlung Schlüsse auf die völkerrechtliche Qualifikation gezogen werden.

302 So aber Jarass (Anm. 291).

303 W. Wengler, Völkerrecht, Bd. I, 1964, S. 305 f. Die Ausführungen Wenglers beziehen sich nicht speziell auf Vorbehaltserklärungen, sondern allgemein auf einseitige Erklärungen, als Beispiel wird der Verzicht gewählt.

304 So v. Münch (Anm. 53), Art. 59, Rdnr. 52.

305 Jarass (Anm. 291) m. w. N.

d) Die fehlende Mitwirkung des Parlaments bei der Kündigung völkerrechtlicher Verträge als Indiz für die abschließende Regelung des Art. 59 Abs. 2 GG

Die Kündigung zustimmungsbedürftiger Verträge ohne Beteiligung des Parlaments ist zulässig, da das Parlament durch die Aufhebung der vertraglichen Bindungen seinen gesetzgeberischen Entscheidungsspielraum in vollem Umfang zurückerhält[307]. Zudem spricht der einseitige Charakter der Kündigungserklärung und die Beschränkung in Art. 59 Abs. 2 GG auf gegenseitige Rechtsgeschäfte gegen die Zustimmungsbedürftigkeit der Kündigungserklärung. Dieses Ergebnis entspricht der Rechtslage in der Weimarer Reichsverfassung[308] und dem Großteil der Verfassungen der europäischen Staaten[309]. Sofern in anderen Staaten ausnahmsweise die Zustimmung des Parlamentes zur Kündigung von Verträgen verfassungsrechtlich geboten ist, wurde in die jeweiligen Verfassungen eine diesbezügliche Vorschrift aufgenommen[310].

e) Die eingeschränkte Mitwirkung des Parlaments bei Vertragsmodifikationen als Indiz für die abschließende Regelung des Art. 59 Abs. 2 GG.

Während die Kündigung eines völkerrechtlichen Vertrages aus den dargelegten Gründen keiner Zustimmung des Parlamentes bedarf, stellt sich bei Modifikationen des völkerrechtlichen Vertrages das Problem differenzierter dar. Einigkeit besteht über den Grundsatz der Zustimmungsbedürftigkeit der vertraglichen Än-

306 Dieses Argument ist dann nicht stichhaltig, falls durch den Vorbehalt eine den Bürgern zuvor im Vertrag gewährte Vergünstigung nachträglich beseitigt würde, beispielsweise, indem zu einem in der EMRK gewährleisteten Menschenrecht ein Vorbehalt erklärt würde. In diesem Fall oder im Falle der Begründung von Pflichten für die Bürger kann durchaus eine (weitere) gesetzliche Grundlage erforderlich sein.

307 BVerwG, in: DÖV 1980, S. 679 ff. (680) zur Rechtmäßigkeit der Kündigung des NDR-Staatsvertrages durch das Bundesland Schleswig-Holstein.

308 Art. 45 Abs. 3 der Weimarer Reichsverfassung sah die Zustimmung des Reichstages zu Staatsverträgen mit Gesetzgebungsbezug vor. Die Kündigung eines solchen Staatsvertrages war nach dem Schrifttum und der Staatspraxis nicht zustimmungsbedürftig. Vgl. dazu E. Topf, Die Kündigung von Verträgen des Deutschen Reiches mit auswärtigen Staaten, in: AÖR 59 (1931), S. 343 ff.

309 Vgl. H. Mosler, Internationale Organisation und Staatenverfassung, Festschrift für Hans Weinberg, 1956, S. 272 ff. (278). Zur Mitwirkung der Parlamente der Mitgliedstaaten bei internationalen Abkommen mit finanziellen Auswirkungen vgl. die Studie PE 58142 der EWG.

310 Nach Art. 19 Abs. 1, S. 3, der Verfassung des Königreiches Dänemark vom 5.6.1953 kann der König zwischenstaatliche Verträge, die mit Zustimmung des Folketings geschlossen worden sind, nicht ohne Zustimmung des Folketings kündigen. Zustimmungsbedürftig ist die Kündigung weiterhin gem. Art. 64 des Grundgesetzes für das Königreich der Niederlande.

derung zustimmungsbedürftiger Verträge.[311] Umstritten ist insoweit lediglich die Zulässigkeit von Ausnahmen bei vertraglicher Änderung unbedeutender Vertragsteile oder solcher Teile, die an sich nicht zustimmungsbedürftig waren[312].

Eine differenzierte Betrachtung erfordern die Vertragsmodifikationen durch Berufung auf Schutzklauseln oder allgemeine völkerrechtliche Institute. In den Fällen, in denen unter Berufung auf im Vertrag selbst vorgesehene Schutzklauseln der Vertragsinhalt geändert wird, ist die Modifikation durch die Zustimmung zum Vertrag gedeckt. Anders jedoch, wenn auf allgemeine völkerrechtliche Institute, wie zum Beispiel die clausula rebus sic stantibus, verwiesen wird, auf deren Grundlage dann eine Modifikation bestimmter vertraglicher Verpflichtungen erfolgt. In einem solchen Fall[313] ist zu entscheiden, ob bei einer wesentlichen Änderung der bilateralen gegenseitigen Verpflichtungen eine Neubefassung des Parlaments rechtlich geboten ist.

Diese Frage ist zu verneinen, wenn die Anwendung allgemeiner völkerrechtlicher Institute, wie etwa der clausula rebus sic stantibus über Art. 25 GG in den innerstaatlichen Rechtsbereich einwirken und insofern auch der Bundesregierung die Berufung auf diese völkerrechtlichen Rechtsinstitute gestatten und zur innerstaatlichen Wirksamkeit der Modifikationen des Vertrages eine Neubefassung des Parlamentes mit dieser Materie unter dem Gesichtspunkt des Art. 59 Abs. 2 GG nicht mehr erforderlich ist.

Die clausula rebus sic stantibus ist im Sinne von Art. 38 Abs. 1 lit. b des Statuts des IGH ein allgemeiner Rechtsgrundsatz[314] und daher auch eine allgemeine Regel des Völkerrechts im Sinne von Art. 25 GG[315], die mit Verfassungsrang[316] ausgestattet ist. Da sich der Prozeß der Umformung der allgemeinen Regel des

[311] v. Münch, Art. 59, Rdnr. 50 m. w. N.; Bleckmann (Anm. 283), S. 224 f.

[312] Ebd. S. 225; Bleckmann stellt die These auf, daß die Probleme im Sinne der Rspr. betreffend Zustimmungsbedürftigkeit von Gesetzesänderungen durch den Bundesrat (BVerfGE 37, 363) zu lösen seien.

[313] Ein Beispiel ist die Diskussion um die Modifikation der vertraglichen Pflichten nach dem Assoziierungsabkommen mit der Türkei unter Berufung auf die clausula rebus sic stantibus. Der Bundestag hat dem Abkommen v. 12.9.1963 durch Gesetz zugestimmt (BGBl. 1964, II, S. 509 ff.); die Zustimmung zum Zusatzprotokoll vom 23.11.1970 erfolgte 1972 (BGBl. 1972, II, 385).
Es handelt sich um ein gemischtes Abkommen; die Mitgliedstaaten mußten ihre Zustimmung erteilen, da eine Materie — Fremdenrecht — mitgeregelt wird, für deren Regelung die Mitgliedstaaten noch zuständig sind. Zu diesen europarechtlichen Aspekten vgl. den Beitrag von K. Hailbronner, Die Freizügigkeit türkischer Staatsangehöriger nach dem Assoziations-Abkommen EWG / Türkei, in: EuR 1984, S. 55 ff.

[314] W. Wengler (Anm. 303), S. 366 ff., 371; zu Art. 62 WVRK vgl. W. Karl, Vertrag und spätere Praxis im Völkerrecht, 1983, S. 49 ff., 82 f., 201 m. w. N.

[315] BVerfGE 15, 25 (34); 16, 27 (33); 23, 288 (317); weitere Nachweise zur Literatur vgl. v. Münch, Art. 25, Rdnr. 10.

[316] Zu der Diskussion über den Verfassungsrang der allgemeinen Regeln des Völkerrechts vgl. Bleckmann (Anm. 283), S. 293 ff.

Völkerrechts in das innerstaatliche Recht außerhalb des vom Grundgesetz vorgesehenen Gesetzgebungsverfahrens vollzieht[317], ist auch davon auszugehen, daß der im innerstaatlichen Recht geltende[318] Vertrag aufgrund Art. 25 GG modifiziert wird, ohne daß es noch erforderlich wäre, ein spezielles (Gesetzgebungs-)Verfahren durchzuführen[319]. Das Völkergewohnheitsrecht und die allgemeinen Rechtsgrundsätze als die Komponenten der allgemeinen Regeln des Völkerrechts im Sinne von Art. 25 GG bedürfen weder generell noch im konkreten Einzelfall der Durchführung eines Verfahrens, um innerstaatlich wirksam zu werden. Sie entfalten vielmehr Rechtswirkungen per se. Bezogen auf das Völkervertragsrecht bedeutet dies, daß die allgemeinen Regeln des Völker(-vertrags-)rechts gleichsam die Grundlage und Bestandteil jedes Vertrages sind. Die Geltung dieser Regeln im Einzelfall wird nicht durch einen Rechtsanwendungsbefehl des Parlamentes begründet, sondern wurde bereits durch den Verfassungsgeber selbst geschaffen. Aus diesem Grund ist eine Zustimmung des Parlamentes bei Vertragsmodifikationen, die auf der Anwendung allgemeiner Regeln des Völkerrechts beruhen, nicht erforderlich.[320]

4. Schlußfolgerungen aus dem Indizcharakter des Art. 59 Abs. 2 GG

Die im Vergleich zu sonstigen Materien eingeschränkten Kompetenzen des Parlaments beim Abschluß, bei Durchführung und Beendigung völkerrechtlicher Verträge resultieren aus der konkreten Verteilung der Kompetenzen zwischen Exekutive und Legislative im Bereich der völkerrechtlichen Verträge. Eine Ausdehnung der Kompetenzen zugunsten der Legislative über den klaren und eindeutigen Wortlaut des Art. 59 Abs. 2 GG hinaus liefe der im Grundgesetz vorgenommenen Verteilung der Kompetenzen entgegen. Daher ist Art. 59 Abs. 2 GG jedenfalls abschließend für die Mitwirkung der Legislative im Bereich völkerrechtlicher Verträge. Eine Erweiterung der Mitwirkungsbefugnisse des Parlaments über den Grundsatz des Gesetzesvorbehalts liefe dieser Grundtendenz der

---

317 BVerfGE 23, 288 ff., 315 ff.

318 Zur Unterscheidung zwischen Geltung und unmittelbarer Anwendbarkeit vgl. G. Ress, Die Auswirkungen des europäischen Gemeinschaftsrechts auf die deutsche Rechtsordnung, in: Der Beitrag des Rechts zum europäischen Einigungsprozeß, Forschungsbericht 32 der Konrad-Adenauer-Stiftung, 1984, S. 43 ff., 51 f.

319 In der Diskussion über das Verhältnis Fremdenrecht und Verfassungsrecht hat die Auslegung des Art. 25 GG eine entscheidende Rolle gespielt. K. Doehring, Die allgemeinen Regeln des völkerrechtlichen Fremdenrechts und das deutsche Verfassungsrecht, 1963, S. 185; ders., Die staatsrechtliche Stellung der Ausländer in der BRD, VVDStRL 32 (1974), S. 7 ff.; a. A.: Tomuschat, VVDStRL 32, 120 f.

320 Das kodifizierte Recht (beispielsweise das Zustimmungsgesetz zum Assoziationsabkommen EWG / Türkei, BGBl. 1964 II, 509 ff.) und die tatsächliche Rechtslage (z. B. Freizügigkeit in das Gebiet der BRD erst ab dem Jahre 2000) fallen auseinander. Zur Praxis vgl. Treviranus, (Anm. 289), S. 327.

kompetentiellen Aufgabenzuweisung entgegen und wurde daher von dem Bundesverfassungsgericht auch zu Recht abgelehnt.[321]

Aus der abschließenden Regelung in Art. 59 Abs. 2 GG hinsichtlich völkerrechtlicher Verträge folgt jedoch nicht per se, daß die Beteiligung des Parlaments außerhalb der vertraglichen Regelungen von vornherein ausgeschlossen ist.

Die abschließende Regelung des Art. 59 Abs. 2 GG bezieht sich ausschließlich auf Verträge und ist zunächst lediglich ein Indiz dafür, daß bei einseitigen Akten außerhalb jeglichen Vertragsverhältnisses die Mitwirkungsrechte des Parlaments gewiß nicht stärker sein können als im Bereich des Art. 59 Abs. 2 GG. Das Demokratieprinzip vermag diesen Indiz-Charakter nicht zu widerlegen:

Ausgehend von der dominierenden Stellung der Exekutive im Bereich der auswärtigen Angelegenheiten hat der Verfassungsgeber die Mitwirkungsrechte der Legislative als Durchbrechungen des Gewaltenteilungssystems explizit und in engen Schranken zugelassen. Mit aller wünschenswerten Klarheit ist das Bundesverfassungsgericht in der Entscheidung vom 18.12.1984 über die Verfassungsmäßigkeit der Zustimmung der Bundesregierung zur Stationierung der amerikanischen Mittelstreckenraketen[322] dem Versuch entgegengetreten, unter Berufung allein auf das Demokratieprinzip die Mitwirkungsrechte des Parlaments auszudehnen. Diesem Versuch liegt das Mißverständnis zugrunde, daß Demokratie im Sinne des Grundgesetzes allein Herrschaft des durch Wahlen legitimierten Parlaments bedeute und jegliches Handeln der Exekutive, da diese nicht durch Wahlen demokratisch legitimiert sei, stets von der vorherigen Billigung oder Zustimmung des Parlamentes abhängig sei. Für ein derartiges Rangverhältnis zwischen Legislative und Exekutive finden sich jedoch im Grundgesetz keine Anhaltspunkte. Die gemäß Art. 20 Abs. 2 S. 2 GG die Staatsgewalt ausübenden Organe stehen gleichwertig nebeneinander. Die nach dem Grundgesetz als eigenständiges Organ konzipierte Exekutive würde ihre Qualität als Staatsorgan verlieren, wollte man ihr nicht einen Kompetenzbereich zuordnen, den sie in voller Eigenverantwortlichkeit wahrnimmt[323]. Zudem würde das System gegenseitiger Kontrolle der Staatsgewalten und das Aufeinander-angewiesen-Sein bei Ausübung der Staatsgewalt zugunsten eines Gewaltenmonismus in Gestalt eines absoluten Parlamentsvorbehaltes aufgegeben. Die durch die Trennung der Gewalten und Teilung der Funktionen gewährleistete Freiheit der Bürger[324] wäre gefähr-

321 Vgl. IV.1.

322 BVerfGE 68, 1 ff.

323 In diesem Sinn auch BVerfGE 67, 100 f. (139), zum Akteneinsichtsrecht der Untersuchungsausschüsse. Ein Weigerungsrecht der Regierung, Akten herauszugeben, kann sich aus dem Gewaltenteilungsgrundsatz ergeben. „Die Verantwortung der Regierung gegenüber Parlament und Volk setzt notwendigerweise einen ‚Kernbereich exekutiver Eigenverantwortung‘ voraus“. Vgl. auch Scholz, R., Parlamentarischer Untersuchungsausschuß und Steuergeheimnis, in: AÖR 105 (1980), S. 598.

324 Vgl. zu diesem Aspekt des Gewaltenteilungsgrundsatzes Stern, K., Staatsrecht I, § 18, II 7, S. 468 m. w. N.

det, wollte man einem Staatsorgan eine derartige Vorrangstellung einräumen. Dies gilt auch dann, wenn der Legislative diese Vorrangstellung eingeräumt wird, da allein die Tatsache, daß die Legislative unmittelbar durch Wahlen legitimiert ist, nicht eo ipso Gewähr dafür bietet, daß die Freiheit der Bürger am besten bei der Legislative aufgehoben ist. Diesem Ergebnis entspricht auch die im Rahmen der Darstellung der Wesentlichkeitstheorie getroffene Feststellung, daß allein die Wichtigkeit und Bedeutsamkeit einer Regelung den Rechtssatz- und Parlamentsvorbehalt nicht zu begründen vermag[325].

Demokratie im Sinne des Grundgesetzes bedeutet gerade nicht, daß dem Parlament alle bedeutsamen Entscheidungen vorbehalten sind; nicht das durch Dritte definierte Kriterium der Bedeutsamkeit ist Maßstab der Zuweisung einer Materie an ein Staatsorgan, sondern allein die im Grundgesetz durch den Verfassungsgeber getroffene Entscheidung. Im Bereich der auswärtigen Angelegenheiten sind die Mehrzahl der Kompetenzen eindeutig der Exekutive zugewiesen, die aufgrund ihrer Organisation, Zusammensetzung, Funktion und Verfahrensweise prädestiniert ist, die vielfältigen Aufgaben im Bereich der auswärtigen Angelegenheiten wahrzunehmen.[326]

Dieses die Stellung des Parlaments überbewertende Demokratieverständnis liegt auch der Interpretation zugrunde, die Regierung habe immer dann, wenn ein Handeln im völkerrechtlichen Verkehr die politischen Beziehungen der Bundesrepublik regele oder Gegenstände der Bundesgesetzgebung betreffe, die Form eines völkerrechtlichen Vertrages zu wählen[327]. Über den Umweg des Typenzwanges gelangt diese Argumentation wiederum zu der Vorrangstellung des Parlaments im Bereich des Auswärtigen, gelangt also zu einer Kompetenzverteilung, die nach den Regelungen des Grundgesetzes gerade nicht gewollt ist. Zudem führt diese Auslegung des Art. 59 Abs. 2 GG zu einer wesentlichen Einschränkung der außenpolitischen Handlungsfreiheit der Regierung. So ist es durchaus vorstellbar, daß die Regierung eine völkerrechtliche Bindung lediglich durch Abgabe einer einseitigen Zustimmungserklärung herbeiführen will, also gerade keinen Vertrag schließen möchte, um zu einem späteren Zeitpunkt die völkerrechtlichen Bindungen auf einfacherem Weg als durch Kündigung des Vertrages lösen zu können[328]. Eventuell gehört es sogar zum außenpolitischen Kalkül, dem Partner stets deutlich vor Augen zu führen, daß eine Rücknahme der einseitigen Erklärung jederzeit zulässig ist. Gleichgültig welche Motive die Regierung letztendlich

---

325 Vgl. III.4.d.aa.

326 Auf den Aspekt der funktionsgerechten Zuweisung der Kompetenzen als einem Ziel des Gewaltenteilungsgrundsatzes weist das BVerfG in dem Urteil v. 18.2.1984 — Pershing — ausdrücklich hin (S. 86): „... sie (d. h. die Teilung der Gewalten) zielt auch darauf ab, daß staatliche Entscheidungen möglichst richtig, d. h. von den Organen getroffen werden, die dafür nach ihrer Organisation und Funktion über die besten Voraussetzungen verfügen."

327 Vgl. Einleitung Anm. 22.

328 Vgl. IV.3.

dazu bewegen, die minderen Bindungen einer einseitigen Erklärung anzustreben, so wäre der Regierung diese außenpolitisch bedeutsame Handlungsfreiheit genommen, wenn sie aus rein innerstaatlichen Gründen stets auf die Vertragsform festgelegt wäre, sofern die politischen Beziehungen geregelt oder Gegenstände der Gesetzgebung betroffen wären.

Eine völlig andere Frage ist, ob es im Ermessen der Regierung steht, eine Materie durch (zustimmungsbedürftigen) Vertrag oder Verwaltungs- bzw. Regierungsabkommen zu regeln. Die unterschiedliche Terminologie — Vertrag vs. Abkommen — täuscht darüber hinweg, daß es sich in beiden Fällen um völkerrechtliche Verträge handelt. Betreffend das Transitabkommen zwischen der Bundesrepublik Deutschland und der DDR weisen Doehring und Ress[329] darauf hin, daß die Zustimmung der gesetzgebenden Körperschaften „in der Form eines Bundesgesetzes „hätte eingeholt werden müssen, falls es sich um einen Vertrag handelt, der die politischen Beziehungen des Bundes regelt. „Die Bundesregierung durfte dann nicht einseitig dieses Abkommen als ‚Verwaltungsabkommen' oder ‚Regierungsabkommen' bezeichnen und es damit der parlamentarischen Kontrolle entziehen".

Wenn sich die Bundesregierung zum Abschluß eines Vertrages entschließt, so ist unabhängig von der Bezeichnung als Vertrag Art. 59 II GG zu beachten und die Zustimmung des Parlaments erforderlich, wenn der Vertrag wesentlich und unmittelbar den Bestand des Staates oder dessen Stellung und Gewicht innerhalb der Staatengemeinschaft oder die Ordnung der Staatengemeinschaft betrifft. In der Entscheidung, ob ein Vertrag geschlossen wird, ist die Regierung frei.

Im Ergebnis bleibt festzuhalten, daß allein die Berufung auf das Demokratieprinzip keine Erweiterung der im Grundgesetz ausdrücklich normierten Kompetenzen der Legislative im Bereich der auswärtigen Angelegenheiten und über den Sachbereich des Art. 59 Abs. 2 hinausgehend zu begründen vermag.

5. Die abschließende Regelung in Artt. 59 Abs. 2, 24 Abs. 1, 115a Abs. 1 GG als Ausdruck eines differenzierten Rechtsstaatsbegriffs

a) Art. 59 Abs. 2 S. 1 2. HS als Ausprägung des Rechtsstaatsprinzips

Die Wesentlichkeitstheorie gründet, wie bereits dargelegt[330], sowohl in dem Demokratieprinzip als auch im Rechtsstaatsprinzip und den Grundrechten selbst.

---

[329] Doehring, K. / Ress, G., Staats- und völkerrechtliche Aspekte der Berlin-Regelung, 1972, S. 24 f.

[330] Siehe II.1.

Forderung des Rechtsstaatsprinzips ist, daß jeder Eingriff in Grundrechte oder die dem Eingriff gleichstehende Gefährdung von Grundrechten nur auf der Grundlage eines Rechtssatzes erfolgen darf (allgemeiner Gesetzesvorbehalt)[331]. Diesem Erfordernis trägt im Bereich der auswärtigen Angelegenheiten Art. 59 Abs. 2 S. 1 2. Halbsatz GG Rechnung. Ein völkerrechtlicher Vertrag bezieht sich dann auf Gegenstände der Bundesgesetzgebung, wenn zur Vollziehung des Vertrages ein Bundesgesetz erforderlich ist, wenn also der Bund Verpflichtungen durch den Vertrag übernimmt, deren Erfüllung innerstaatlich allein durch den Erlaß eines Bundesgesetzes zulässig ist.[332] Insofern bezeichnet das Bundesverfassungsgericht in der Kalkar-Entscheidung Art. 59 Abs. 2 S. 1 2. Halbsatz zutreffend als „Ausprägung des allgemeinen Gesetzesvorbehaltes"[333]. Fraglich ist — und auf diesen Aspekt wurde in der C-Waffen-Entscheidung hingewiesen[334] —, ob im Bereich von Art. 59 Abs. 2 S. 1 GG der allgemeine Gesetzesvorbehalt und mithin die Wesentlichkeitslehre Anwendung findet oder nicht die in den einzelnen Grundrechten enthaltenen Vorbehalte oder der Gesetzesvorbehalt der „klassischen Lehre". Diese Frage ist, ausgehend von den Funktionen des Zustimmungsgesetzes, zugunsten der Geltung (lediglich) des Gesetzesvorbehaltes im Sinne der klassischen Lehre, also bei „Eingriff in Freiheit und Eigentum" zu entscheiden. Das Zustimmungsgesetz zu einem völkerrechtlichen Vertrag setzt nicht nur die vertraglich übernommene Verpflichtung in innerstaatliches Recht um, vielmehr beinhaltet es zugleich die Ermächtigung der Exekutive, den Vertrag völkerrechtlich verbindlich zu schließen[335]. Diese Ermächtigungsfunktion zwingt zur Festlegung möglichst klarer und eindeutiger Kriterien, anhand derer zu entscheiden ist, welche Materie völkerrechtlich verbindlich ohne Ermächtigung durch die Legislative durch die Exekutive geregelt werden kann. Die Übertragung der Wesentlichkeitstheorie und der in diesem Rahmen entwickelten vielfältigen und auslegungsbedürftigen Kriterien des Rechtssatzvorbehaltes auf Art. 59 II 1 GG birgt Gefahren für die Stellung der Bundesrepublik Deutschland als loyaler Vertragspartner und damit für das Ansehen des Staates in der Staatengemeinschaft. Offensichtlich ist dies, wenn nach völkerrechtlicher Bindung das Erfordernis einer gesetzlichen (Abschluß-)Ermächtigung beispielsweise wegen „Grundrechtskollisionen, Grundrechtsgefährdung, Verletzung der Schutzpflicht" festgestellt würde. Aber auch in den Vertragsverhandlungen selbst wäre die Stellung der Exekutive in dem Verhältnis zu dem Verhandlungspartner geschwächt, könnte die Regierung nicht unter Darlegung eindeutiger und für Drittstaaten in gewissem Maße nachvollziehbarer Kriterien den Ratifikationsvorbehalt begründen.

---

331 Siehe III.4.

332 BVerfGE 1, 389; Maunz, in: Maunz / Dürig, Art. 59, Rdnr. 26; Bleckmann (Anm. 283), S. 224.

333 BVerfGE 49, 127.

334 BVerfGE 77, 170 ff. (231)

335 BVerfGE 1, 396 ff. (410 f.); Maunz, Art. 59 Rdnr. 18 ff.

Die „klassische Lehre“ vom Gesetzesvorbehalt liefert diese eindeutigen und nachvollziehbaren Kriterien insofern, als nur der unmittelbare Eingriff in Freiheit und Eigentum zu einer gesetzlichen Regelung zwingen.

Dieses Ergebnis wird bestätigt durch die im Bereich des Art. 59 II GG grundsätzlich eingeschränkte Mitwirkungsbefugnis der Legislative und entspricht der kompetentiellen Vorrangstellung der Exekutive. Eine von der Erforderlichkeit des Zustimmungsgesetzes zu trennende Frage ist, ob zur bloßen innerstaatlichen Umsetzung einer Verpflichtung, die keinen unmittelbaren Eingriff in Freiheit und Eigentum darstellt, eine gesetzliche Grundlage erforderlich ist. Ein solches Gesetz besitzt keine Ermächtigungsfunktion, es ergeht nicht im Bereich des Art. 59 II GG, so daß insoweit ohne negative Rückwirkungen für die Handlungsfähigkeit der Exekutive der allgemeine Gesetzesvorbehalt und damit die Wesentlichkeitstheorie Platz greifen können. In Abgrenzung zu dem Begriff eines „Zustimmungsgesetzes“ könnte insoweit von einem „Folgegesetz“ zu einem völkerrechtlichen Vertrag gesprochen werden.

Insoweit kommen in Art. 59 II GG differenzierte Anforderungen des Rechtsstaatsprinzips zum Ausdruck. Im Sachbereich des Abschlusses völkerrechtlicher Verträge ist Art. 59 Abs. 2 S. 1 2. Halbsatz GG als Ausdruck der Anforderungen des Rechtsstaatsprinzips abschließend. Eine Ausdehnung der Mitwirkungsrechte des Parlaments unter Berufung auf „das Rechtsstaatsprinzip“, würde diesem grundgesetzlich festgelegten differenzierten Rechtsstaatsprinzip entgegenstehen.

b) Artt. 24, 87a, 115a, 115 1 GG als Ausprägung eines differenzierten Rechtsstaatsverständnisses

Der differenzierte Rechtsstaatsbegriff wird außer in Art. 59 Abs. 2 S. 1 2. Halbsatz GG auch in Art. 24 Abs. 1 GG und den Vorschriften über die Landesverteidigung (Art. 87a, 115a GG, 115 1 GG) deutlich.

Gemäß Art. 24 Abs. 1 GG können Hoheitsrechte durch Gesetz auf zwischenstaatliche Einrichtungen übertragen werden. Existieren weitergehende,über den Wortlaut hinausgehende Mitwirkungsbefugnisse des Parlaments, so beispielsweise im Falle der Aufhebung eines Übertragungsgesetzes gem. Art. 24 Abs. 1? Unter Berücksichtigung der im Grundgesetz selbst zum Ausdruck kommenden differenzierten Anforderungen des Rechtsstaatsprinzips könnte beispielsweise für die Aufhebung eines Übertragungsgesetzes nicht nur die Notwendigkeit einer Verfassungsgesetzgebung gem. Art. 79 Abs. 2 GG[336], sondern zudem die Notwen-

---

336 Maunz, in: Maunz / Dürig / Herzog / Scholz, Art. 24, Rdnr. 11, qualifiziert das im einfachen Gesetzgebungsverfahren zustande gekommene Übertragungsgesetz als nach dem Zustandekommen mit Verfassungsrang ausgestattet. Unklar bleibt, ob er von der Abänderungsmöglichkeit gem. Art. 78 II ausgeht.

Die Kompetenzrücknahme im EG-Recht schließen aus: Ipsen, Europäisches Gemeinschaftsrecht, 1972, m. w. N., und neuerdings Bleckmann, in: G. Ress (Hrsg.); Souveränidigkeit eines förmlichen Gesetzes überhaupt verneint werden[337]. Das Erfordernis einer parlamentarischer Mitwirkung im Falle der Aufhebung eines Übertragungsgesetzes ließe sich nur dann begründen. wenn — im Vergleich zu Art. 59 Abs. 2 GG — Gründe vorhanden wären, die ausnahmsweise eine Mitwirkung des Parlaments gebieten. Soweit es um die Ermächtigungsfunktion des Gesetzes geht, ist Art. 24 Abs. 1 GG abschließend. Entsprechend der zuvor hinsichtlich Art. 59 II 1 GG dargestellten Lehre verbietet sich unter Berufung auf das Rechtsstaatsprinzip eine Ausdehnung der Kompetenzen der Legislative. Der Wortlaut des Art. 24 I GG ist eindeutig insofern, als nur die Übertragung von Hoheitsrechten durch Gesetz gefordert wird. Eine Ausdehnung dieses Gesetzesvorbehalts auf die Kündigung, die Rücknahme der Hoheitsrechte widerspricht nicht nur dem Wortlaut, sondern läuft auch der grundsätzlich eingeschränkten Mitwirkungsbefugnis des Parlaments im Bereich des Auswärtigen (Indizien: Grundsatz ne varietur, Gesetzesinitiativrecht ausschließlich für die Exekutive) entgegen.

Werden durch die Kündigung Rechte der Bürger, die ihnen von der internationalen Organisation gewährt wurden, eingeschränkt oder aufgehoben, so kann durchaus „als Folge" der Kündigung eine auf die innerstaatliche Umsetzung allein zielende Gesetzgebung erforderlich sein.[338]

Im Fall der Europäischen Wirtschaftsgemeinschaft ließe sich zudem diskutieren, ob allein aus Gründen der Rechtssicherheit und des Vertrauensschutzes eine Preisgabe der Grundfreiheiten des EWG-Vertrages durch Austritt aus der Gemeinschaft überhaupt noch rechtlich zulässig wäre[339].

---

tätsverständnis in den Europäischen Gemeinschaften, S. 30 ff. (49), mit der Begründung, daß ansonsten die auch von Art. 24 I GG gewollte Effektivität der europäischen Rechtsordnung ausgehöhlt würde.

337 Die Erforderlichkeit eines einfachen Bundesgesetzes bejaht Tomuschat, BK., Art. 24, Rdnr. 36. Diese von Art. 59 II abweichende Rechtslage begründet er mit dem wenig tragfähigen Argument, diejenigen Gründe, die im Rahmen von Art. 59 II gegen eine Mitwirkung des Parlaments sprechen — rasches Handeln und flexibles Reagieren auf wechselnde außenpolitische Lagen — versagten im Rahmen von Art. 24 I. Argumente des deutschen Verfassungsrechts sind wenig geeignet, Gründe aufzuzeigen, die im Rahmen von Art. 24 I eine von Art. 59 II abweichende Rechtslage bedingen. Ausschlaggebend dürfte vielmehr die Frage sein, „wann durch Abgabe von Entscheidungsbefugnissen an die EG der rechtliche Zustand erreicht ist, von dem man sagen kann, staatliche Souveränität besteht nicht mehr". So G. Ress, Das Souveränitätsverständnis in den Europäischen Gemeinschaften, 1. Aufl., 1980, S. 13 m. w. N.

338 Problematisch ist jedoch, daß es hier nicht um die Einschränkung von Grundrechten geht. Unmittelbare Rechte auf der Grundlage völkerrechtlicher Verträge sind Grundrechten nach diesseitiger Ansicht gleichzustellen, wenn ihnen ähnlicher Rang zukommt.

339 Das Erfordernis eines Rückübertragungsgesetzes könnte sich jedoch aus der Rechtsnatur der „Übertragung" selbst ergeben. Bei der „Übertragung" von Hoheitsrechten handelt es sich um einen Fall der „zuschiebenden Delegation"; Triepel (Anm. 75), S. 54. Der ausschließliche Herrschaftsanspruch der Bundesrepublik Deutschland wird zurückgenommen und der unmittelbaren Geltung und Anwendbarkeit eines Rechts aus einer anderen Quelle innerhalb des staatlichen Herrschaftsbereichs Raum gelassen; so BVerfGE 37, 271 (280); 58, 1 (28); Die Terminologie des BVerfG „Zurücknahme des Herr-

Die differenzierten Anforderungen des Rechtsstaatsprinzips werden auch in den Bestimmungen betreffend den Verteidigungsfall (Art. 115 a GG) und den Einsatz der Streitkräfte (Art. 87 a GG) deutlich. Gemäß Art. 115 a Abs. 1 GG trifft der Bundestag mit Zustimmung des Bundesrates die Feststellung, daß das Bundesgebiet mit Waffengewalt angegriffen wird. Der Einsatz der Streitkräfte ist gemäß Art. 87 a Abs. 2 GG außer zur Verteidigung nur zulässig, soweit das GG dies ausdrücklich zuläßt. Da der Einsatz der Streitkräfte in Art. 87a Abs. 2 GG zumindest dem Wortlaut nach keiner parlamentarischen Mitwirkung bedarf und daher allein die Regierung entscheidet[340], lag der Versuch nahe, den Einsatz an die vorherige Feststellung des Verteidigungsfalles gem. Art. 115a GG zu binden und auf diesem Weg die parlamentarische Mitwirkung zu sichern. Unter Bezugnahme auf die Kalkar-Entscheidung[341] gelangt Rieder[342] zu dem Ergebnis, daß auch für die Entscheidung über den Einsatz der Streitkräfte eine parlamentarische Legitimation erforderlich sei[343]. Als nach der Wesentlichkeitstheorie erforderliche parlamentarische Legitimation sieht er die Feststellung des Verteidigungsfalles an.

Diese Argumentation ist bereits deshalb nicht schlüssig, weil es im Rahmen der Wesentlichkeitstheorie um den Gesetzesvorbehalt geht, die Feststellung gem. Art. 115a Abs. 1 GG aber gerade nicht durch ein Gesetz getroffen wird. Obwohl

---

schaftsanspruchs" kennzeichnet die Rechtslage zutreffend. Zumindest mißverständlich insoweit das BVerwG, das von „Hoheits- bzw. Souveränitätsverzicht" spricht (BVerwGE 54, 2901 (299)). Das von der zwischenstaatlichen Einrichtung gesetzte Recht ist eigenständig und unabhängig von der öffentlichen Gewalt der Bundesrepublik Deutschland: Auch dieses Element entspricht dem Delegationsbegriff Triepels.

Insoweit auch konsequent die Rechtsprechung des BVG zur Eigenständigkeit der Europäischen Gemeinschaftsordnung. Die vom Bundesverfassungsgericht mit Bedacht verwendete Terminologie „Zurücknahme des Herrschaftsanspruchs" verdeutlicht, daß es sich lediglich um eine delegatio ad usum, nicht jedoch um eine Abtretung handelt. Auf die „zugeschobene" Kompetenz kann ausschließlich der Delegator seinerseits wiederum zurückgreifen, dies jedoch nur in den ihm vorbehaltenen Formen, d. h. im Fall des Gesetzgebers als Delegator nur in der Form eines Gesetzes. Im Rahmen des Art. 80 GG ist dies völlig selbstverständlich; vgl. Maunz, in: Maunz / Dürig / Herzog / - Scholz, Art. 80 Rdnr. 23. Da im Rahmen von Art. 24 die Legislative als Delegator fungiert (= durch Gesetz), vermag nur das Parlament die Delegation zurückzunehmen.

340 Gegen eine Bindung des Einsatzes der Streitkräfte in Art. 115a GG sprechen sich aus: Ipsen, K., Bündnisfall und Verteidigungsfall, in: DÖV 1971, S. 583 ff.; Kersting, K., Bündnisfall und Verteidigungsfall, 1979, S. 204 ff.; ders., Die Entscheidung über den Einsatz der Bundeswehr zur Verteidigung, in: NZWehrR 1982, S. 84 ff.; vgl. zudem die Nachweise in Anm. 25 der Einleitung.

341 BVerfGE 49, 89 ff.

342 Rieder, Bruno, Die Entscheidung über Krieg und Frieden nach deutschem Verfassungsrecht, Schriften zum Öffentlichen Recht, Bd. 459 (1983), S. 340 ff.

343 Rieder (Anm. 342), S. 341 f.

Zu demselben Ergebnis mit ähnlicher Begründung gelangt auch Fuchs, R., Die Entscheidung über Krieg und Frieden, Friedensordnung und Kriegsrecht nach dem Bonner Grundgesetz. Zur Bedeutung der Stufen der Notstandsverfassung für die Notstandsgesetzgebung und den militärischen Einsatz der Streitkräfte zur Verteidigung, 1981, S. 293.

die Feststellung gem. Art. 115a Abs. 3 GG im Bundesgesetzblatt gem. Art. 82 GG verkündet wird, handelt es sich um einen Rechtsakt sui generis[344], der den Schwerfälligkeiten des Gesetzgebungsverfahrens gerade nicht unterworfen ist. Anders als Art. 45 Abs. 2 der Weimarer Reichsverfassung, der für Kriegserklärung und Friedensschluß ein Reichsgesetz forderte und abweichend von Art. 115 1 Abs. 3 GG, der für den Friedensschluß den Erlaß eines Bundesgesetzes zwingend vorschreibt, sieht das Grundgesetz in Art. 115a Abs. 1 GG die bloße Feststellung des Verteidigungsfalles mit zwei Drittel der abgegebenen Stimmen vor. Diese mit Zweidrittel-Mehrheit zu beschließende Feststellung entspricht den Anforderungen des differenzierten Rechtsstaatsprinzips. Weil in Grundrechte und in den Ablauf des gesamten staatlichen Lebens eingegriffen wird, ist eine parlamentarische Mitwirkung erforderlich. Um jedoch die Schnelligkeit und Effektivität der Entscheidung zu sichern, hat die Entscheidung nicht durch Gesetz zu ergehen, sondern es genügt die Feststellung in Form eines Beschlusses. Dieser spezifisch auf die Situation des Verteidigungsfalles zugeschnittene Lösung würde das Erfordernis einer formell gesetzlichen Grundlage zuwiderlaufen. Auch die Verbindung von Art. 115a GG und Art. 87a GG in der Weise, daß die Feststellung des Verteidigungsfalles Voraussetzung für den Einsatz der Streitkräfte sein soll[345], widerspricht der klaren Konzeption des Grundgesetzes, nach dessen Wortlaut und Systematik eine derartige Verbindung gerade nicht besteht. Die einzig diskutable Frage ist, ob der Einsatz der Streitkräfte gem. Art. 87a GG aus Gründen der „Wesentlichkeit" dieser Entscheidung der parlamentarischen Mitwirkung in Form eines Gesetzes bedarf[346]. Die Rechtmäßigkeit der mit der Aufstellung und dem Einsatz der Streitkräfte zwangsläufig verbundenen Grundrechtsbeschränkungen folgt bereits aus Art. 12a, 17a GG und den auf dieser Grundlage erlassenen Gesetze. Unter Berufung auf das Rechtsstaatsprinzip kann daher das Erfordernis einer (weiteren) gesetzlichen Grundlage für jeden konkreten Einsatz nicht gefordert werden.

c) Zwischenergebnis

Den Vorschriften der Art. 59 Abs. 2 S. 1 2. Halbsatz GG, Art. 24 Abs. 1 GG, Artt. 115a Abs. 1 und 87a GG liegt ein differenziertes Rechtsstaatsverständnis zugrunde. Die Anforderungen des Rechtsstaatsprinzips sind jeweils abschließend, so daß unter Berufung auf das Rechtsstaatsprinzip allgemein eine Erweiterung der Befugnisse des Parlaments nicht hergeleitet werden kann.

---

344 Herzog, in: Maunz / Dürig / Herzog / Scholz, Art. 115a Rdnr. 38 m. w. N., qualifiziert die Feststellung als „materiellen Regierungsakt"; Menzel, in: BK, Art. 115a Rdnr. 45, als eine „in Gestalt eines förmlichen Rechtsaktes gekleidet politische Entscheidung". Vgl. auch Martens, Grundgesetz und Wehrverfassung, S. 713: „außenpolitischer Akt eigener Art".

345 Siehe oben Anm. 342.

346 Siehe die Ausführungen zu Art. 87a und dem Umfang des Gesetzesvorbehalts (S. 114 ff.).

Dieses in den Artt. 59 Abs. 2 S. 1 2. Halbsatz, 24 Abs. 1, 115a, 87a GG zum Ausdruck kommende differenzierte Rechtsstaatsverständnis des Grundgesetzes hat allerdings nur abschließende Wirkung im jeweiligen Regelungsbereich. Aus der Tatsache, daß das Grundgesetz zu sonstigen rechtlich erheblichen Handlungen, so u. a. zu den einseitigen völkerrechtlichen Akten, keine Regelungen enthält, kann nicht im Umkehrschluß gefolgert werden, daß aus dem Rechtsstaatsprinzip hinsichtlich der innerstaatlichen Durchsetzbarkeit dieser Akte keine Anforderungen erwachsen. Da die Anforderungen des Demokratie- und Rechtstaatsprinzips grundsätzlich für sämtliche Staatstätigkeit gelten[347], ist davon auszugehen, daß auch einseitige völkerrechtliche Akte — soweit es ausschließlich um die innerstaatliche Umsetzung und nicht um die Ermächtigungsfunktion geht — nur aufgrund oder gar durch Gesetz geregelt werden können, wenn die Durchführung des einseitigen Aktes auf der innerstaatlichen Ebene zu Grundrechtseingriffen oder verletzungsgleichen Grundrechtsgefährdungen führt. Dies bedeutet andererseits nicht eo ipso, daß die Anforderungen des Rechtsstaatsprinzips und des Demokratieprinzips im Rahmen von einseitigen Maßnahmen der auswärtigen Gewalt identisch sind mit denjenigen, die für rein innerstaatliche Materien gelten. Vielmehr wird zu prüfen sein, ob Gedanken, die in Art. 59 Abs. 2, Art. 24 Abs. 1, Art. 115a Abs. 1 GG als Ausdruck eines differenzierten Rechtsstaatsverständnisses bezeichnet wurden, auch auf einseitige Maßnahmen übertragen werden können[348] und aus diesem Grund eine Einschränkung des Gesetzesvorbehaltes im Bereich der einseitigen Maßnahmen der auswärtigen Gewalt gerechtfertigt und geboten ist.

V. Der Umfang des Gesetzesvorbehaltes bei einseitigen Maßnahmen der Auswärtigen Gewalt

1. Die Abgrenzung von Zustimmung, Versprechen, Verzicht als einseitige völkerrechtliche Erklärungen von vertraglichen Zustimmungs-, Versprechens-, Verzichtserklärungen

Fragen der Zustimmungsbedürftigkeit der verschiedenen einseitigen Erklärungen im Rahmen des Vertragsverfahrens, wie beispielsweise Kündigung oder Erklärung von Vorbehalten wurden bereits erörtert[349]. Vorliegend geht es um die Zustimmungsbedürftigkeit sonstiger einseitiger Erklärungen außerhalb eines völkerrechtlichen Vertragsverfahrens[350]. Während der einseitige Charakter bei-

---

347 Siehe IV.2.

348 Siehe dazu V.

349 Siehe oben IV.3.

350 Diese Erklärungen werden auch als „selbständige einseitige Erklärungen" bezeichnet — im Gegensatz zu den „abhängigen Erklärungen"; vgl. Verdross / Simma (Anm. 292), Rdnr. 664.

spielsweise von Anerkennung, Protest und Notifikation unstreitig ist[351], ergeben sich Probleme der Abgrenzung zwischen einseitiger und zweiseitiger Erklärung bei den Rechtsinstituten des Versprechens, des Verzichts und der Zustimmung. Trotz der von Fiedler[352] aufgezeigten Vielgestaltigkeit der Sachverhalte, die unter dem Begriff des „Versprechens" subsumiert werden könnten und der Schwierigkeiten, den Begriff des Versprechens begrifflich zu umschreiben, sollte inhaltlich zwischen dem Versprechen und der Zustimmung im Völkerrecht differenziert werden, da beide Rechtsinstitute mit unterschiedlichen Rechtsfolgen verknüpft sind.

a) Abgrenzung zwischen Zustimmung / Versprechen

Versprechen und Zustimmung lassen sich nach dem Kriterium abgrenzen, von welcher der Parteien die Handlungsinitiative ausgeht, welche Partei den tatsächlichen Geschehensablauf beherrscht. Der Versprechende verpflichtet sich selbst zu einem Verhalten[353]; die Verwirklichung des Versprechens liegt in der Hand des Versprechenden. Das Versprechen ist begrifflich auf solche Tatbestände beschränkt, die auf ein positives Tun gerichtet sind. Die Verpflichtung, irgendeine Handlung zu unterlassen, ist kein Versprechen, sondern ein Verzicht[354] auf die Durchführung der Handlung oder die Geltendmachung von Ansprüchen. Hingegen geht bei der Zustimmung die Initiative vom Zustimmungsempfänger aus, die tatsächliche Ausführung der Handlung, auf die sich die Zustimmung bezieht, liegt in den Händen des Zustimmungsempfängers. Obwohl die Ausführung der Handlung davon abhängig ist, daß die Zustimmung erklärt wird, wird die auszuführende Handlung dadurch nicht zu einer Handlung des Zustimmenden. Die Initiative verbleibt bei dem Zustimmungsempfänger.

---

351 Statt vieler Verdross / Simma (Anm. 292), Rdnr. 666 ff.; G. Dahm, Völkerrecht, Bd. 3, 1961, S. 168 f.

352 W. Fiedler, Zur Verbindlichkeit einseitiger Versprechen im Völkerrecht, in: German Yearbook of International Law, Vol. 19 (1976), S. 35 ff. (39); ders.: Unilateral actes in international law, in: Bernhardt (ed.), Encyclopedia of Public International Law, Vol. 7 (1984), S. 518 ff.

353 Verdross, A., 5. Aufl. 1964, S. 157; in der neuesten Auflage (2. Aufl. 1981) vermeiden Verdross, A. / R. Simma eine Definition des Begriffes. Vgl. auch Fiedler (Anm. 352), S. 43, mit dem Hinweis auf Verdross und Jacqué, Jean Paul, Eléments pour une théorie de l'acte juridique en droit international public, 1972. Die Definition Jacqués (wiedergegeben nach Fiedler, S. 43), unter einer „promesse" einen „acte par lequel un sujet de droit international s'engage à se comporter d'une manière détermininé" zu verstehen, ist wenig aussagekräftig, da „se comporter" sowohl ein positives Tun als auch ein Unterlassen bedeuten kann. Der Unterschied zwischen promesse und renonciation wird verwischt.

354 Zum völkerrechtlichen Verzicht und Fallkonstellationen, die als Verzicht zu qualifizieren sind, vgl. W. Wengler, Völkerrecht, Bd. I, 1964, S. 304 f.

Beide Rechtsinstitute ziehen unterschiedliche Rechtsfolgen nach sich:

Der Versprechende verpflichtet sich zur Vornahme der Handlung, auf die sich das Versprechen bezieht. Gegenstand der Verpflichtung ist mithin ein aktives Tätigwerden des Versprechenden. Demgegenüber treffen den Zustimmenden keinerlei Verpflichtungen hinsichtlich der Frage, ob die Handlung, zu der er die Zustimmung erteilt hat, auch tatsächlich ausgeführt wird. Erklärt beispielsweise die Bundesrepublik Deutschland ihre Zustimmung zur Stationierung der amerikanischen Mittelstreckenraketen, so kann diese Erklärung weder als Verzicht auf die Wahrnehmung ihrer aus der Gebietshoheit fließenden Rechte[355], noch als Versprechen, die Stationierung durch positives Tun zu ermöglichen, gedeutet werden. Beide Ausführungen verfälschen den Sinn der Zustimmungserklärung. Die Bundesregierung hat im Verfahren vor dem Bundesverfassungsgericht nachdrücklich darauf hingewiesen, daß die Stationierung der Mittelstreckenraketen, über die der Präsident der Vereinigten Staaten die Verfügungsgewalt hat, keine Ermächtigung beinhalte, hoheitlich, mit unmittelbarer Wirkung gegenüber den Bundesorganen und für deutsches Staatsgebiet zu handeln[356]. Angesichts dieser Erklärung der Bundesregierung und unter Berücksichtigung der in Art. 5 Abs. 1 des NATO-Vertrages garantierten Eigenständigkeit der Entscheidung jedes Bündnispartners ist die rechtliche Qualifikation der Zustimmungserklärung als Verzicht ausgeschlossen.

Ebensowenig beinhaltet die Zustimmung die dem völkerrechtlichen Versprechen inhärente Bemühungspflicht des Versprechenden. Durch die Zustimmungserklärung wird also weder die Verpflichtung zu einem positiven Tätigwerden übernommen, noch hat sich beispielsweise im Fall der Stationierung der Mittelstreckenraketen die Bundesrepublik Deutschland verpflichtet, die Geltendmachung von aus der Gebietshoheit resultierenden Rechten zu unterlassen. Vielmehr erklärt sich die Bundesrepublik Deutschland lediglich mit der von den Vereinigten Staaten geplanten und auszuführenden Stationierung der Mittelstreckenraketen einverstanden.

b) Die Auswirkungen der Regel „in dubio mitius" auf die Abgrenzung von einseitigem und zweiseitigem Rechtsgeschäft

Versprechen, Verzicht und Zustimmung können — von Fall zu Fall unterschiedlich — einseitige Rechtsgeschäfte oder vertragliche Erklärungen darstellen.

---

355 T. Schweisfurth, Die „Zustimmung" der Bundesregierung zur Stationierung amerikanischer Mittelstreckenraketen in der Bundesrepublik Deutschland, in: Archiv des Völkerrechts, Bd. 22 (1984), S. 195 ff. (202); er verwirft die Qualifikation der Zustimmung als Verzicht im konkreten Falle, weil ein Staat auf seine Gebietshoheit nicht verzichten könne.

356 BVerfGE 68, 18 f.

Die Entscheidung des Ständigen Internationalen Gerichtshofes im Ostgrönland-Fall[357] und die Entscheidung des Internationalen Gerichtshofs im Atomtest-Fall[358] begründen lediglich eine Vermutung dahingehend, daß das Versprechen einseitigen Charakter besitzt. Es ist jedoch nicht davon auszugehen, daß „prinzipiell der Charakter des Versprechens als einseitiges Rechtsgeschäft anerkannt ist“[359]. Fiedler hat zutreffend darauf hingewiesen, daß „von offensichtlicher Einseitigkeit“ nicht gesprochen werden kann[360].

In der zivilrechtlichen Dogmatik wird das Versprechen als einseitig verpflichtender Vertrag qualifiziert, wenn — wie beispielsweise beim Schenkungsversprechen — die Verpflichtung des Versprechenden davon abhängig ist, daß der Versprechensempfänger das Versprechen annimmt[361]. Im Bürgerlichen Recht werden neben dem Schenkungsversprechung auch das Darlehensversprechen sowie die Bürgschaft dem römisch-rechtlichen Vorbild entsprechend als einseitig verpflichtende Verträge qualifiziert. Die Vertragsform gewährleistet, daß dem Versprechensempfänger die angebotene Leistung nicht gegen seinen Willen aufgedrängt wird.

Gegen eine pauschale Übertragung dieser im Bürgerlichen Recht geltenden Grundsätze auf das völkerrechtliche Institut des Versprechens bestehen Bedenken: Wichtigstes Kriterium dafür, ob der versprechende Staat ein Angebot zum Abschluß eines Vertrages unterbreitet, ist die Feststellung eines Vertragsbindungswillens. Die Annahme eines Vertragsbindungswillens des versprechenden Staates hat zur Folge, daß die vertraglich übernommene Verpflichtungen nur durch Kündigung erlöschen, die einfache Widerrufsmöglichkeit einer einseitigen Erklärung also gerade unzulässig ist. Ausgehend von der im Völkerrecht geltenden Regel „in dubio mitius“ spricht daher eine Vermutung dafür, daß ein Staat eine einseitige Verpflichtung nur im Wege eines einseitigen Rechtsgeschäftes übernehmen will, da nur in diesem Fall die Verpflichtung durch einfachen Widerruf erlischt.

Grundsätzlich besitzen also Zustimmung, Versprechen und Verzicht einseitigen Charakter. Die Vermutung einseitigen Charakters kann widerlegt werden, falls der Wille der Parteien auf vertragliche Bindung gerichtet war.

---

357 PCIJ Series A / B, No. 53 (1933), S. 21 ff. (69 ff.).

358 ICJ-Rep. 1974, S. 253 ff.

359 Fiedler (Anm. 352), S. 52.

360 Ebd.

361 Palandt, Kommentar zum BGB, 50. Aufl., § 104, Anm. 3, Einführung vor § 320 Anm. 1; § 518 Anm. 1.

c) Die Auslegung des völkerrechtlichen Versprechens, des Verzichts und der Zustimmung im Zusammenhang mit Verträgen

Bei dieser Sachverhaltskonstellation[362] ist nach inhaltlichen und formellen Kriterien zu entscheiden, ob die Erklärungen integraler Bestandteil des Vertrages selbst ist oder eine selbständige (einseitige) Erklärung, die zum Kontext des Vertrages im Sinne von Art. 31 Abs. 3 WVRK gehört. Als Kontext ist die Erklärung gleichrangig mit dem Text des Vertrages zur Auslegung heranzuziehen, auch wenn die Auslegungsinstrumente des Art. 31 Abs. 2 WVRK damit nicht zum integralen Bestandteil des Vertrages werden[363]. „Accepted related to the reality" im Sinne von Art. 31 Abs. 2 lit. b WVRK drückt im Gegensatz zur „Vereinbarung" des Art. 31 Abs. 2 lit. a WVRK keine materielle Übereinstimmung aus, sondern bezieht sich ausschließlich auf die formale Seite[364]. Im Zusammenhang mit einem völkerrechtlichen Vertrag erkennt der Vertragspartner eine einseitige Erklärung an, mit der Folge, daß die Erklärung gleichrangig mit dem Vertrag zur Auslegung herangezogen werden kann[365]. Verbleiben Zweifel, ob beispielsweise das Versprechen integraler Bestandteil des Vertrages selbst ist oder als selbständige einseitige Erklärung zu qualifizieren ist, so gilt auch in diesem Fall ausgehend von der Regel „in dubio mitius" die Vermutung, daß die Erklärung lediglich einseitigen Rechtscharakter besitzt.

Für die rechtliche Qualifikation der Zustimmungserklärung ist entscheidend, in welchem Rahmen und in Bezug auf welche Erklärung oder Handlung die Zustimmung erteilt worden ist.

Eine vertragliche Bindung kann vermutet werden, wenn in einem völkerrechtlichen Vertrag ausdrücklich der Terminus „Zustimmung" oder „Einverständnis, Einwilligung" Verwendung findet. In diesem Fall spricht eine Vermutung dafür, daß die Erklärung den Rechtscharakter des Vertrages besitzt, daß also eine synallagmatische Verbindung auch der Zustimmungserklärung mit den Verpflichtungen des Vertragspartners anzunehmen ist.

Es handelt sich dabei jedoch lediglich um eine Vermutung, die widerlegbar ist, sofern die Auslegung des Vertrages und des Vertragskontextes zu dem Ergebnis führt, daß die Zustimmungserklärung, obwohl nach den Vorschriften des Vertrages erteilt, als einseitiges Rechtsgeschäft zu qualifizieren ist. Eine derartige einseitige Erklärung stellt beispielsweise die von der Bundesregierung gem. Art. 1 Abs. 2 des Aufenthaltsvertrages zu erteilende Zustimmung zur Erhöhung der Effektivstärke der in der Bundesrepublik Deutschland stationierten Streitkräfte

---

362 Vgl. Fiedler (Anm. 352).

363 Ress, G., Die Rechtslage Deutschlands nach dem Grundlagenvertrag vom 21.12.1972, 1978, S. 121, zur rechtlichen Qualifikation des „Briefes zur deutschen Einheit".

364 Ebd., S. 129 f. m. w. N.

365 Fiedler(Anm. 352), S. 52.

dar.[366] In Art. 4 Abs. 2 des Deutschlandvertrages erklärt sich die Bundesrepublik Deutschland „einverstanden" (agrees, est d'accord), „daß vom Inkrafttreten der Abmachungen über den deutschen Verteidigungsbeitrag an Streitkräfte der gleichen Nationalität und Effektivstärke wie zur Zeit dieses Inkrafttretens in der Bundesrepublik Deutschland stationiert werden dürfen. „Gemäß § 4 Abs. 2 S. 3 des Deutschlandvertrages sollen diese Stationierungsrechte in einem besonderen Vertrag geregelt werden, d. h. dem Aufenthaltsvertrag — und zwar „... in Hinblick darauf, daß die drei Mächte gewillt sind, ihre Rechte betreffend die Stationierung von Streitkräften in der Bundesrepublik Deutschland, soweit diese betroffen ist, nur in vollem Einvernehmen mit der Bundesrepublik Deutschland auszuüben". Der englische Text lautet in der entscheidenden Passage: „... in full accord", der französische Text: „... en plein accord".

Im späteren Aufenthaltsvertrag werden hinsichtlich der Erhöhung der Effektivstärke, einem Sachverhalt der im Deutschlandvertrag keine Berücksichtigung gefunden hatte, die Termini „Zustimmung", „with the consent" bzw. „avec le consentement" gebraucht. Aus der Formulierung in Art. 4 Abs. 2 des Deutschlandvertrages „einvernehmlich" (accord) wird deutlich, daß das besatzungsrechtliche Stationierungsrecht in ein vertragliches Stationierungsrecht hinsichtlich des Gebiets der Bundesrepublik Deutschland überlagert wurde[367]. Es ist aber fraglich,

---

366 Vertrag über den Aufenthalt ausländischer Streitkräfte in der Bundesrepublik Deutschland vom 23.10.1954 (BGBl. 1955 II; S. 253); zu dem Begriff der „Effektivstärke", i. S. v. Art. 1 Abs. 2 AV vgl. Schweisfurth (Anm. 355), S. 213 ff. m. w. N. In Art. II des Deutschlandvertrages vom 26.5.1952 (BGBl. 1955, II, S. 305 ff.) und in Art. 1 Abs. 2 AV findet der Begriff „Effektivstärke" Anwendung. Der Wortlaut der englischen Fassung des Vertrages gleicht in der Sache demjenigen des deutschen Textes (The effektive strength of the forces); bemerkenswerterweise heißt es in dem französischen Text an der betreffenden Stelle („L'importance des forces") bzw. im Deutschlandvertrag, daß Truppen „derselben Bedeutung („de même importance") stationiert werden dürfen. Verschiedene Argumentationen sind denkbar: Erstens käme eine Auslegung in Betracht, wonach die Westmächte Truppen der gleichen Kopfstärke mit der gleichen Ausrüstung wie 1955 beim Inkrafttreten der Verträge in der Bundesrepublik ohne deren Zustimmung stationieren dürfen. Zweitens könnten die Abmachungen so interpretiert werden, daß das Stationierungsrecht der Westmächte zwar nicht den Stand der Kopfzahlen der Truppe und ihre Ausrüstung festschreibt, wie sie 1955 bestanden, daß andererseits aber im Falle einer qualitativen Änderung der Truppenstärke oder ihrer Ausrüstung eine Zustimmung der Bundesrepublik erforderlich wird. Drittens schließlich wird die Auffassung vertreten, daß der Begriff der „Effektivstärke" seinen Sinn erst dadurch bekommt, daß er im Lichte der jeweiligen Bedrohung durch den potentiellen Gegner gesehen und festgelegt wird; demnach wären die Stationierungsrechte der Westmächte je nach der Rüstung des Ostblocks variabel und anpassungsbedürftig. Die erste der drei genannten Interpretationsvarianten ist nicht vertretbar. Der Begriff „Effektivstärke ist zwar weder ein juristischer noch ein militärischer Fachausdruck, doch hat er nach dem üblichen Sprachgebrauch eine weitere Bedeutung als etwa der Begriff „Truppenstärke", insbesondere die französische Fassung der genannten Verträge („Truppen derselben Bedeutung") steht einer Auslegung entgegen, welche das Stationierungsrecht absolut im Sinne der Truppenstärke aus dem Jahre 1955 festlegt. Somit wird die richtige Interpretation der Verträge entweder im Bereich der zweiten oder der dritten genannten möglichen Auslegung zu suchen sein: Beide Interpretationen sind vertretbar.

ob sich aus dieser einvernehmlichen Regelung nunmehr auch folgern läßt, daß es sich bei der gem. Art. 1 Abs. 2 Aufenthaltsvertrag zu erteilenden Zustimmung zur Erhöhung der Effektivstärke ebenfalls um eine vertragliche Regelung handelt. „Volles Einvernehmen" ist durch übereinstimmende Willenserklärung zu erzielen. Wäre für die Erhöhung der Effektivstärke gem. Art. 1 Abs. 2 Aufenthaltsvertrag eine separate vertragliche Regelung erforderlich, hätte es nahegelegen, die Erhöhung nur „en plein accord" mit der Bundesrepublik Deutschland zu gestatten. Durch die Wahl des Begriffes „Zustimmung" (consent, consentement) wird demgegenüber deutlich, daß es sich gerade nicht um eine vertragliche Regelung handelt, sondern sich die Bundesrepublik Deutschland mit der von den drei Mächten durchzuführenden Erhöhung der Effektivstärke jeweils lediglich einverstanden erklärt. Die Handlungsinitiative verbleibt allein bei den drei Mächten, Verpflichtungen für die drei Mächte, beispielsweise die Erhöhung der Effektivstärke tatsächlich durchzuführen, werden durch die Zustimmung gerade nicht begründet. Die Bundesrepublik Deutschland wird durch die Zustimmung lediglich verpflichtet, die Erhöhung der Effektivstärke zu dulden, irgendwelche Nebenpflichten, die sich aus einem Vertragsverhältnis folgern ließen, treffen die Bundesrepublik Deutschland nicht. Den Verpflichtungen aus der Zustimmungserklärung hat die Bundesrepublik Deutschland selbst dann nachzukommen, wenn man sich der Meinung anschließen wollte, die Zustimmung der Bundesrepublik Deutschland sei aufgrund der besonderen Rechtslage Deutschlands nicht erforderlich gewesen[368], die Bundesrepublik Deutschland habe eine „unabwendbare Maßnah-

---

367 G. Ress (Anm. 363), S. 139.

368 Zweifel an einem echten Zustimmungserfordernis in Art. 1 Abs. 2 AV sind begründet: Schweisfurth, S. 215 f., verweist insoweit auf einen deutsch-französischen Briefwechsel aus dem Jahre 1966, demzufolge das von den französischen Truppen in der BRD gelagerte Material lediglich „bekanntzugeben" ist. Aus diesem Briefwechsel sowie aus Erklärungen des britischen Außenministers Eden und des Bundeskanzlers Adenauer könnte gefolgert werden, daß im AV und DV lediglich die Personalstärke geregelt wurde, nicht dagegen die Art der Bewaffnung (Schweisfurth, S. 217 m. w. N.). Gerade die Diskussion um die Zustimmung der Regierung zur Stationierung der amerikanischen Mittelstreckenraketen steht dieser Interpretation entgegen: Die Bundesregierung hielt in allen öffentlichen Stellungnahmen und in den verfassungsgerichtlichen Verfahren (E 66, 39 ff.; 68, 1 ff.) die Zustimmung für erforderlich. Seitens der Vereinigten Staaten oder der übrigen Partner des DV und AV wurde dieser Interpretation — soweit ersichtlich — nicht widersprochen.

Unzweifelhaft wäre keine Zustimmung der BRD erforderlich, falls die Stationierung eine Ausübung der in Art. 2 DV vorbehaltenen Rechte in bezug auf Berlin und auf Deutschland als Ganzes darstellt (Art. 4 II 1 DV). Die in Art. 2 vorbehaltenen Rechte durchbrechen das vertragliche Stationierungsrecht und haben aus diesem Grund Ausnahmecharakter. Deshalb sind diese Rechte ausdrücklich geltend zu machen, die Drei-Mächte müßten sich auf die ihnen vorbehaltenen Rechte berufen. Solange die Rechte nicht geltend gemacht werden, spricht eine Vermutung dafür, daß „einvernehmlich" vertragliche Stationierungsrechte geltend gemacht werden.

Zu dem Begriff „Deutschland als Ganzes" und den im DV vorbehaltenen Rechten vgl. G. Ress (Anm. 387), S. 278 ff.

Zur Frage der Souveränität der BRD und der Letztentscheidungsbefugnis des amerikanischen Präsidenten: D. Walz, Deutsche Souveränität und amerikanische Verfügungsgeme hingenommen“[369]. Es trifft zwar zu, daß eine Verantwortlichkeit der Bundesrepublik Deutschland ihren Bürgern gegenüber beispielsweise wegen Verletzung der Eigentumsgarantie dann ausscheidet, wenn die Bundesrepublik Deutschland lediglich eine unabwendbare Maßnahme — z. B. Liquidation deutschen Vermögens — hingenommen hat. Aus dieser Rechtslage können auf die völkerrechtliche Verpflichtung jedoch nur sehr bedingt Rückschlüsse gezogen werden. Hat die Bundesrepublik Deutschland ihre Zustimmung erteilt, obwohl diese nicht erforderlich war, so wird die völkerrechtliche Maßnahme durch den Drittstaat auch auf der Grundlage der Zustimmungserklärung durchgeführt, mithin ist die Zustimmungserklärung auch Rechtsgrundlage der völkerrechtlichen Verpflichtung der Bundesrepublik Deutschland.

Die rechtliche Qualifikation einer Zustimmungserklärung wird darüber hinaus erschwert, wenn in dem Vertrag weder der Terminus „Zustimmung“ noch andere, das Einverständnis ausdrückende Termini Verwendung finden, so daß sich allein aus dem Inhalt des Vertrages die Tragweite der Erklärung ergeben kann.

Zunächst ist wiederum durch Auslegung zu ermitteln, ob es sich überhaupt um eine Zustimmungserklärung handelt, oder ob der die Erklärung abgebende Staat die Maßnahme, auf die sich die Erklärung bezieht, lediglich hinnimmt. Auf diese Alternative hat das Bundesverfassungsgericht in der Entscheidung zum Deutsch-Schweizerischen Vermögensvertrag[370] hingewiesen. Die entscheidende Erklärung der Bundesrepublik Deutschland findet sich in Art. 10 dieses Abkommens[371]:

> „Die Bundesrepublik Deutschland wird für sich und für ihre Staatsangehörigen gegen die von der Schweiz aufgrund des Bundesratsbeschlusses vom 16.2.1945 mit seinen Änderungen und Ergänzungen oder aufgrund des vorliegenden Abkommens vorgenommenen oder vorzunehmenden Umwandlungen von deutschen Werten in der Schweiz keine Einwendungen irgendwelcher Art erheben“.

Das Bundesverfassungsgericht konnte in dieser Entscheidung die Frage der rechtlichen Qualifikation der Erklärung der Bundesrepublik Deutschland offenlassen, da Art. 14 GG selbst dann als nicht verletzt angesehen wurde, wenn es sich um eine Zustimmungserklärung handeln sollte[372]. Die Erklärung, in der Zukunft keine Ansprüche gegen die Schweiz geltend zu machen, ist keine Zustim-

---

walt über nichtkonventionelle Waffen — ein juristischer circulus vitiosus?, in: ZRP 1984, S. 273 ff.

[369] BVerfGE 6,290 ff. (298) — Deutsch-Schweizer Vermögensvertrag.

[370] Ebd.

[371] Abkommen zwischen der BRD und der Schweizerischen Eidgenossenschaft über die deutschen Vermögenswerte in der Schweiz vom 26.8.1952, BGBl. II 1953, S. 15 ff.

[372] BVerfGE 6, 298.
Die Rechtslage hinsichtlich der Liquidation deutscher Vermögenswerte war dergestalt, daß die Vermögenssituation der Deutschen durch das Abkommen eher gewahrt denn verschlechtert wurde. Es war davon auszugehen, daß die Schweiz die Liquidationsmaßnahmen durchführen wird, gleichgültig, wie die BRD sich verhalten würde.

mung zu den Liquidationsmaßnahmen und erst recht kein Anerkenntnis der Rechtmäßigkeit dieser Maßnahmen. Vielmehr hat die Bundesrepublik Deutschland lediglich darauf verzichtet, „Einwendungen irgendwelcher Art“ gegen die Liquidation zu erheben. Inhaltlich bedeutet dies primär den Verzicht auf die Gewährung diplomatischen Schutzes für deutsche Staatsangehörige[373].

Neben der Fallkonstellation, daß eine Vorschrift des Vertragstextes bereits nach ihrem Wortlaut im Sinne einer Zustimmung oder eines Verzichts ausgelegt werden kann, existieren Formen der konkludenten Zustimmung oder des konkludenten Verzichtes, bei denen der Wortlaut des Vertrages keine Anhaltspunkte für eine Zustimmung oder einen Verzicht liefert, jedoch aus dem Gesamtzusammenhang die Schlußfolgerung gezogen werden kann, daß die vertraglich getroffene Vereinbarung notwendigerweise auch eine Zustimmung oder einen Verzicht beinhaltet.

Im Zusammenhang mit dem Abschluß des Moskauer und Warschauer Vertrages wurde die Ansicht vertreten, daß in den Vereinbarungen über die gegenwärtigen Grenzen[374] die nachträgliche Zustimmung der Bundesrepublik Deutschland zu den von der Volksrepublik Polen oder der Sowjetunion durchgeführten Enteignungsmaßnahmen liege[375]. Das Bundesverfassungsgericht ist dieser Ansicht aus

---

373 BVerfGE 6, 299; vgl. zudem die Nachweise in Anm. 202. Darüber hinausgehend könnte Art. 10 des Deutsch-Schweizerischen Vermögensvertrages als Verzicht auf gerichtliche Geltendmachung bedeuten und damit der Zulässigkeit der Klage vor Schweizer Gerichten entgegenstehen. Ein Vergleich mit den Regelungen des Überleitungsvertrages zeigt, daß sich entgegen dieser vom Schweizer Bundesgericht vertretenen Ansicht, so BGE 81 II 366, zitiert in BVerfGE 6, 299. aus Art. 10 kein derartiger Klagestopp herleiten läßt. In Teil VI, Art. 3 Abs. 1 des Überleitungsvertrages; Vertrag zur Regelung aus Krieg und Besatzung entstandener Fragen vom 26.5.1952 i. F. v. 23.10.1954 (BGBl. II, 1955, 213 ff.) verpflichtet sich die Bundesrepublik Deutschland, in Zukunft keine Einwendungen gegen Maßnahmen, die gegen das deutsche Auslandsvermögen getroffen worden sind, zu erheben. Art. 3 Abs. 3 des Überleitungsvertrages lautet:

„Ansprüche und Klagen gegen Personen, die aufgrund der in Abs. 1 und Abs. 2 dieses Artikels bezeichneten Maßnahmen Eigentum erworben oder übertragen haben, ... werden nicht zugelassen“.

Da in dem drei Monate später (Oktober 1952) geschlossenen Deutsch-Schweizerischen Vermögensvertrag eine solche den Klagestopp ausdrücklich regelnde Vorschrift nicht aufgenommen wurde, ist unter Auslegung des Grundsatzes „in dubio mitius“; vgl. R. Bernhardt, Die Auslegung völkerrechtlicher Verträge, 1963, S. 97 f., S. 143 ff.; E. Klein, Statusverträge im Völkerrecht, 1980, S. 337 f.) davon auszugehen, daß Art. 10 des Deutsch-Schweizerischen Vermögensvertrages keinen Klagestopp beinhaltet. Zur einschränkenden Interpretation des Art. 3 Ab. 3 des ÜV vgl. O. Lieberknecht, Die Enteignung deutscher Mitgliedschaftsrechte an ausländischen Gesellschaften mit in Deutschland belegenem Vermögen, NJW 1956, S. 571 ff. (573); S. 931 ff.

374 Gem. Art. 3 des Moskauer Vertrages vom 12.8.1970 (BGBl. II 1972, S. 650) stimmen die Vertragsparteien überein, daß die gegenwärtigen Grenzen unantastbar sind und verpflichten sich zur Achtung der territorialen Integrität aller Staaten in Europa in ihren heutigen Grenzen.

In Art. 1 des Warschauer Vertrags vom 3.6.1972 (BGBl. II 1972, S. 651) stellen die Parteien übereinstimmend fest, daß die bestehende Grenzlinie (Oder-Neiße) die westliche Staatsgrenze der Volksrepublik Polen bildet.

Gründen des Fortbestandes des deutschen Reiches und der fehlenden Verfügungsbefugnis der Bundesrepublik Deutschland über eine endgültige Grenzregelung nicht gefolgt[376].

2. Konsequenzen der Qualifizierung von Zustimmungs-, Verzichts- und Versprechenserklärungen als einseitige oder vertragliche Erklärung für den Umfang des Gesetzesvorbehalts

In der zuletzt beschriebenen Fallkonstellation, daß nämlich eine vertragliche Vereinbarung stillschweigend oder konkludent auch eine Zustimmung, ein Versprechen oder einen Verzicht beinhaltet, gilt ausschließlich Art. 59 Abs. 2 GG. Zustimmung, Versprechen oder Verzicht sind keine selbständigen Erklärung, vielmehr verkörpert der Vertrag selbst die Zustimmung, das Versprechen oder den Verzicht.

Art. 59 Abs. 2 GG gilt zudem für Erklärungen, deren synallagmatischer Charakter durch Auslegung ermittelt wird oder die integraler Bestandteil eines völkerrechtlichen Vertrages sind.

Es verbleiben daher als Gegenstand der Erörterung — außerhalb des Bereiches des Art. 59 Abs. 2 GG — nur noch solche Zustimmungs-, Verzichts- oder Versprechenserklärungen, die nicht Bestandteil eines Vertrages sind und durch deren Abgabe die BRD gerade keine vertraglichen Bindungen eingehen möchte.[377]

3. Zustimmungserklärungen im Rahmen internationaler Organisationen

Die durch Organe internationaler Organisationen nach „Zustimmung" der Mitgliedstaaten gefaßten Beschlüsse sind nach ihrer Rechtsnatur als eine besondere Art mehrseitiger Rechtsgeschäfte zu qualifizieren, sie sind Akte der körperschaftlichen Willensbildung, bei dem jedes Mitglied des Organs sein Recht auf Mitgestaltung wahrnimmt[378]. Für die Annahme selbständiger einseitiger Rechtsgeschäf-

---

375 Zu dieser Argumentation vgl. die Darstellung und die weiteren Nachweise bei Blumenwitz, Die vermögensrechtlichen Folgen der Ostverträge, Jahrbuch für Ostrecht, Heft XIII / 2 (1972), S. 179 ff. (188, 204, 232).

376 BVerfGE 40, 141 ff. (166 ff.). Zu den Grenzvereinbarungen mit Moskau und Warschau vgl. G. Ress, The Delimitation and Demarcation of frontiers in international treaties and Maps, in: National and international boundaries, Thesaurus Acroasium, Vol. XIV (1985), Thessaloniki, S. 447 ff.

377 So beispielsweise die „Zustimmung" zur Stationierung der Mittelstreckenraketen, siehe die Nachweise in Anm. 355.

378 Erklären beispielsweise die Vertreter der Mitgliedstaaten im Rat der Europäischen Gemeinschaften im Rahmen der durch die EG-Verträge übertragenen Kompetenzen ihre

te oder einseitig verpflichtender Verträge ist kein Raum, solange sich die Beschlußfassung auf Gegenstände bezieht, deren Regelung dem Organ durch die Gründungsverträge zugewiesen ist.[379] Es gelten daher für die im Beschlußverfahren einer internationalen Organisation erteilte Zustimmungserklärungen nicht die völkerrechtlichen Regeln über einseitige Akte oder einseitig verpflichtende Verträge.

Eine Besonderheit gilt allerdings in denjenigen Fällen, in denen ein Mitgliedstaat einem zuvor in den Gremien der internationalen Organisationen mit seinem Einverständnis gefaßten Beschluß nochmals ausdrücklich außerhalb des Beschlußverfahrens zustimmt. Eine derartige Zustimmung stellt beispielsweise die Erklärung der Bundesregierung vom 14.12.1979 dar: „Die Bundesrepublik Deutschland hat, dem Doppelbeschluß vom 12.12.1979 entsprechend, einhundertacht Raketen des Typs Pershing II und sechsundneunzig Marschflugkörper aufzustellen, einer späteren Stationierung schon jetzt zugestimmt“[380]. Diese Zustimmungserklärung zu dem zwei Tage früher gefaßten Beschluß des Nordatlantikrates[381] ist rechtlich ein einseitiges Rechtsgeschäft, das die Bundesrepublik Deutschland völkerrechtlich verpflichtet, dem am 12.12.1979 gefaßten Beschluß entspre-

---

Zustimmung, so handelt der Rat der Europäischen Gemeinschaften als Organ der Gemeinschaft. Der Rat handelt als Organ rechtmäßig, da er nach den Vorschriften des Gemeinschaftsrechts die Kompetenz für die Handlung besitzt. Zudem ist er an die in den einzelnen Vorschriften des Gemeinschaftsrechts festgelegten Formen der Rechtssetzung gebunden. Der Rat besteht aus Vertretern der MS (Art. 146 EWGV; Art. 7, Art. 2 FusV), die ihren Staaten gegenüber weisungsgebunden sind. Gleichwohl hat der Rat die Interessen der EWG zu wahren (EuGH, R 52 und 3/60, Slg. 1961, S. 287, 311). Der Rat ist deshalb auch keine Staatenkonferenz, sondern ein Organ einer internationalen Organisation. Vgl. Schweitzer, Art. 146, Rdnr. 1, in: E. Grabitz (Hrsg.), Kommentar zum EWG-Vertrag, 2. Aufl., 1990, m. w. N.; A. Bleckmann, Europarecht, 5. Aufl. 1990, S. 20 ff.

379 Von der Tätigkeit als Organ ist im EG-Recht das personell identische Gremium „der im Rat vereinigten Vertreter der Regierungen der Mitgliedstaaten“ zu unterscheiden. Dieses Gremium tagt als Regierungskonferenz, die Bindungen des EG-Rechts gelten nicht, die Beschlußfassung und rechtlichen Folgen sind nach Völkerrecht zu beurteilen (vgl. Bleckmann (Anm. 373), S. 81 f.; Schweitzer, in: Grabitz (Anm. 373), Art. 146, Rdnr. 13 ff. m. w. N.).

Die von den „im Rat vereinigten Vertretern der Mitgliedstaaten“ gefaßten „Beschlüsse“ könnten im Einzelfall als völkerrechtliche Verträge qualifiziert werden, so daß rein innerstaatlich die Zustimmungsbedürftigkeit gem. Art. 59 Abs. 2 GG zu prüfen wäre. Grundsätzlich haben die im Rahmen der Europäisch-Politischen Zusammenarbeit befaßten Beschlüsse keine Rechtsverbindlichkeit; es handelt sich um bloße Empfehlungen. Vgl. Constantinesco, L. I., Das Recht der Europäischen Gemeinschaften I, 1. Aufl. 1981, S. 545 ff.

380 8. Deutscher Bundestag, 194. Sitzung am 14.12.1979, Sten.Ber. S. 15.465 ff.; vgl. auch 9. Dt. Bundestag, 70. Sitzung, Sten.Ber. S. 4.051 ff.; diese Erklärungen wurde bekräftigt durch Äußerungen der Bundesregierung vom 15. Juni und 16.9.1983 (10. Deutscher Bundestag, 13. Sitzung am 15.6.1983 und 23. Sitzung vom 16.9.1983, Sten.-Ber. S. 691 ff., 696, 1573 ff., 1578 f.). Der sog. „NATO-Doppelbeschluß vom 12.12.1979 ist abgedruckt in: Bulletin der Bundesregierung 1979, S. 1409.

381 Art. 9 Nordatlantikvertrag (BGBl. 1955 II, S. 289). Zur Arbeitsweise des Rates vgl. F. W. Engel, Handbuch der NATO, 1957, S. 124 ff. m. w. N.

chend die Stationierung zu dulden. Der im Nordatlantikrat gefaßte Beschluß selbst entfaltete keine Rechtsverbindlichkeit für die Bundesrepublik Deutschland, da Beschlüsse dieses Gremiums lediglich empfehlenden Charakter besitzen[382]. Obwohl diese Zustimmungserklärung der Bundesrepublik Deutschland nach völkerrechtlichen Grundsätzen als selbständiges einseitiges Rechtsgeschäft anzusehen ist, wird der rechtliche Charakter der Erklärung entscheidend dadurch mitgeprägt, daß die Erklärung in direktem Zusammenhang und auf den Beschluß der Internationalen Organisation hin abgegeben worden ist[383]. Im Unterschied zu sonstigen Zustimmungserklärungen könnten die in Bezug auf einen Beschluß der Internationalen Organisation abgegebenen Erklärungen auf der völkerrechtlichen Ebene einen erhöhten Grad rechtlicher Verbindlichkeit besitzen. Den zustimmenden Staat treffen als Mitglied der Organisation besondere Kooperations- und Treuepflichten (z. B. Art. 1 bis 4 NATO), die der Widerrufbarkeit derartiger einseitiger Erklärungen Schranken ziehen. Während sonstige einseitige Erklärungen frei widerrufbar sind, ist es vorstellbar, für die in Frage stehenden Erklärungen in Bezug auf einen Beschluß einer internationalen Organisation die Regeln des Vertragsrechts, etwa die clausula rebus sic stantibus, sinngemäß heranzuziehen[384].

Auch die Rechtmäßigkeitsprüfung nach innerstaatlichem Verfassungsrecht hat zu berücksichtigen, daß die Erklärungen im Rahmen der Internationalen Organisation und in Bezug auf einen Beschluß der Internationalen Organisation abgegeben worden sind. Die Rechtmäßigkeit einer solchen Erklärung ist davon abhängig, ob sich die Erklärungen in dem der Internationalen Organisation gesetzten Rahmen hält. Dieser Rahmen wird im Verfassungsrecht durch Art. 24 Abs. 1 GG bestimmt. Unterfällt die Maßnahme, der die Bundesrepublik Deutschland zugestimmt hat, dem Vollzugsverlauf und Regelungsprogramm der Gründungsverträge der Internationalen Organisationen, denen das Parlament gem. Art. 24 Abs. 1 GG bereits zugestimmt hat, so hält sich die Erklärung der Bundesrepublik

---

382 Engel (Anm. 381), S. 124; Schweisfuhrt (Anm. 355), S. 196 f.; allgemein zur Rechtserzeugung durch Internationale Organisationen vgl. Seidl-Hohenveldern, Das Recht der Internationalen Organisationen einschließlich der Supranationalen Gemeinschaften, 3. Aufl. 1979, Rdnr. 1547 ff. (1548). K. Ipsen, Die rechtliche Institutionalisierung der Verteidigung im atlantisch-westeuropäischen Raum, in: JöR, Bd. 21 (1972), 1 ff. (40).

383 Die erneute Zustimmung zu bereits verabschiedeten Resolutionen der Generalversammlung der Vereinten Nationen verpflichtet die Zustimmenden Staaten. Nicht die Resolution, sondern die einseitige Erklärung in Bezug auf die Resolution ist Rechtsgrund der Verpflichtung. Zu der Zustimmung Argentiniens und Großbritanniens zur Resolution Nr. 520 vgl. A. Zuppi, Die bewaffnete Auseinandersetzung zwischen dem Vereinigten Königreich und Argentinien aus völkerrechtlicher Sicht, 1990, S. 124 ff.

384 Nach Fiedler (Anm. 352), S. 67, gilt für *alle* einseitigen Erklärungen, daß „die einseitige Bindung in Bezug auf ihre Lösbarkeit insgesamt nicht höher einzuschätzen ist als die vertragliche Bindung. Grenzen der Bindung, die sich im Vertragsrecht etwa aus der clausula rebus sic stantibus ergeben, sind daher für einseitige Verpflichtungen sinngemäß heranzuziehen." Diese Konzeption unterscheidet sich grundsätzlich von der vorliegend vertretenen Ansicht, da nach Fiedler wohl keine freie Lösbarkeit zulässig ist.

Deutschland „im Rahmen“ der der Organisation durch die Mitgliedstaaten übertragenen Hoheitsrechte[385]. Dieses Ergebnis beansprucht selbst für denjenigen Fall Geltung, daß durch die Zustimmungserklärung bisher explizit noch nicht übertragene Hoheitsrechte auf die Internationale Organisation übertragen werden, sofern das Regelungsprogramm der Gründungsverträge diese Übertragung beinhaltet. So hat das Bundesverfassungsgericht die Zustimmungserklärung der Bundesrepublik Deutschland in Bezug auf den Beschluß des Nordatlantikrates vom 12.12.1979 zutreffend als „Verteidigungspolitischen Akt im Rahmen des vertraglichen Sicherheitsbündnisses und seines Vollzuges“ qualifiziert und die Verfassungsmäßigkeit der Zustimmungserklärung allein im Rahmen von Art. 24 Abs. 1 GG überprüft[386].

Für Erklärungen in Bezug auf Beschlüsse Internationaler Organisationen erübrigt sich also die Prüfung, ob überhaupt ein Gesetz erforderlich ist und wenn ja, ob die Regelung durch Parlamentsgesetz zu erfolgen hat. Art. 24 Abs. 1 GG enthält einen Parlamentsvorbehalt, so daß lediglich der Umfang des Parlamentsvorbehaltes zu bestimmen ist. Voraussetzung ist jedoch, daß es sich um eine einseitige Erklärung in Bezug auf einen Beschluß der Internationalen Organisation handelt. Zur Prüfung dieser Voraussetzung besteht Anlaß, weil Organakte internationaler Organisationen im Einzelfall durch inhaltsgleiche Verträge der Mitgliedstaaten ergänzt werden können[387]. Es bedarf jedoch besonderer Anhaltspunkte, die darauf hindeuten, daß die Erklärung in Bezug auf den Beschluß zugleich darauf gerichtet gewesen ist, einen zweiseitigen oder mehrseitigen Vertrag abzuschließen[388]. Auch bei dieser Fallkonstellation ist, „in dubio mitius“, von einer einseitigen Erklärung auszugehen[389].

---

385 BVerfGE 58, 1 ff. (36 f.) — Eurocontrol.

386 BVerfGE 68, 1 ff. (80, 89 ff.).

387 In Fällen, in denen die Kompetenz des Rates der europäischen Gemeinschaften zweifelhaft ist, wird in der Praxis neben dem Rechtsakt des Rates noch ein Beschluß „der im Rat vereinigten Vertreter der Regierungen der Mitgliedstaaten“ gefaßt. So z. B. die VO des Rates Nr. 877 / 82 vom 16.4.1982 zur Aussetzung der Einfuhr aller Erzeugnisse mit Ursprung in Argentinien sowie Beschluß der im Rat vereinigten Vertreter der Regierungen der Mitgliedstaaten der EGKS vom 16.4.1982 (ABl. L 102 / 1 / 3; 136, 1 f.). Siehe Schweitzer, Art. 146 Rdnr. 18, in: Grabitz (Hrsg.) (Anm. 373).

Das BVG weist in E 68, 82, auf die Praxis in der Europäischen Gemeinschaft hin. Das Gericht ist der Ansicht, die Organisationsakte könnten *zugleich* völkerrechtliche Verträge darstellen.

388 BVerfGE 68, 82.

389 Vgl. die Ausführungen zur Abgrenzung des einseitig verpflichtenden Vertrages und der einseitigen Erklärung.

4. Der Rechtssatzvorbehalt als Ermächtigungsvorbehalt einseitiger Maßnahmen der Auswärtigen Gewalt

a) Vorbemerkung

Die Prüfung der Frage, ob die Regierung als Inhaberin der auswärtigen Gewalt völkerrechtlich verbindlich nur aufgrund einer materiell-rechtlichen Grundlage handeln durfte, erübrigt sich, wenn eine Zustimmungserklärung als einseitige Maßnahme im Rahmen einer internationalen Organisation abgegeben wurde, da Art. 24 Abs. 1 GG insoweit bereits einen echten Parlamentsvorbehalt enthält. Die Prüfung erübrigt sich zudem, wenn die (einseitige) Erklärung im Rahmen oder nach den Vorschriften des völkerrechtlichen Vertrages abgegeben wird, da die Zustimmung des Parlaments gem. Art. 59 Abs. 2 GG zu dem Vertrag auch die Zustimmung pro futuro zu der konkreten Erklärung beinhaltet. Es verbleiben demnach einseitige Maßnahmen und Erklärungen der Bundesrepublik Deutschland, die im nicht-vertraglichen Bereich und nicht in Bezug auf Beschlüsse internationaler Organisationen ergriffen bzw. abgegeben wurden.

Sofern durch die einseitige Maßnahme in Grundrechte eingegriffen wird oder ein Eingriff eines fremden Staates in Grundrechte der Bundesrepublik Deutschland zurechenbar ist, wäre nach der Lehre von dem allgemeinen Gesetzesvorbehalt eine Regelung durch Rechtssatz erforderlich. Das differenzierte Rechtsstaatsverständnis, dessen Auswirkungen auf den Umfang des Rechtssatzvorbehaltes im Rahmen der Artt. 59 Abs. 2, 24 Abs. 1, 87a, 115a GG bereits dargestellt wurde, ist auch und gerade für die Beantwortung der Frage zu berücksichtigen, ob die Regierung bei dem Erlaß einseitiger Maßnahmen von einer vorherigen Ermächtigung der Legislative abhängig ist. Gilt in diesem Bereich das zu Art. 59 Abs. 2 GG Gesagte, daß nämlich entsprechend der klassischen Lehre eine gesetzliche Ermächtigung nur dann verfassungsrechtlich geboten ist, wenn die einseitige Maßnahme unmittelbar in Freiheit und Eigentum eingreift? Oder ist die Regierung selbst in diesen Fallgestaltungen ohne vorherige Zustimmung der Legislative zum Handeln ermächtigt und gesetzliche Regelungen sind ausschließlich im Sinne von „Folgegesetzen" erforderlich?

Die Beantwortung dieser Fragen hat zu erfolgen unter Abwägung der Gefahren für die Handlungsfähigkeit der Exekutive einerseits und der Gefahren für die Rechtsgüter der Betroffenen andererseits. Das Erfordernis einer gesetzlichen Ermächtigungsregel birgt für die Funktionstüchtigkeit der auswärtigen Gewalt insofern Gefahren, als die Dauer eines Gesetzgebungsverfahrens eine kurzfristig gebotene Entscheidung im Bereich des Auswärtigen unmöglich machen könnte. Unter diesem Gesichtspunkt ist zu prüfen, ob aus dem Institut der Funktionstüchtigkeit der staatlichen Einrichtung „auswärtige Gewalt" Schranken des Umfanges des Gesetzesvorbehaltes hergeleitet werden können.

b) Die Rechtsprechung des Bundesverfassungsgerichtes zur Funktionstüchtigkeit staatlicher Einrichtungen

Neben der objektiv-rechtlichen Schutzpflicht des Staates in Bezug auf Grundrechte existiert eine Schutzpflicht des Staates in Bezug auf die im Grundgesetz verankerten Einrichtungen, die neben den Grundrechten die der objektiven Werteordnung zugrundeliegenden Vorstellungen widerspiegeln[390]. Der Umfang dieser Schutzpflicht orientiert sich an der Funktionstüchtigkeit der jeweiligen Einrichtung[391]. Namentlich im Bereich der Strafrechtspflege hat das Bundesverfassungsgericht wiederholt auf die unabweisbaren Bedürfnisse einer wirksamen Strafverfolgung und Verbrechensbekämpfung abgehoben[392], die wirksame Aufklärung gerade schwerer Straftaten als „einen wesentlichen Auftrag eines rechtsstaatlichen Gemeinwesens gewürdigt“[393] und die Aufrechterhaltung einer funktionsfähigen Rechtspflege als Bedingung dafür bezeichnet, daß der Gerechtigkeit zum Durchbruch verholfen werden kann[394]. Gründe der Funktionsfähigkeit einer zwischenstaatlichen Einrichtung können nach der Eurocontrol-Entscheidung[395] sogar gegen die Zulässigkeit innerstaatlichen Rechtsschutzes betreffend Maßnahmen dieser Einrichtungen sprechen.

Neben dieser Rechtsprechung zur Funktionsfähigkeit hat das Gericht in mehreren Entscheidungen den „verfassungsrechtlichen Rang“[396] der militärischen Landesverteidigung betont und das Recht auf Kriegsdienstverweigerung mit der Notwendigkeit eines ungestörten Dienstbetriebes[397] oder dem Bedürfnis nach Aufrechterhaltung der Disziplin[398] abgewogen. Sowohl das Erfordernis einer wirksamen Strafrechtspflege als auch einer funktionierenden Landesverteidigung rechtfertigen im Rahmen des Grundsatzes der Verhältnismäßigkeit Einschränkungen von Grundrechten. Zwischen den Grundrechten und den im Grundgesetz garantierten staatlichen Einrichtungen besteht kein Verhältnis der Über- / Unterordnung, vielmehr sind Grundrechte und staatliche Einrichtungen Ausdruck der dem Grundgesetz immanenten Wertvorstellungen. Aus diesem Grund kann der Schutz der staatlichen Einrichtungen, zu dem das Rechtsstaatsprinzip den Staat verpflichtet[399], auch den Grundrechten Schranken zu setzen. Sofern auch die auswärtige Gewalt als „staatliche Einrichtung“ im Sinne der skizzierten Recht-

---

390 BVerfGE 66, 61.

391 Vgl. Anm. 204.

392 BVerfGE 19, 342 (347); 20, 45 (49); 144 (147).

393 BVerfGE 29, 189 (194).

394 BVerfGE 33, 367 (382 f.); vgl. auch E 34, 238 (248 f.).

395 BVerfGE 58, 1 ff.

396 Zuletzt BVerfGE 48, 127 (159 f.); vgl. auch E 46, 337 ff., einstweilige Anordnung betr. „Kriegsdienstverweigerung per Postkarte“.

397 BVerfGE 32, 40 (46).

398 BVerfGE 28, 243 (261).

399 Anm. 340.

sprechung qualifiziert werden kann und die Funktionsfähigkeit dieser staatlichen Einrichtung dadurch gefährdet wird, daß das Handeln nach außen von einer vorherigen gesetzlichen Ermächtigung abhängig gemacht wird, so kollidieren zwei im Rechtsstaatsprinzip verankerte Institute, nämlich dasjenige des Rechtssatzvorbehaltes und dasjenige der Funktionsfähigkeit der staatlichen Einrichtungen. In jedem Einzelfall ist daher abzuwägen, welchem der Institute der Vorrang gebührt. Diese Abwägung könnte im Einzelfall zu dem Ergebnis gelangen, daß trotz eines Eingriffes in Grundrechte eine gesetzliche Ermächtigung verfassungsrechtlich nicht geboten ist, weil durch eine solche Regelung die Funktionsfähigkeit der staatlichen Einrichtung gefährdet wäre.[400]

c) Die Auswärtige Gewalt als „im Grundgesetz verankerte Einrichtung"

Das Bundesverfassungsgericht hatte in der bisherigen Rechtsprechung keinen Anlaß, den Begriff der „Einrichtungen" zu definieren und den Kreis derjenigen Einrichtungen zu umschreiben, für deren Funktionsfähigkeit der Staat einzustehen hat. Wenig hilfreich wäre es, auf die Unterscheidung zwischen Instituts- und institutionellen Garantien[401] zurückzugreifen, da diese Vorgehensweise lediglich anstelle des Begriffs der Einrichtung denjenigen der institutionellen Garantie setzt. Aussagekräftiger ist insoweit eine Analyse der bisherigen Rechtsprechung des Bundesverfassungsgerichts zur Pflicht des Staates, für die Existenz und das Funktionieren bestimmter Einrichtungen zu sorgen. Neben den bereits dargestellten Bereichen der zwischenstaatlichen Einrichtungen, der Strafrechtspflege und der Landesverteidigung[402] bestehen nach der Rechtsprechung Verpflichtungen des Staates für die Presse, den Rundfunk, das Kunstleben, die Wissenschaft, Ehe und Familie, Privatschule, Eigentum, im Beamtenrecht und hinsichtlich der Unabhängigkeit der Richter.

Die objektiv-rechtliche Seite der Pressefreiheit verpflichtet den Staat, für das „Institut Presse"[403] tätig zu werden, die Rundfunkfreiheit als „institutionelle Freiheit" gebietet die gesetzgeberische Ausgestaltung der Zulassung privater Anbieter[404], die „wertentscheidende Grundsatznorm" des Art. 5 Abs. 3 GG be-

---

400 Gleichwohl könnte ein „Folgegesetz" erforderlich sein, soweit es ausschließlich um die innerstaatliche Umsetzung geht.

401 Zu dieser Unterscheidung vgl. C. Schmitt, Freiheitsrechte und institutionelle Garantien der Reichsverfassung, 1931; ders., Verfassungsgerichtliche Aufsätze, 1958, S. 140 ff.; Friesenhahn, Verhandlungen des 50. DJT., Bd. 2, 1974, 61 ff. (26); zum sog. institutionellen Grundrechtsverständnis vgl. P. Häberle, Die Wesensgehaltsgarantie des Art. 19 II GG, 3. Aufl., 1983, S. 70 ff. m. w. N.

402 Anm. 390-396.

403 BVerfGE 20, 162 (175 f.).

404 BVerfGE 57, 295 (320); vgl. auch E 12, 205 (260 f.).

gründet eine Förderungspflicht für die Wissenschaft[405] und das Kunstleben[406]. „Die Institutsgarantie und die Grundsatznorm, d. h. die verbindliche Wertentscheidung des Art. 6 Abs. 1 GG"[407] begründen die Förderungspflicht des Staates für Ehe und Familie, Art. 7 Abs. 4 GG garantiert die Privatschule als „Institution"[408], das „Rechtsinstitut Eigentum" bietet Schutz vor Entziehung elementarer Bestandteile der Privatrechtsordnung[409], Art. 33 Abs. 5 GG gewährleistet „die Institution des Berufsbeamtentums"[410], und Art. 97 GG garantiert als „wesentlicher Grundsatz des Staatsaufbaus" ein Minimum an persönlicher Unabhängigkeit des Richters[411].

Der unterschiedlichen Terminologie des Bundesverfassungsgerichtes — Institut, Institution, Rechtsinstitut, Institutsgarantie, objektive Wertentscheidung, wertentscheidende Grundsatznorm — liegen in der Sache keine Unterschiede zugrunde. Sämtliche Entscheidungen beziehen sich auf Sachbereiche, deren Bedeutung durch die grundgesetzliche Verankerung besonders hervorgehoben ist und damit die Wertvorstellungen des Grundgesetzes widerspiegeln. Es handelt sich stets um Lebensbereiche, die das Bild der Bundesrepublik Deutschland nach dem Willen des Verfassungsgebers mitprägen. Zu diesen das Bild des Staates Bundesrepublik Deutschland bestimmenden Einrichtungen gehört neben der Judikative und der Legislative auch die Exekutive, die durch „die verfassungsgebende Gewalt in Art. 20 Abs. 2, Abs. 3 GG als unmittelbare Institution und Funktion geschaffen ist"[412]. Auch die auswärtige Gewalt als Teil der Exekutive und Repräsentant des Staates nach außen ist eine Einrichtung, die das Bild des Staates wesentlich mitbestimmt und für deren Funktionsfähigkeit der Staat mithin zu sorgen hat. Grundsätzlich ist daher eine Einschränkung des Erfordernisses des Gesetzesvorbehaltes zulässig und geboten, wenn die Funktionsfähigkeit der auswärtigen Gewalt durch das Erfordernis einer gesetzlichen Ermächtigungsgrundlage für bestimmte Handlungen der auswärtigen Gewalt gefährdet oder beeinträchtigt wird.

d) Kriterien der Funktionstüchtigkeit staatlicher Einrichtungen

Die für die Funktionstüchtigkeit konstitutiven und damit schützenswerten Aspekte einer Einrichtung können, ausgehend von den Aufgaben und Zwecken

---

405 BVerfGE 35, 79 (114 f.); 43, 242 (267); 66, 155 (177 f.).
406 BVerfGE 36, 121 (331 f.).
407 Ständige Rspr. seit BVerfGE 6, 55 (72 f.); vgl. auch E 21, 1 ff.
408 BVerfGE 27,195 (200 f.).
409 Ständige Rspr. seit BVerfGE 20, 351 (355).
410 Ständige Rspr. seit BVerfGE 3, 58 (136 f.); 64, 367 (379).
411 BVerfGE 2, 307 (320); 14, 56 (70).
412 BVerfGE 49, 89 ff. (125) — Kalkar.

der Einrichtung, bestimmt werden. Diese aufgabenorientierte Betrachtungsweise führt dann zu nicht eindeutigen Ergebnissen, wenn der Kreis der von der Einrichtung zu erfüllenden Aufgaben nicht oder nur in geringem Umfang gesetzlich umschrieben ist. Während die Aufgaben der Streitkräfte mit dem Schutz der Bundesrepublik Deutschland vor Bedrohung und Angriff fremder Staaten und ausnahmsweise dem Schutz ziviler Objekte im Grundgesetz festgeschrieben ist, sind beispielsweise die Aufgaben und Zwecke der Strafrechtspflege nur durch Auslegung zu ermitteln. „Der Gerechtigkeit zum Durchbruch zu verhelfen"[413] ist oberstes Ziel und Aufgabe der Strafrechtspflege, aber auch Spezialprävention, Generalprävention, Aufrechterhaltung des Vertrauens der Bürger in den Staat und Schadensausgleich sind Aufgaben der Strafrechtspflege. Ist die Erfüllung dieser Aufgaben bedroht oder beeinträchtigt, so wird die Funktionsfähigkeit der Strafrechtspflege tangiert, jedoch nur beeinträchtigt, wenn es sich um konstitutive Elemente handelt.

Die mit dieser aufgabenorientierten Betrachtungsweise verbundenen Auslegungszweifel sind offensichtlich: Welche Aufgaben sind für die Funktionsfähigkeit konstitutiv? Existieren Aufgaben, deren Nichterfüllung die Funktionsfähigkeit nicht tangiert oder jedenfalls nicht in dem Umfang tangiert, daß der Staat dazu aufgerufen wäre, die Erfüllung dieser Aufgaben zu sichern?

Im Ergebnis nicht weiterführend ist es, den Kreis der für die Funktionsfähigkeit konstitutiven Aufgaben auf jene zu beschränken, deren Erfüllung für die Einrichtung unerläßlich ist. Die „Unerläßlichkeit" könnte in Anlehnung an die Kernbereichs- oder Wesensgehaltsrechtsprechung des Bundesverfassungsgerichtes und Bundesverwaltungsgerichtes bestimmt werden[414]. Eine derartige Vorgehensweise wirft jedoch nicht nur die altbekannten Schwierigkeiten der Bestimmung des „Kernbereiches" oder „Wesensgehaltes" auf[415], sondern grenzt die für die Funktionsfähigkeit konstitutiven Elemente auf ein Minimum ein. Es wären nur noch solche Aufgaben für die Funktionsfähigkeit relevant, deren Nichterfüllung den Bestand der Einrichtung selbst beeinträchtigen würde, deren Nichterfüllung zu einer absoluten Funktionsunfähigkeit führen würde. Eine derartige Einschränkung auf einen Kernbereich von Aufgaben ließe außer acht, daß den im Grundgesetz verankerten Einrichtungen ihre Aufgaben durch das Grundgesetz selbst zugewiesen werden. Sind die Aufgaben expressis verbis zugewiesen, so entstehen keine Schwierigkeiten. Sind die Aufgaben durch Auslegung zu ermitteln, so ist insbesondere auf Ziel und Zweck der Einrichtung abzustellen. Dienen die Aufgaben diesem Ziel, so ist die Funktionsfähigkeit der Einrichtung berührt, falls die Erfüllung dieser Aufgabe gefährdet wird.

---

413 BVerfGE 33, 382 f.

414 Die Rspr. zum Kernbereich (Art. 28) und Wesensgehalt ist zusammengestellt bei P. Häberle, S. 303 ff.

415 Zur Kritik vgl. P. Häberle, ebd.

Neben dieser aufgabenorientierten Betrachtungsweise existieren verfahrensorientierte Kriterien zur näheren Beschreibung der Funktionsfähigkeit. Diese Kriterien sind der eigentlichen Aufgabenerfüllung vorgelagert und ermöglichen erst die Aufgabenerfüllung. Um derartige Kriterien handelt es sich beispielsweise bei der „Aufrechterhaltung eines ungestörten Dienstbetriebes“[416], der Disziplin der Bundeswehr. Disziplin und ungestörter Dienstbetrieb sind keine „Aufgaben“ der Streitkräfte, sie sind jedoch nötig, damit die Aufgaben erfüllt werden können.

Zudem sind inhaltliche Kriterien für die Funktionstüchtigkeit maßgebend, wie beispielsweise die Freiheit der Presse oder der Einfluß der relevanten Gruppen auf die Programmgestaltung beim öffentlich-rechtlichen Rundfunk.

Der sehr dehnbare Begriff der Funktionsfähigkeit wird durch die Systematisierung in aufgabenorientierte, verfahrensorientierte und inhaltlich-orientierte Kriterien bestimmbarer. Einer eindeutigen Umgrenzung und Festlegung ist die Funktionsfähigkeit als normativer Begriff hingegen nicht zugänglich. Stets ist unter dem Gesichtspunkt der von der Einrichtung verfolgten Aufgaben und Zwecke und unter Berücksichtigung der der Aufgabenerfüllung dienenden Verfahrens- und Organisationsstruktur der Einrichtung das Ausmaß der drohenden Gefahr für die Einrichtung zu bestimmen und zu entscheiden, ob und welche Handlung / Unterlassung zur Sicherung der Einrichtung geboten ist.

e) Aspekte der Funktionstüchtigkeit der Auswärtigen Gewalt

Die auswärtige Gewalt wurde als die Dispositionsbefugnis über das Sachgebiet „Rechtsbeziehungen des Staates mit anderen Völkerrechtssubjekten auf der Basis der Völkerrechtsordnung“ definiert[417]. Da es um die gegenüber anderen Völkerrechtssubjekten wirksame Gestaltung der Rechtsbeziehungen geht, stehen im folgenden Aspekte der Funktionstüchtigkeit der formellen auswärtigen Gewalt, der zur Erklärung des Staatswillens nach außen zuständigen Organe im Vordergrund.

Aufgabe der formellen auswärtigen Gewalt ist die Gestaltung der Rechtsbeziehungen zu anderen Völkerrechtssubjekten, d. h. die Vornahme aller völkerrechtlich erheblichen Handlungen gegenüber anderen Völkerrechtssubjekten, wie beispielsweise Anerkennung und Protest als einseitige Rechtsgeschäfte sowie die Gestaltung der mehrseitigen Rechtsgeschäfte[418].

---

416 Anm. 395, 396.

417 Siehe I.1.

418 „Völkerrechtlich erhebliche Handlungen“ sind entsprechend den Verfügungen im Sinne des BGB zu definieren: als Verfügungen werden solche Rechtsgeschäfte bezeichnet, die die Rechtslage durch Begründung eines Rechts, deren inhaltliche Änderung, Übertragung oder Aufhebung gestalten (vgl. RGZ 119, 332; BGHZ 1, 304; BGHZ 75, 226).

Die Eingrenzung auf „völkerrechtlich erhebliche" Handlungen hat zur Folge, daß der Gesamtbereich der Außenpolitik aus dem für die Funktionstüchtigkeit konstitutiven Aufgabenkreis ausgeklammert wird. Es soll an dieser Stelle den vielfältigen Definitionsversuchen von Politik und Außenpolitik keine weitere abstrakte Begriffsumschreibung hinzugefügt werden. Vorliegend wird der Bereich der für die Funktionstüchtigkeit entscheidenden auswärtigen Angelegenheiten und der Außenpolitik negativ voneinander abgegrenzt: Außenpolitik ist der Gesamtbereich des auf andere Völkerechtssubjekte ausgerichteten Handelns des Staates außerhalb des „völkerrechtlich erheblichen" Verhaltens. Zur Außenpolitik zählen daher solch unterschiedliche Sachverhalte wie die Bestimmung der außenpolitischen Leitlinien durch den Bundeskanzler, Reden und Stellungnahmen zu außenpolitischen Fragen.[419]

Die Aufgabeneingrenzung auf die Vornahme völkerrechtlich erheblicher Rechtsgeschäfte ist erforderlich, da ansonsten über das aus dem Rechtsstaatsprinzip abgeleitete Postulat der Funktionsfähigkeit bestimmte — vielleicht vernünftige — Ziele der Außenpolitik verfassungsfest, dem politischen Kalkül entzogen würden. Die freie Gestaltung der Außenpolitik würde damit gerade nicht gewährleistet, sondern zumindest in Teilbereichen auch für die Zukunft festgeschrieben und damit gefährdet. Dies liefe aber dem mit dem Postulat der Funktionsfähigkeit verfolgten Ziel gerade entgegen. Aus diesem Grund wird im Rahmen der aufgabenorientierten Betrachtungsweise der Bereich der Außenpolitik nicht berücksichtigt. Dies bedeutet allerdings nicht, daß die Außenpolitik für die Umschreibung der Funktionsfähigkeit der auswärtigen Gewalt keinerlei Bedeutung hätte. Im Rahmen der verfahrensorientierten Betrachtung können Aspekte der Außenpolitik relevant werden, da die politische Entscheidung der eigentlichen Aufgabenerfüllung vorgelagert ist und diese Aufgabenerfüllung gerade erst ermöglicht.

Zu den für die Funktionsfähigkeit konstitutiven Elementen sind die der Vornahme des völkerrechtlichen Rechtsgeschäftes unmittelbar vorangehenden internen Entscheidungen zu rechnen: so beispielsweise die Entscheidung, für einen unterzeichneten völkerrechtlichen Vertrag das Ratifikationsverfahren nicht einzuleiten[420]. Wäre es dem Parlament gestattet, seinerseits das erforderliche Zustimmungsgesetz einzubringen, so wäre die Funktionsfähigkeit der auswärtigen Gewalt gefährdet, da es allein in deren Ermessen steht, ob und wann das Ratifikationsverfahren eingeleitet wird. Es würde außenpolitischer Druck erzeugt, den

[419] Diese Definition von Außenpolitik stimmt auf den ersten Blick teilweise mit der Umschreibung in I. nicht überein. Dort wurde Außenpolitik und auswärtige Angelegenheiten nach dem Kriterium unterschieden, ob dem Handeln der Regierung „Außenwirkung" zukommt. Entsprechend dieser Definition kann auch die Rede des Bundeskanzlers eine auswärtige Angelegenheit sein (vgl. Mosler (Anm. 5), S. 254). Da es vorliegend um die Bestimmung des für die Funktionsfähigkeit konstitutiven Aufgabenkreises geht, sollte aus Gründen der Eindeutigkeit nur die Vornahme solcher Handlungen als für die Funktionstüchtigkeit konstitutiv geschützt werden, die *völkerrechtlich* von Relevanz sind.

[420] Vgl. die Nachweise in IV.3.

Vertrag nun zu schließen und die Absichten der Regierung möglicherweise unterlaufen.

Grundsätzlich sind die Entscheidungen, überhaupt ein völkerrechtliches Rechtsgeschäft vorzunehmen, für die Funktionstüchtigkeit von elementarer Bedeutung. Diese politischen Entscheidungen haben die zuständigen Organe in eigener Verantwortung zu treffen, jeder Versuch, auf diesen Entscheidungsprozeß in rechtlich bindender Weise[421] einzuwirken, stellt eine Gefährdung für die Funktionsfähigkeit der auswärtigen Gewalt dar.

Neben diesen für die Aufgabenerfüllung der auswärtigen Gewalt konstitutiven außenpolitischen Entscheidungen sind auch organisatorische Aspekte zu berücksichtigen. Ohne die Einrichtung eines diplomatischen Dienstes und die Unterhaltung von Auslandsvertretungen sind die Rechtsbeziehungen zu anderen Völkerrechtssubjekten für einen hochindustrialisierten Staat wie die Bundesrepublik Deutschland nicht zu gestalten. Dies bedeutet nicht, daß der gesamte diplomatische Dienst in seiner derzeitigen Ausgestaltung verfassungsrechtlich über das Institut der Funktionsfähigkeit abgesichert wäre; ein in personeller und finanzieller Hinsicht arbeitsfähiger diplomatischer Dienst ist jedoch für die Funktionsfähigkeit der auswärtigen Gewalt mitentscheidend. Es wäre gewiß verfassungswidrig, wollte der Gesetzgeber beispielsweise im Rahmen des Haushaltsgesetzes Einfluß auf Entscheidungen der Regierung im Auswärtigen nehmen.

Auch durch inhaltliche Kriterien kann die Funktionsfähigkeit der auswärtigen Gewalt umschrieben werden. Wichtigstes Kriterium ist insoweit, daß der Regierung bei der Regelung der auswärtigen Angelegenheiten ein weites Ermessen zuzugestehen ist. Es wurde bereits darauf hingewiesen, daß die Entscheidung, ob ein völkerrechtliches Rechtsgeschäft vorgenommen werden soll, allein von der Regierung zu treffen ist und das Parlament seine Zuständigkeit überschreitet, falls es seinerseits die Regierung rechtlich bindende Entscheidungen trifft. Das weite Ermessen der Regierung wird auch in der Rechtsprechung des Bundesverfassungsgerichts zum Prüfungsumfang im Bereich der auswärtigen Angelegenheiten deutlich[422]. Die Entscheidungsfreiheit der Regierung ist für die Funktionstüchtigkeit der auswärtigen Gewalt konstitutiv.

Neben der Entscheidungsfreiheit ist die ständige Entscheidungsfähigkeit der zuständigen Organe für die Aufgabenerfüllung im Bereich der auswärtigen Angelegenheiten unerläßlich. Das nicht kalkulierbare Geschehen in der Welt macht es erforderlich, daß die Bundesrepublik Deutschland jederzeit die nach ihrer Einschätzung notwendigen Maßnahmen ergreifen kann, um auf das Handeln der

---

[421] Rechtlich unverbindliche Beschlüsse des Bundestages in auswärtigen Angelegenheiten tangieren die Funktionstüchtigkeit grundsätzlich nicht. Ausnahmsweise wäre eine Gefährdung vorstellbar, falls der Bundestag ohne Abstimmung mit dem auswärtigen Amt außenpolitisch aktiv würde, indem er durch seine Mitglieder im völkerrechtlichen Verkehr der Staaten tätig würde.

[422] Vgl. dazu Anm. 210 ff.

anderen Völkerrechtssubjekte angemessen reagieren zu können. Bestimmte Entscheidungen über die künftige Vornahme einer völkerrechtlich erheblichen Maßnahme bedürfen zudem solange der Geheimhaltung, bis die Maßnahme gegenüber dem anderen Völkerrechtssubjekt vorgenommen wird. Wird die Wirksamkeit einer Maßnahme (z. B. Repressalie) dadurch gefährdet oder gar ausgeschlossen, daß diese in der Öffentlichkeit bekannt wird, so kann unter dem Gesichtspunkt der Funktionstüchtigkeit die Geheimhaltung geboten sein.[423]

f) Gefährdungen der Funktionstüchtigkeit der Auswärtigen Gewalt durch Ausdehnung des Gesetzesvorbehaltes als Ermächtigungsvorbehalt auf einseitige Maßnahmen der Auswärtigen Gewalt

Maßgebende Elemente der Funktionsfähigkeit der auswärtigen Gewalt sind die jederzeitige Entscheidungsfähigkeit (Schnelligkeit) und die Geheimhaltungsbedürftigkeit bestimmter Materien.

Die jederzeitige Entscheidungsfähigkeit wird durch das Erfordernis der Durchführung eines Gesetzgebungsverfahrens beeinträchtigt, ad hoc-Entscheidungen sind ausgeschlossen, Geheimhaltung wäre nicht gewährleistet. Gerade der Gesichtspunkt der Geheimhaltung kann bei einseitigen Maßnahmen von besonderer Bedeutung sein. Würden beispielsweise die im Wege einer Repressalie gegen einen Staat zu verhängenden Sanktionsmaßnahmen noch im Planungsstadium bekannt, so verlören die Sanktionen an Effizienz, da sich der betroffene Staat auf die Sanktionen einstellen könnte. Durch die Androhung möglicher Gegenmaßnahmen für den Fall der Verhängung von Sanktionen könnte der Drittstaat Einfluß

---

423 Der Gesichtspunkt der Funktionstüchtigkeit sollte Anlaß sein, die verfassungsrechtliche Zulässigkeit von Geheimverträgen erneut zu überdenken. W. K. Geck gelangt in einer Untersuchung im Jahre 1970 zu der Feststellung, „daß die Verfassungen, welche die parlamentarische Zustimmung bei allen Verträgen oder bei bestimmten Vertragsgruppen fordern, den geheimen Abschluß dieser Verträge entweder gar nicht oder nur unter besonderen Umständen rechtlich zulassen, zumindest aber praktisch unmöglich machen". W. K. Geck, Völkerrechtliche Geheimverträge und Verfassungsrecht, Festschrift für Gebhard Müller, 1970, S. 77 ff. (97); K. Zemanek, Treaties, Secret, in: R. Bernhardt (ed.); Encyclopedia of Public International Law, Inst. 7 (1984), S. 505 f. m. w. N. Es ist zu entscheiden, ob nicht die Funktionsfähigkeit der auswärtigen Gewalt im Einzelfall eine Einschränkung des Gesetzesvorbehaltes des Art. 59 Abs. 2 GG rechtfertigen oder gar gebieten würde, so daß der Abschluß eines Geheimvertrages auch nach deutschem Verfassungsrecht zulässig wäre. Einen Kompromiß zwischen den Bedürfnissen der Geheimhaltung und dem Erfordernis der Beteiligung des Parlaments könnte in einer gesetzlichen Regelung ähnlich dem Gesetz zur Beschränkung des Brief-, Post- und Fernmeldegeheimnisses bestehen; BGBl. 1968 I, 949; BVerfGE 30, 1 ff. Anstelle der Mitwirkung des gesamten Parlamentes in einem Gesetzgebungsverfahren könnte die Unterrichtung eines Abgeordnetengremiums treten; sofern dieses Gremien die Geheimhaltungsbedürftigkeit bejaht, wäre kein Ratifikationsverfahren mehr durchzuführen, verneint das Gremium die Geheimhaltungsbedürftigkeit, wäre von der Regierung ein Zustimmungsgesetz im Bundestag einzubringen.

im Sinne einer Abschwächung der Sanktionen auf die Entscheidungsfindung in der Bundesrepublik Deutschland nehmen. Durch parlamentarische Debatten und die Kenntnis des Abstimmungsergebnisses würde das zukünftige Verhalten der Bundesrepublik Deutschland berechenbarer. Hätten sich beispielsweise in einem Fall keine oder nur eine knappe Mehrheit für Sanktionen gefunden, so würde diese Entscheidung mit Sicherheit von Drittstaaten in ähnlichen Sachverhaltskonstellationen ins politische Kalkül einbezogen werden, wenn sich dieser Staat zu einem völkerrechtswidrigen Verhalten entschlösse. Die Drohung der Bundesrepublik Deutschland mit Sanktionen verlöre an Ernsthaftigkeit, der Entschluß zu völkerrechtswidrigem Handeln gegenüber der Bundesrepublik Deutschland durch eigenes früheres Verhalten der Bundesrepublik Deutschland selbst erleichtert.

g) Folgerungen und Lösungsmöglichkeiten

In Situationen, in denen eine unverzügliche Entscheidung zu treffen ist oder die Geheimhaltung erfordern, beeinträchtigt die Durchführung eines Gesetzgebungsverfahrens vor Erlaß / Durchführung der Maßnahme die Funktionsfähigkeit der auswärtigen Gewalt.

Dem aus dem Rechtsstaatsprinzip folgenden Rechtsinstitut der Funktionsfähigkeit ist in diesen Fallgestaltungen der Vorrang vor dem ebenfalls aus dem Rechtsstaatsprinzip abgeleiteten Postulat des allgemeinen Gesetzesvorbehalts einzuräumen. Dies gilt selbst dann, wenn mit der einseitigen Maßnahme unmittelbare Eingriffe in Freiheit und Eigentum im Sinne der klassischen Lehre verbunden sind. Insoweit wird die Geltung der Lehre vom allgemeinen Gesetzesvorbehalt im Vergleich zu deren Geltung im Rahmen von Art. 59 Abs. 2 GG weiter eingeschränkt bei dem Erlaß einseitiger Maßnahmen.

Völlig unberührt von diesem Ergebnis ist das Erfordernis einer gesetzlichen Grundlage ausschließlich für die innerstaatliche Umsetzung. Stellt die einseitige Maßnahme einen unmittelbaren Eingriff in Grundrechte dar, so bedarf es im Sinne des „Folgegesetzes" der Umsetzung durch Rechtssatz.

Davon zu unterscheiden ist die Frage, ob eine nachträgliche Befassung des Parlaments mit der einseitigen Maßnahme geboten ist mit dem Ziel, die Regierung — wenn tatsächlich möglich — zur Rückgängigmachung der Maßnahme zu veranlassen oder gar zu verpflichten oder die Maßnahme nachträglich zu billigen. Sowohl der Gesetzesvorbehalt als auch das Gebot der Funktionstüchtigkeit staatlicher Einrichtungen sind aus dem Rechtsstaatsprinzip abgeleitet und stehen gleichrangig nebeneinander. Drohen keine Gefahren mehr für die Funktionsfähigkeit der auswärtigen Gewalt aus einer parlamentarischen Mitwirkung, weil die völkerrechtliche Entscheidung bereits durch die Regierung getroffen wurde, könnte in den Fällen, in denen unmittelbar in Grundrechte eingegriffen wurde, eine nachträgliche Befassung des Parlaments mit der getroffenen Entscheidung der Regierung verfassungsrechtlich geboten sein. Die nachträgliche Mitwirkung des Parlamentes muß jedoch von der Rechtsfolgenseite her gesehen der Besonderheit Rechnung tragen, daß die von der Exekutive getroffene Maßnahme aus Gründen der Funktionsfähigkeit der auswärtigen Gewalt zum Zeitpunkt des Erlasses der Maßnahme verfassungsmäßig war. Deshalb scheidet eine Genehmigung mit ex-tunc-Wirkung als Form nachträglicher Mitwirkung aus.

Lösungsansätze lassen sich aus der Rechtsprechung des Bundesverfassungsgerichts zur Übergangsfrist beim Fehlen einer gesetzlichen Grundlage für die Form der nachträglichen Befassung des Parlaments mit der von der Exekutive erlassenen Maßnahme finden. Das Bundesverfassungsgericht hat die Notwendigkeit von Übergangsfristen als Ausnahme anerkannt, „um eine sonst eintretende Funktionsunfähigkeit staatlicher Entscheidungen zu vermeiden, die der verfassungsmäßigen Ordnung noch ferner stünde als der bisherige Zustand“[424]. Die diesen Entscheidungen zugrundeliegenden Sachverhalte waren alle dadurch gekennzeichnet, daß das Fehlen einer gesetzlichen Grundlage einen „förmlichen Mangel“[425] darstellt und das Bundesverfassungsgericht die Verfassungswidrigkeit des Eingriffs in das Grundrecht nur deshalb verneint hat, weil die damit verbundene Aufhebung der bisher bestehenden (unzureichenden) Rechtsgrundlagen die Aufgabenerfüllung der staatlichen Einrichtung unmöglich gemacht hätte. Für die nachträgliche Mitwirkung des Parlaments bei den vorliegend zur Diskussion stehenden einseitigen Maßnahmen der auswärtigen Gewalt ist die Rechtsprechung zur Übergangsfrist nur sehr bedingt heranzuziehen, da die einseitige Maßnahme zum Zeitpunkt ihres Erlasses verfassungsmäßig war, ihr eben gerade kein „förmlicher Mangel“ anhaftete. Der Besonderheit der Materie entspricht am ehesten das Recht des Parlaments, von der Exekutive die Aufhebung der Maßnahme zu verlangen, sofern dies tatsächlich und rechtlich möglich ist und dem Ansehen der Bundesrepublik nicht schadet.

Bereits unter der Geltung der Weimarer Reichsverfassung wurde dem Reichstag das Recht zugestanden, die Aufhebung bestimmter Entscheidungen der Exekutive zu verlangen: Nach Art. 48 der Weimarer Reichsverfassung[426] bestand das Recht, die Aufhebung von Diktaturverordnungen des Reichspräsidenten zu verlangen[427]. Alle acht zwischen 1919 und 1923 ergangenen Ermächtigungsgesetze zum Erlaß gesetzesvertretender Verordnungen durch die Reichsregierung gewährleisteten auch ein Recht des Reichstags, die Aufhebung der Verordnungen zu verlangen[428].

---

424 BVerfGE 58, 257 ff. (280); E 48, 29 ff. (38); 45, 400 (420); 41, 251 (266 f.).

425 BVerfGE 58, 280.

426 Weimarer Reichsverfassung v. 11.8.1919 (RGBl. 1919 / 1383), abgedr. bei E. R. Huber, Dokumente zur Deutschen Verfassungsgeschichte, Bd. 3, Dokumente der Novemberrevolution und der Weimarer Republik, 1918-1933, 1966, S. 129 ff.

427 E. R. Huber, Deutsche Verfassungsgeschichte seit 1789, Bd. VI (Die Weimarer Reichsverfassung), 1981, S. 444 ff.

428 Ebd. S. 440 m. w. N.

Auch im Grundgesetz wird dem Parlament die Kompetenz eingeräumt, die Aufhebung solcher Maßnahmen zu verlangen, an deren Erlaß das Parlament nicht beteiligt wurde, weil im Interesse des Staates ein unverzügliches Handeln notwendig war oder das Parlament an der Ausübung seiner Kompetenzen gehindert war. Gemäß Art. 80 a Abs. 2 GG sind Maßnahmen, die im Verteidigungs- oder Spannungsfall angeordnet wurden, aufzuheben, wenn der Bundestag die Aufhebung verlangt. A maiore ad minus kann auch die bloße Aussetzung der Maßnahme verlangt werden[429].

Art. 115 l Abs. 1 S. 1 GG räumt dem Bundestag mit Zustimmung des Bundesrates ein direktes Aufhebungsrecht hinsichtlich der vom gemeinsamen Ausschuß erlassenen Gesetze ein. Hinsichtlich der sonstigen Maßnahmen[430] besteht kein Aufhebungsrecht, sondern nur das Recht, die Aufhebung durch Beschluß zu verlangen.

Nach Art. 87 Abs. 4 S. 2 GG ist der unter den Voraussetzungen des Art. 87 Abs. 4 S. 1 GG angeordnete Einsatz der Streitkräfte aufzuheben, wenn der Bundestag oder Bundesrat es verlangen.

Im Wirtschaftsverfassungsrecht ist nach Art. 109 Abs. 4 GG eine zur Abwehr der Störung des gesamtwirtschaftlichen Gleichgewichts erlassene Rechtsverordnung aufzuheben, soweit der Bundestag dies verlangt.

Auch im Bereich des Außenwirtschaftsrechts hat der Gesetzgeber der Notwendigkeit schneller Entscheidungsfindung dadurch Rechnung getragen, daß Beschränkungen des Außenwirtschaftsverkehrs durch Rechtsverordnung[431] der Regierung[432] angeordnet werden. Diese Rechtsverordnungen sind gemäß § 27 Abs. 2 S. 1 des Außenwirtschaftsgesetzes unverzüglich dem Bundestag und gegebenenfalls dem Bundesrat zuzuleiten. Die Rechtsverordnungen sind gem. § 27 Abs. 2 S. 3 AWG unverzüglich aufzuheben, soweit es der Bundestag binnen vier Monaten nach ihrer Verkündung verlangt.

Dieses Modell im Außenwirtschaftsrecht eignet sich auch für die nachträgliche Mitwirkung des Parlaments im Rahmen von einseitigen völkerrechtlichen Maßnahmen. Ergreift die Bundesregierung aus Geheimhaltungsgründen oder deshalb, weil eine unverzügliche Entscheidung geboten war ohne vorherige parlamentarische Mitwirkung , einseitige völkerrechtliche Maßnahmen, die innerstaatlich als

---

429 Herzog, in: Maunz / Dürig / Herzog, Art. 80 a, Rdnr. 67 f.; v. Münch, Art. 80 a, Rdnr. 18.

430 „Maßnahmen" sind alle Handlungen außerhalb der förmlichen Gesetzgebung (Herzog, Art. 115 l, Rdnr. 15 ff.).

431 Nach § 2 Abs. 1 Außenwirtschaftsgesetz (AWG) (vom 28.4.1961, BGBl. I, S. 481, zuletzt geändert durch Gesetz vom 28.2.1992 (BGBl. I, S. 372)) können Beschränkungen, die im AWG zugelassen sind, durch Rechtsverordnung angeordnet werden.

432 In der Regel ist die Bundesregierung zuständig, § 27 Abs. 1 S. 1 1. HS, ausnahmsweise der Minister für Wirtschaft im Einvernehmen mit den Ministern des Auswärtigen und der Finanzen (§ 27 I 1, 2. HS).

unmittelbare Grundrechtseingriffe zu qualifizieren sind, so wäre das Parlament unverzüglich über die getroffene Maßnahme zu unterrichten. Das Parlament könnte die Aufhebung der Maßnahme verlangen, die Regierung wäre verpflichtet, diesem Verlangen nachzukommen, sofern die Aufhebung tatsächlich und rechtlich möglich ist.

Die nachträgliche Befassung des Parlaments ist nicht verfassungsrechtlich geboten, sie ist lediglich eine verfassungspolitische Forderung. Die von der Regierung getroffene einseitige Maßnahme ist aus Gründen der Funktionstüchtigkeit verfassungsmäßig, sie bedarf keiner Zustimmung oder Genehmigung des Parlaments.

Für die innerstaatliche Umsetzung wird Sorge getragen durch den Erlaß eines „Folgegesetzes" und damit dem Gesetzesvorbehalt Rechnung getragen.

5. Der Gesetzesvorbehalt als „Folgegesetz" im Rahmen einseitiger Maßnahmen der Auswärtigen Gewalt

Bereits im Rahmen der Erörterung des Rechtssatzvorbehaltes als Ermächtigungsvorbehalt wurde darauf verwiesen, daß ausschließlich bezogen auf die innerstaatliche Umsetzung eine rechtssatzförmige Grundlage rechtsstaatlich geboten sein kann. Diese ist unzweifelhaft geboten, wenn die einseitige Maßnahme zugleich und zwangsläufig als unmittelbarer Eingriff in Grundrechte zu qualifizieren ist. Zwar kann im Einzelfall aus Gründen der Funktionstüchtigkeit der Auswärtigen Gewalt das Erfordernis einer gesetzlichen Handlungsermächtigung entfallen, gleichwohl ist auf der innerstaatlichen Ebene der Eingriff in Grundrechte nur durch oder aufgrund Gesetzes zulässig. Gerade in dem Bereich des Auswärtigen sind unmittelbare, gezielte oder zwangsläufige Eingriffe, die der Bundesrepublik kraft positiven Tuns zurechenbar sind, weit seltener als die sog. mittelbaren, vielleicht zufälligen Eingriffe, die möglicherweise der Bundesrepublik nur kraft Unterlassens zurechenbar sind.

Es sei nochmal klargestellt, daß diese mittelbaren Eingriffe den Gesetzesvorbehalt im Sinne der Ermächtigung zum Handeln nicht zu begründen vermögen. Es geht nachfolgend allein um die Bestimmung derjenigen „Eingriffe",, die den Erlaß eines Folgegesetzes verfassungsrechtlich gebieten.

a) Maßnahmen gerichtet an Repräsentanten fremder Staaten

Einseitige Maßnahmen der auswärtigen Gewalt können gegen natürliche Personen gerichtet sein, ohne diese unmittelbar in Grundrechte zu betreffen. Sofern sich die Maßnahme gegen Repräsentanten eines fremden Staates richtet, deren

Aufgabe in der Vertretung[433] des Heimatstaates und der Wahrnehmung hoheitlicher Befugnisse seines Heimatstaates besteht, so wird diese Person nicht als Träger von Grundrechten beeinträchtigt[434], sondern als Repräsentant des fremden Staates. Als Organe des fremden Staates können sich diese Personen ebensowenig auf Grundrechte berufen wie die Organe der Bundesrepublik Deutschland[435]. Maßnahmen der Bundesrepublik Deutschland, die sich auf die Stellung und Funktion dieses Personenkreises als Vertreter ihres Heimatstaates beziehen, unterfallen mangels Grundrechtsrelevanz daher auch nicht dem Gesetzesvorbehalt.

b) Der Bundesrepublik Deutschland kraft positiven Tuns zurechenbare Grundrechtseingriffe

Eine einseitige Maßnahme der auswärtigen Gewalt ist aufgrund (Folge-)Gesetzes zu regeln, wenn durch diese Maßnahme in grundrechtlich geschützte Rechtsgüter eingegriffen wird und dieser Eingriff der Bundesrepublik Deutschland zurechenbar ist.

Im Rahmen der Erörterung des Umfangs des allgemeinen Gesetzesvorbehaltes nach der Wesentlichkeitsrechtsprechung des Bundesverfassungsgerichts wurden zunächst solche Beeinträchtigungen als Eingriffe qualifiziert, die „auf einen bestimmten Adressatenkreis abzielen und Rechtsgüter dieses Adressatenkreises beschneiden"[436] Im völkerrechtlichen Verkehr gibt es keine Maßnahmen, die auf die Beeinträchtigung von Rechtsgütern von Privaten „abzielen", Adressaten einer Maßnahme sind stets andere Völkerrechtssubjekte. Eine an ein anderes Völkerrechtssubjekt als Adressat gerichtete Maßnahme beeinträchtigt jedoch zugleich

---

433 Art. 3 Abs. 1 a WVRK; W. Wengler, Völkerrecht, Bd. 2, 1964, S. 955 ff.

434 Im Einzelfall können sich Abgrenzungsschwierigkeiten ergeben bei der Frage, ob der betreffende Diplomat in seiner Eigenschaft als Vertreter des Heimatstaates oder als Privatperson handelt.

435 Organe des Staates sind nicht „jedermann" i. S. von § 90 BVerfGG. In diesem Zusammenhang ist eine Entscheidung des BVG (NJW 1983, S. 2691) zum Verhältnis von Art. 97 Abs. 1 GG und Art. 5 Abs. 1 GG von Bedeutung, da in dieser Entscheidung auf eine Vermutung hingewiesen wird, daß im Zweifel ein Handeln als „Organ" anzunehmen ist. Gegenstand der Entscheidung war die Unterzeichnung einer Anzeige „Berufsverbot für M." durch einen Richter. Das Bundesverfassungsgericht führte aus:

„Die Bedeutung seines Amtes hat für den Richter persönlich zur Folge, daß er sich innerhalb und außerhalb des Amtes, auch bei politischer Betätigung, so zu verhalten hat, daß das Vertrauen in seine durch Art. 97 Abs. 1 GG garantierte Unabhängigkeit nicht gefährdet wird. Dies gilt um so mehr, als der Richter vielfach aufgerufen ist, Streitigkeiten zu beurteilen und zu entscheiden, die in der Öffentlichkeit Gegenstand politischer Auseinandersetzungen sind. Meinungsäußerungen eines Richters in die Öffentlichkeit sind danach verfassungsrechtlich nur dann durch Art. 5 Abs. 1 GG geschützt, wenn sie nicht mit dieser aus der besonderen Stellung des Richters folgenden, durch Art. 33 Abs. 5 GG gebotenen Pflicht zur Zurückhaltung, wie sie in § 39 DRG Ausdruck findet, unvereinbar ist."

436 Anm. 165.

Rechte natürlicher Personen, wenn die Maßnahme wie ein unmittelbar an natürliche Personen gerichteter Gesetzesbefehl wirkt[437], wenn die Maßnahme zwangsläufig und objektiv vorhersehbar auch grundrechtlich geschützte Rechtspositionen beeinträchtigt. Stellt sich die Beeinträchtigung jedoch als „zufällige Nebenfolge"[438] der völkerrechtlichen Maßnahme dar, so handelt es sich um eine bloße Reflexwirkung ohne Eingriffsqualität[439]. Neben der „zwangsläufigen Beeinträchtigung" existieren Fallkonstellationen, bei denen die an das andere Völkerrechtssubjekt adressierte Maßnahme nur dadurch vollzogen werden kann, daß gezielt in Rechte von Privaten eingegriffen wird. Das Feld der Wirtschaftssanktionen liefert für diese Form der gezielten Eingriffe reiches Anschauungsmaterial[440]. Sowohl zwangsläufige und vorhersehbare Beeinträchtigungen als auch die zuletzt beschriebenen „gezielten" Eingriffe bedürfen nach den Kriterien der Wesentlichkeitstheorie einer Regelung durch Rechtssatz. Soweit es ausschließlich um die innerstaatliche Umsetzung („Folgegesetz") geht, sind keine Gründe ersichtlich, im Rahmen der Umsetzung einseitiger Maßnahmen von der allgemeinen Gesetzesvorbehaltslehre Abstriche zu machen.

c) Sonstige der Bundesrepublik Deutschland zurechenbare Grundrechtseingriffe durch Drittstaaten

In den bisher geschilderten Fallkonstellationen war der Eingriff auf eine Handlung der Bundesrepublik Deutschland zurückzuführen und daher der Bundesrepublik Deutschland aufgrund positiven Tuns zurechenbar. In solchen Fallgestaltungen, in denen der Eingriff auf der Handlung eines fremden Staates beruht, ist dieser Eingriff der Bundesrepublik Deutschland nur dann zurechenbar, wenn eine Mitwirkung durch positives Tun — beispielsweise Zustimmung — oder Unterlassen seitens der Bundesrepublik Deutschland vorliegt.

aa) Das Erfordernis der „erfahrungsgesetzlichen Verbindung"

Voraussetzung der Zurechenbarkeit ist, daß das positive Tun oder Unterlassen der Bundesrepublik Deutschland für den Eingriff in grundrechtlich geschützte Rechtsgüter zumindest mitursächlich gewesen ist[441].

Die Ursächlichkeit ist nach der Rechtsprechung des Bundesverfassungsgerichts dann zu verneinen, wenn eine „erfahrungsgesetzliche Verbindung"[442] zwischen

---

437 Anm. 166 f.

438 Siehe III.4.bb.

439 Ebd.

440 Siehe Zweiter Teil.

441 BVerfGE 66, 60.

442 Ebd.

dem Grundrechtseingriff oder der Grundrechtsgefährdung und der Mitwirkung der Bundesrepublik Deutschland fehlt. Es wäre verfehlt, aus dem Begriff „erfahrungsgesetzliche Verbindung" herzuleiten, im Bereich des Grundrechtseingriffs genügte schon ein naturwissenschaftlicher Ursachenzusammenhang und die Erwägung, daß das Handeln der Bundesrepublik Deutschland nicht hinweggedacht werden könnte, ohne daß der Eingriff entfiele (condition sine qua non)[443]. Im Hinblick darauf, daß der Kreis der möglichen Ursachen umfangreich ist und darauf, daß der Eingriff unmittelbar von einem dritten Staat ausgeht, ist eine Eingrenzung der zurechenbaren Ursachen erforderlich. Kriterien der Abgrenzung könnten in Anlehnung an die Adäquanztheorie oder die Lehre vom „direkten — indirekten Schaden" gefunden werden. Ebenso wie auf anderen Rechtsgebieten ist vor allem der Zweck der Rechtsvorschriften zu beachten, die dem Ursachenzusammenhang rechtliche Bedeutung zuweisen. Diesem Grundsatz entspricht die auf dem Gebiet des bürgerlichen Schadensersatzrechts entwickelte Rechtsprechung zum adäquaten Ursachenzusammenhang. Die Erkenntnis, daß der Kreis der natürlich-logischen Bedingungen für den Eintritt eines Schadens in der Regel sehr groß ist und daß es mit dem Zweck des Schadensersatzrechts unvereinbar wäre, diese Vielzahl aller Bedingungen im natürlich-logischen Sinne für den Eintritt eines Schadens als Ursache im Rechtssinne der schädlichen Folge eines Handelns oder Unterlassens zuzuordnen, hat das Reichsgericht und im Anschluß daran den Bundesgerichtshof dazu geführt, eine an der Voraussehbarkeit ausgerichtete Abgrenzung vorzunehmen. Demzufolge erkennt der Bundesgerichtshof auf dem Gebiet des bürgerlichen Schadensersatzrechts einen ursächlichen Zusammenhang im Rechtssinne nur dann an, wenn eine Tatsache im allgemeinen und nicht nur unter ganz besonders eigenartigen, ganz unwahrscheinlichen und nach dem regelmäßigen Verlauf der Dinge außer Betracht zu lassenden Umständen zur Herbeiführung eines Erfolges geeignet ist, wenn also die Tatsache dem Erfolg „adäquat" war[444]. Es handelt sich dabei — wie der Bundesgerichtshof einräumt — „nicht eigentlich um die Frage der Kausalität, sondern um die Ermittlung der Grenze . . ., bis zu der dem Urheber einer Bedingung eine Haftung für ihre Folgen billigerweise zugemutet werden kann, also im Grunde um eine positive Haftungsvoraussetzung . . ."[445]. Auch im Rahmen der völkerrechtlichen Ersatzpflicht für Vermögensschäden ist eine Eingrenzung der Ursachen erforderlich, die neben der eigentlichen Völkerrechtsverletzung als mitwirkende Ursachen die Schadensersatzpflicht beeinflussen. Das Kriterium des „direkten und indirekten Schadens" ermöglicht zwar eine Entscheidung eines Internationalen Gerichts[446],

---

443 Die im Strafrecht gebräuchliche conditio-Formel (Äquivalenztheorie) wird durch das Erfordernis des Verschuldens eingeschränkt.

444 BGHZ 3, 261 ff.; Palandt, vor § 249, 5, b, aa. Im Recht der beamtenrechtlichen Unfallfürsorge und der gesetzlichen Unfallfürsorge vertreten BSG und BVerwG die Theorie der „wesentlichen Ursache" (BVerwGE 26, 336 ff. m. w. N.).

445 BGHZ 3, 267.

446 W. Wengler (Anm. 354), S. 512 ff.

wirft jedoch ansonsten die aus dem nationalen Recht bekannten Abgrenzungsprobleme auf.

Die Kausalitätsprüfung im Rahmen der Erörterung des Grundrechtseingriffs hat diejenigen Rechtsvorschriften zu beachten, die dem Ursachenzusammenhang rechtliche Bedeutung zuweisen. Nur solche Ursachen können kausal sein, die für den Eingriff bestimmend oder zumindest mitbestimmend waren[447]. Mitbestimmend sind dabei nur solche Ursachen, die von Gewicht für den Grundrechtseingriff sind. Der rechtliche Hintergrund dieser Kausalitätsprüfung, nämlich die Erörterung des Umfangs des Gesetzesvorbehaltes rechtfertigt es, über die Adäquanztheorie hinausgehend eine Ursache nur dann für den Grundrechtseingriff als maßgebend zu bezeichnen, wenn es sich um eine „wesentliche Ursache“[448] handelt. Die Wesentlichkeit bzw. Gewichtigkeit einer Ursache beurteilt sich nach den Gesetzen der Logik und Erfahrung (erfahrungsgesetzliche Verbindung); rechtliche Gesichtspunkte spielen in diesem Zusammenhang noch keine Rolle. Daß bereits auf dieser Stufe der „erfahrungsgesetzlichen Verbindung“ konträre Standpunkte vertretbar sind, zeigt die Entscheidung des Bundesverfassungsgerichts in Sachen Stationierung der amerikanischen Mittelstreckenraketen in der Bundesrepublik Deutschland. Es waren berechtigte Zweifel angebracht, ob durch die Zustimmung der Bundesregierung zur Stationierung überhaupt die Gefahr einer Grundrechtsverletzung erhöht oder im Gegenteil, ob die Gefahr nicht gemindert würde, weil erst durch die Stationierung der Raketen das zuvor gestörte Gleichgewicht der Kräfte wieder hergestellt würde. Bereits die Frage, ob ein Ursachenzusammenhang überhaupt gegeben ist, beruht in denjenigen Fällen, in denen der behauptete Eingriff auf das Handeln eines fremden Staates zurückzuführen ist, häufig auf Spekulationen, die anhand juristischer Kriterien nicht überprüfbar sind und zudem einer Beweisführung nur sehr bedingt zugänglich sind. Hinsichtlich der Zustimmung zur Stationierung der amerikanischen Mittelstrekkenraketen wurde von den Gegnern der Stationierung behauptet, die Grundrechte würden insofern gefährdet, als die Gefahr eines sowjetischen Präventivschlages erhöht würde. Die Bundesregierung vertrat dagegen die Ansicht, die Nachrüstung im Bereich der Mittelstreckenraketen verringere gerade die Gefahr eines sowjetischen Angriffs, diene also gerade dem Schutz der Grundrechte[449]. Beide Ansichten beruhen auf politischen und militärstrategischen Erwägungen. Anhand rechtlicher Kriterien ist jedenfalls eine Beurteilung, ob das Verhalten der deutschen öffentlichen Gewalt überhaupt zu einem Eingriff in grundrechtlich geschützte Rechtspositionen führt und gegebenenfalls bestimmend oder mitbestimmend für den Grundrechtseingriff oder die Grundrechtsgefährdung ist, bei diesem Hintergrund politischer Erwägungen nicht möglich. In Fortführung der im Ostvertrags-

---

447 BVerfGE 66, 61.

448 Anhaltspunkte für „wesentliche Ursachen“ liefert die in Anm. 164 ff. zitierte Rechtsprechung.

449 BVerfGE 66, 39 ff.; 68, 1 ff.

Urteil[450] und der Hess-Entscheidung[451] dargelegten Rechtsprechung zum Umfang der richterlichen Kontrolle der auswärtigen Gewalt, verneint das Bundesverfassungsgericht zu Recht in dem Beschluß über die gegen die Stationierung amerikanischer Mittelstreckenraketen eingelegten Verfassungsbeschwerden die gerichtliche Überprüfbarkeit der Frage, ob ein Eingriff in Grundrechte vorliegt und gegebenenfalls, ob das Verhalten der deutschen öffentlichen Gewalt mitbestimmend war, weil *rechtliche* Kriterien eine Beurteilung nicht erlaubten[452]. Eine Korrektur der auf politischen Erwägungen der Regierung basierende Entscheidung durch das Bundesverfassungsgericht wäre mangels rechtlicher Kriterien ebenfalls eine rein politische Entscheidung der Gerichte, durch die das Gericht die ihm durch das Grundgesetz zugewiesenen Kompetenzen überschreiten würde[453].

bb) Das Erfordernis einer „rechtlichen Verbindung"

In der Entscheidung zum Deutsch-Schweizerischen Vermögensvertrag[454] hatte sich das Bundesverfassungsgericht erstmals mit einer Fallkonstellation zu befassen, in der ein der deutschen öffentlichen Gewalt kraft „Mitwirkung" zurechenbarer Grundrechtseingriff in Frage kam. In einer Anmerkung zu dieser Entscheidung versuchen P. Sympher und W. K. Geck abzugrenzen, wann eine verfassungsrechtlich relevante Mitwirkung der Bundesrepublik Deutschland vorliegt, die anders als die bloße Hinnahme eines ausländischen Eingriffs, Ansprüche der Betroffenen auslöst[455]. Eine Anerkennung fremder hoheitlicher Eingriffe oder eine Mitwirkung der Bundesrepublik Deutschland würden die Bundesrepublik Deutschland nur dann und insoweit verpflichten, als dadurch die Lage der betroffenen deutschen Staatsangehörigen tatsächlich verschlechtert werde. Das entscheidende Kriterium sei die Frage, ob das Verhalten der Bundesrepublik Deutschland für den eingetretenen Vermögensschaden kausal sei[456]. Sympher und Geck ist darin zuzustimmen, daß es sich bei der Frage der Mitwirkung oder bloßen Hinnahme

---

450 BVerfGE 40, 141 ff.

451 BVerfGE 55, 349 ff.

452 BVerfGE 66, 61.

453 Zum Umfang des Prüfungsrechts: F. C. Zeidler, Verfassungsgericht und völkerrechtlicher Vertrag, 1974, S. 180 ff.; F. Schuppert, Die verfassungsgerichtliche Kontrolle der Auswärtigen Gewalt, 1973, S. 87 ff.; C. Gusy, Parlamentarischer Gesetzgeber und Bundesverfassungsgericht, 1985, S. 178; D. Murswiek, Der Umfang der verfassungsgerichtlichen Kontrolle staatlicher Öffentlichkeitsarbeit, in: DÖV 1982, S. 529 ff.; G. Ress, Die Kontrolle internationaler Verträge und der Akte der Europäischen Gemeinschaften durch das Bundesverfassungsgericht, in: Keio Law Review 1983, S. 49 ff.; ders., Die Autorität des Verfassungsrechts, in: Die Autorität des Rechts, Referate des Wissenschaftlichen Kolloquiums aus Anlaß des 65. Geburtstages von Karl Doehring am 17.3.1984 in Heidelberg, 1985, S. 28 ff.

454 BVerfGE 6,290 ff. (298).

455 P. Sympher / W. K. Geck, ZaöRV 18 (1957 / 58), S. 128 ff.

456 Ebd. S. 132 f.

der Entscheidung eines fremden Staates um ein Kausalitätsproblem handelt. Das Verhalten der Bundesrepublik Deutschland ist nicht mitbestimmend für den Grundrechtseingriff, wenn die Bundesrepublik Deutschland den Eingriff durch einen fremden Staat lediglich hinnimmt[457], wenn die Bundesrepublik Deutschland keinen bestimmenden Einfluß auf das Verhalten des fremden Staates besitzt[458], wenn „ein Vorgang im wesentlichen Verlauf von einem fremden Staat nach seinem, von der Bundesrepublik Deutschland unabhängigen Willen gestaltet wird“[459].

Während im Rahmen der „erfahrungsgesetzlichen Verbindung“ die Kausalität allein nach den Gesetzen der Logik zu beurteilen ist, spielen vorliegend bei der Beurteilung der Ursächlichkeit rechtliche Gesichtspunkte eine ausschlaggebende Rolle. Es sind rechtliche Erwägungen, ob die Bundesrepublik Deutschland auf die von der Schweizer Seite gegen das deutsche Vermögen ergriffenen Maßnahmen irgendeinen Einfluß hatte[460], ob die Bundesrepublik Deutschland an dem gegen Rudolf Hess verhängten Freiheitsentzug mitwirkt[461], ob die Bundesrepublik Deutschland auf die von einem fremden Staat verhängte Auslieferungshaft bestimmenden Einfluß hat[462]. Ebenso sind es rechtliche Erwägungen, ob die Bundesrepublik Deutschland Einfluß auf die Entscheidung der Sowjetunion, einen Präventivschlag auszulösen, nehmen kann[463].

Die Beurteilung eines „bestimmenden Einflusses“ hat nach *völkerrechtlichen* Gesichtspunkten zu erfolgen, so daß eine gerichtliche Überprüfung dieser Form der Kausalität durch das Bundesverfassungsgericht zulässig und geboten ist. Ergibt diese Prüfung, daß das Verhalten der Bundesrepublik Deutschland ohne völkerrechtliche Relevanz für die durch den fremden Staat getroffene Maßnahme ist, so ist das Verhalten der Bundesrepublik Deutschland nicht (mit)-kausal für den Eingriff in Grundrechte und mithin der Bundesrepublik Deutschland nicht zurechenbar.

Das Bundesverfassungsgericht hat es im Beschluß über die gegen die Zustimmung zur Stationierung der amerikanischen Mittelstreckenraketen eingelegten Verfassungsbeschwerden, offengelassen, „ob und gegebenenfalls in welchen Fällen trotz des ‚Dazwischentretens‘ eines auswärtigen Staates die Verantwortlichkeit der Bundesrepublik Deutschland für bestimmte Folgewirkungen bestehen bleiben kann“[464]. Eine solche Verantwortlichkeit wäre grundsätzlich dann anzunehmen, wenn die Bundesrepublik Deutschland den fremden Staat gerade zu

---

457 BVerfGE 6, 298; 55, 362. (Hess).
458 BVerfGE 57,9 ff. (24 f.) — Rechtsschutz bei Einlieferungsersuchen.
459 BVerfGE 66, 39 ff. (62) — Pershing.
460 Siehe Anm. 454.
461 Siehe Anm. 457.
462 Siehe Anm. 458.
463 Siehe Anm. 459.
464 Ebd. S. 62.

dem Eingriff in Grundrechte veranlaßt oder gar ersucht hätte. Aber auch in derartigen Fallgestaltungen ist stets zu prüfen, ob sich das „Ersuchen" der Bundesrepublik Deutschland gerade auf den Grundrechtseingriff bezogen hat, bzw. ob der Eingriff zumindest zwangsläufig mit dem Ersuchen verbunden war oder ob das Ersuchen für den konkreten Eingriff rechtlich irrelevant gewesen und aus diesem Grund nicht kausal für den konkreten Grundrechtseingriff gewesen war. Ein derartiger Sachverhalt lag der Entscheidung des Bundesverfassungsgerichts über die Verfassungsmäßigkeit eines Auslieferungsgesuchs durch die Bundesrepublik Deutschland an die Schweiz zugrunde[465]. Der Beschwerdeführer war der Ansicht, seine Inhaftierung in der Schweiz sei der Bundesrepublik Deutschland als Eingriff in das Freiheitsrecht zuzurechnen. Da die Bundesrepublik Deutschland die Schweiz nicht um die Inhaftierung des Beschwerdeführers ersuchte, ist die Inhaftierung durch die Schweizer Behörden der Bundesrepublik Deutschland nur zurechenbar, falls die Inhaftierung rechtsnotwendig durch das Auslieferungsersuchen bewirkt worden wäre. Dies wäre dann der Fall, wenn die Schweiz völkerrechtlich gegenüber der Bundesrepublik Deutschland verpflichtet wäre, die Person, um deren Auslieferung ersucht wurde, zu inhaftieren. Eine derartige Verpflichtung ergibt sich insbesondere nicht aus Art. 16 Abs. 1 und Art. 22 des Europäischen Auslieferungsübereinkommens, da die Voraussetzungen der Auslieferungshaft der ersuchte Staat nach nationalem Recht entscheidet[466]. Da zwischen der Bundesrepublik Deutschland und der Schweiz keine bilateralen Verträge bestehen, die im Falle eines Auslieferungsersuchens die Schweiz zur automatischen Inhaftierung der Person verpflichten würde, ist die Inhaftierung des Beschwerdeführers der Bundesrepublik Deutschland trotz des Auslieferungsersuchens nicht zurechenbar. Das Ersuchen ist im rechtlichen Sinne nicht kausal, so daß eine Verantwortlichkeit der Bundesrepublik Deutschland ausscheidet[467].

---

465 BVerfGE 57, 9 ff.

466 Europäisches Auslieferungsübereinkommen vom 13.12.1957 (BGBl. 1964 II, S. 1369). Die Rechtslage wird für die Schweiz auch im Bundesgesetz über internationale Rechtshilfe in Strafsachen vom 20.3.1981 (Systematische Sammlung Nr. 351.1) wiederholt. Art. 43 lautet: „Das Bundesamt entscheidet, ob und unter welchen Bedingungen auf das Ersuchen eingetreten wird." Zur dt. Rechtslage vgl. z. B. § 10 des Dt. Auslieferungsgesetzes v. 23.12.1929 (RGBl. I S. 239), zuletzt geändert durch Art. 104 des Einführungsgesetzes zum StGB vom 2.3.1974 (BGBl. I, S. 469).

467 In der Entscheidung des BVG vom 22.3.1983 (2 BvR 475 / 78) zum Rechtshilfevertrag vom 11.9.1970 zwischen der BRD und der Republik Österreich (BGBl. II, S. 1001; BGBl. II 1980, S. 1244) ist eine „Mitverantwortlichkeit" der BRD für Vollstrekkungsmaßnahmen der ersuchten österreichischen Behörden zu bejahen. Obwohl nach Art. 7 I bei Erledigung des Gesuchs das Recht des ersuchten Staats anzuwenden ist, hat das Ersuchen rechtsnotwendigerweise und gleichsam automatisch zur Folge, daß in durch Art. 14 GG geschützte Rechtsgüter zum Zwecke der Vollstreckung eingegriffen wird. Der Eingriff der österreichischen Behörden ist deshalb der BRD zurechenbar. Da der Bundestag dem Rechtshilfevertrag durch Gesetz zugestimmt hat, ist dem Erfordernis einer gesetzlichen Grundlage Genüge getan.

cc) Zurechnungsprobleme des Unterlassens

Die Untersuchung der Kausalität des Ersuchens für einen auf das Verhalten eines Drittstaates unmittelbar zurückführenden Eingriff wird durch den förmlichen Charakter des Ersuchens[468] erleichtert. Demgegenüber sind Fallgestaltungen, in denen eine Mitverantwortlichkeit der Bundesrepublik Deutschland kraft „Veranlassung" des Eingriffs in Frage kommt, nur sehr bedingt nach allgemeinen Kriterien beschreibbar. Falls die Bundesrepublik Deutschland bei dem Drittstaat den Entschluß zum konkreten Grundrechtseingriff provoziert hätte, den Drittstaat also — in der strafrechtlichen Terminologie — zum Grundrechtseingriff „angestiftet hätte", wäre eine Mitverantwortlichkeit durch Veranlassung zu bejahen. In den übrigen Fallgestaltungen, in denen also keine Mitwirkung durch positives Tun wie beispielsweise Ersuchen oder Veranlassung in dem soeben beschriebenen Sinne vorliegen, handelt allein der Drittstaat. Eine Verantwortlichkeit der Bundesrepublik Deutschland besteht nur dann, wenn es die Bundesrepublik Deutschland in zurechenbarer Art und Weise *unterlassen* hat, den Eingriff durch den Drittstaat zu mildern oder zu verhindern.

Voraussetzung dafür ist, daß die Vornahme der angeblich gebotenen Handlung den Eingriff verhindert oder gemildert hätte. Auch hier ergeben sich die bereits dargelegten Schwierigkeiten, eine hypothetische „erfahrungsgesetzliche Verbindung" darzulegen. Zudem ist zu prüfen, ob die Bundesrepublik Deutschland rechtlich überhaupt in der Lage war, durch Vornahme der gebotenen Handlung auf das Verhalten des Drittstaates Einfluß zu nehmen. Wird auch die rechtliche Möglichkeit der Einflußnahme bejaht, so ist die Bundesrepublik Deutschland für den Eingriff nur dann verantwortlich, wenn das Unterlassen als Verstoß gegen die Schutzpflicht des Staates zu qualifizieren ist. Hinsichtlich des vorliegend zu erörternden Umfangs des Gesetzesvorbehalts ist dann zu prüfen, ob im konkreten Fall nur durch Erlaß eines Gesetzes dieser Schutzpflicht Genüge getan werden könnte.

Ausgehend von den vom Bundesverfassungsgericht in der Kalkar-Entscheidung und im Mülheim-Kärlich-Beschluß[469] dargelegten Grundsätzen sind Art, Ausmaß und Nähe der durch die Bundesrepublik Deutschland beeinflußbaren Gefahren sowie der Rang des verfassungsrechtlich geschützten Rechtsgutes maßgebend für die inhaltliche Ausgestaltung der Schutzpflicht. Da es um das Erfordernis einer gesetzlichen Grundlage geht, wäre zudem zu fordern, daß die von dem Drittstaat verursachten Gefährdungen für die Bundesrepublik Deutschland objektiv vorhersehbar waren, so daß der Erlaß eines Gesetzes überhaupt möglich gewesen wäre. Gerade die Vorhersehbarkeit wird nur in Ausnahmefällen zu

---

[468] Vgl. beispielsweise für das Zivil- und Handelsrecht die Rechtshilfeverordnung für Zivilsachen (ZRHO) vom 19.10.1956, abgedr. bei Bülow / Böckstiegel, Internationaler Rechtsverkehr in Zivil- und Handelssachen, Rdnr. 900.

[469] BVerfGE 49, 89 ff. (141 f.) — Kalkar; 53, 30 ff. (57) — Mülheim-Kärlich.

bejahen sein, da es in der Regel im Ermessen des Drittstaates steht, ob und in welche grundrechtlich geschützte Rechtsgüter deutscher Staatsangehöriger er eingreift und welche Maßnahmen er gegebenenfalls als Reaktion auf ein Verhalten der Bundesrepublik Deutschland ergreifen wird. Unter Berücksichtigung dieser Besonderheit ist eine Grundrechtsgefährdung durch einen auswärtigen Staat für die Bundesrepublik Deutschland im Rahmen der Prüfung des Erfordernisses einer gesetzlichen Grundlage staatlichen Handelns nur dann „vorhersehbar", wenn die Gefährdung zwangsläufig als Reaktion auf ein Verhalten der Bundesrepublik Deutschland erfolgt[470]. Eine derartige Zwangsläufigkeit kann sich aus völkerrechtlichen und tatsächlichen Gesichtspunkten ergeben. Entscheidend ist in diesem Zusammenhang, ob in der Praxis der Staaten üblicherweise auf ein bestimmtes Verhalten eine bestimmte Reaktion erfolgt. In der Mehrzahl der Fälle dürfte eine Staatenpraxis nicht feststellbar sein, da den Staaten eine breite Palette von Reaktionsmöglichkeiten offensteht, von denen in unterschiedlichster Art und Weise Gebrauch gemacht wird[471]. In der Regel erfüllt die Bundesrepublik Deutschland im Verkehr mit fremden Staaten ihre den eigenen Staatsangehörigen gegenüber obliegende Schutzpflicht bereits dadurch, daß diplomatischer Schutz gewährt wird[472]. Das vom Völkerrecht nicht eingeschränkte freie Ermessen der Staaten, ob sie ihrem Bürger diplomatischen Schutz gewährt, wird für die Bundesrepublik durch das Grundgesetz eingeschränkt. Dies hat das Bundesverfassungsgericht für die deutsch-deutschen Beziehungen und für den Geltungsbereich der Ostverträge ausdrücklich bestätigt[473]. Das Bundesverfassungsgericht hat diese Rechtsprechung im Hess-Urteil[474] bestätigt und hervorgehoben, daß den Organen der Bundesrepublik Deutschland, insbesondere der Bundesregierung, von Verfassungs wegen die Pflicht zum Schutz deutscher Staatsangehöriger und ihrer Interessen gegenüber fremden Staaten obliegt.

Wenn auch umstritten ist, ob der Verfassungspflicht aller Staatsorgane zur Schutzgewährung ein durchsetzbares subjektives Recht entspricht und somit nicht abschließend geklärt ist, in welchem Umfang rechtmäßiges oder rechtswidriges Nichtgewähren von Schutz durch die Bundesrepublik Deutschland zu Ersatzansprüchen des geschädigten deutschen Staatsbürgers führen kann, so besteht für den deutschen Staatsangehörigen zumindest jedoch ein Anspruch auf fehlerfreie Ermessensausübung[475].

---

470 Die Anforderungen, die an die Vorhersehbarkeit i. R. des Amtshaftungs- oder Entschädigungsrechts zu stellen sind, sind eventuell geringer. Zur Abgrenzung ‚Enteignung vs. Sozialbindung': R. Dolzer, Eigentum, Enteignung und Entschädigung im geltenden Völkerrecht, 1985, S. 186 ff.

471 So z. B. die Reaktion der Staaten auf gegen sie verhängte Wirtschaftssanktionen. Erfolgt überhaupt eine Reaktion, so sind diese derart verschieden, daß von einem „Reaktionsmuster", das zudem durch die Staatenpraxis belegt wäre, nicht annähernd gesprochen werden kann.

472 Zum Begriff und den Voraussetzungen des Diplomatischen Schutzes vgl. S. 73 ff.

473 BVerfGE 36, 1 ff. (32); 40, 141 (177).

474 BVerfGE 55, 349 (364 f.)

In der Literatur wird zur Art und Weise der Ausübung des pflichtgemäßen Ermessens die Auffassung vertreten, daß im Falle der Verweigerung des diplomatischen Schutzes das Ermessen schon dann pflichtgemäß ausgeübt sei, wenn Gründe vorlägen, die im Einzelfall die Nichtausübung rechtfertigen[476]. Diese Auffassung steht im Einklang mit der Rechtsprechung des Bundesverfassungsgerichts, derzufolge namentlich im außenpolitischen Bereich der Bundesregierung wie allen anderen insoweit zum politischen Handeln berufenen staatlichen Organen allgemein ein breiter Raum politischen Ermessens eingeräumt ist. Das Grundgesetz gewährt den Organen der Auswärtigen Gewalt einen sehr weiten Spielraum in der Einschätzung außenpolitisch erheblicher Sachverhalte, wie der Zweckmäßigkeit möglichen Verhaltens, um es zu ermöglichen, die jeweiligen politischen Ziele der Bundesrepublik Deutschland im Rahmen des völkerrechtlich und verfassungsrechtlich Zulässigen durchzusetzen. Der Bundesregierung stehe somit hinsichtlich der Frage, ob und in welcher Weise sie Auslandsschutz gewähre, ein weites Ermessen zu[477]. Das Bundesverfassungsgericht beschränkt sich somit dem Grunde nach auf eine bloße Willkürprüfung.

Diese Rechtsprechung wurde fortgeführt in den Entscheidungen zur Verfassungsmäßigkeit der Zustimmung der Bundesregierung zur Stationierung der amerikanischen Mittelstreckenraketen[478]. Das Bundesverfassungsgericht betont die politische Verantwortung der Regierung, die geeigneten Maßnahmen für die Verteidigung der Bundesrepublik zu ergreifen.

> „Es ist nicht Aufgabe des Bundesverfassungsgerichts, jenseits rechtlich normierter Vorgaben in diesem Bereich seine Einschätzung an die Stelle der Einschätzungen der zuständigen politischen Organe des Bundes zu setzen. Dies gilt auch für die Frage, in welcher Weise der objektiv rechtlichen Schutzpflicht des Staates in Bezug auf Grundrechte im Bereich der Außen- und Verteidigungspolitik gegenüber fremden Staaten genügt wird“.[479]

Eine gerichtliche Überprüfung hat sich somit auf die Frage zu beschränken, ob überhaupt diplomatischer Schutz gewährt worden ist. Hinsichtlich der konkreten Maßnahmen zur Ausübung des Schutzes steht der Bundesrepublik Deutschland ein weites Ermessen zu. Keinesfalls ist das Bundesverfassungsgericht berechtigt, anstelle der für die auswärtigen Angelegenheiten kompetentiell zuständigen Organe bestimmte Maßnahmen vorzuschlagen oder gar vorzuschreiben. Die aus dem Verwaltungsrecht bekannte Rechtsfigur der „Ermessensreduzierung auf

---

475 G. Ress, Mangelhafte diplomatische Protektion und Staatshaftung, in: ZaöRV 32 (1972), S. 420 ff. (451 f.); Blumenwitz, D., Die deutsche Staatsangehörigkeit und die Schutzpflicht der Bundesrepublik Deutschland, Festschrift für Murat-Ferid, 1978, S. 439 ff.

476 Blumenwitz (Anm. 475), S. 445 m. w. N.

477 BVerfGE 55, S. 34 ff.

478 BVerfGE 66, 39 ff.; 68, 1 ff.

479 BVerfGE 66, 61.

Null"[480] ist auf den Bereich der Ermessensentscheidung der Regierung im Bereich des Auswärtigen nicht übertragbar, da die Entscheidung der Regierung von einer Vielzahl politischer Faktoren bestimmt ist, so daß eine einzige allein zutreffende Entscheidung überhaupt nicht begründbar ist.

6. Zusammenfassung

1. In den Artikeln 59 Abs. 2, 24, 115 a und 115 l GG werden die Anforderungen des Demokratie- und Rechtsstaatsprinzips für die jeweiligen Sachbereiche abschließend umschrieben. Eine Ausdehnung des Gesetzesvorbehalts unter Berufung auf das Demokratie- und / oder Rechtsstaatsprinzip läuft diesem im Grundgesetz zum Ausdruck kommenden differenzierten Rechtsstaats- und Demokratieverständnis zuwider.

2. Soweit es um die Ermächtigungsfunktion des Gesetzes geht, gilt im Rahmen von Art. 59 II GG nicht der allgemeine Gesetzesvorbehalt. Einer gesetzlichen Ermächtigung bedarf es nur bei unmittelbaren Eingriffen in Freiheit und Eigentum (klassische Lehre).

   Ausschließlich bezogen auf die innerstaatliche Umsetzung kann über den klassischen Eingriffsbegriff hinausgehend auch eine gesetzliche Grundlage für mittelbare Grundrechtseingriffe und Grundrechtsgefährdungen geboten sein („Folgegesetz").

3. Einseitige Erklärungen im Rahmen bestehender Verträge oder im Rahmen einer internationalen Organisation beurteilen sich allein an den Maßstäben der Art. 59 Abs. 2 oder Art. 24 GG. Das ursprüngliche Vertragswerk, dem das Parlament seine Zustimmung erteilt hat, bildet den Rahmen, innerhalb dessen sich nachfolgende rechtlich erhebliche Handlungen der Vertragspartei Bundesrepublik Deutschland zu halten haben. Nach den in den Eurocontrol-Entscheidungen und dem Urteil über die Verfassungsmäßigkeit der Zustimmung der Regierung zur amerikanischen Raketenstationierung vom Bundesverfassungsgericht entwickelten Kriterien ist der durch die Gründungsverträge gezogene Rahmen solange nicht überschritten, als das Handeln der Bundesrepublik Deutschland keine „wesentlichen Änderungen" des in den Gründungsverträgen angelegten (Integrations-)Programms und seiner Vollzüge darstellt.

4. Außerhalb der durch Artt. 59 Abs. 2, 24 Abs. I GG abschließend geregelten Bereiche bedürfen einseitige Maßnahmen der Auswärtigen Gewalt einer gesetzlichen Ermächtigung (Ermächtigungsfunktion) überhaupt nur für unmittelbare Eingriffe in Freiheit und Eigentum im Sinne der klassischen Lehre. Aus

---

480 Zur „Ermessensreduzierung auf Null" (Spruchreife) im Verwaltungsprozeßrecht vgl. Eyermann / Fröhler, Verwaltungsgerichtsordnung, 7. Aufl. 1977, § 113 Rdnr. 62 a, m. w. N.

Gründen der Funktionstüchtigkeit der staatlichen Einrichtung „Auswärtige Gewalt“ entfällt im Einzelfall auch bei unmittelbaren Eingriffen in Freiheit und Eigentum das Erfordernis einer gesetzlichen Ermächtigungsgrundlage.

5. Eine nachträgliche Befassung des Parlaments mit der bereits durchgeführten einseitigen Maßnahme ist verfassungsrechtlich nicht geboten.

6. Soweit es ausschließlich um die innerstaatliche Umsetzung der Folgen einseitiger Maßnahmen geht (Folgegesetz), gilt die Lehre von dem allgemeinen Gesetzesvorbehalt. Danach bedürfen einseitige Maßnahmen der auswärtigen Gewalt einer Regelung durch Rechtssatz, falls durch diese Maßnahmen in der Bundesrepublik Deutschland zurechenbarer Art und Weise in grundrechtlich geschützte Rechtsgüter eingegriffen wird oder eine verletzungsgleiche Grundrechtsgefährdung vorliegt. Der Umfang des Parlamentsvorbehalts ist auch in diesen Fällen von der Intensität des Eingriffs bzw. der Gefährdung abhängig.

   a) Beruht der Eingriff in grundrechtlich geschützte Rechtsgüter bzw. die verletzungsgleiche Grundrechtsgefährdung auf einem positiven Tun allein der deutschen öffentlichen Gewalt, so bedarf es einer Regelung durch Rechtssatz, falls der Eingriff zwangsläufig und objektiv vorhersehbar mit der einseitigen völkerrechtlichen Maßnahme einhergeht.

   b) Wird in grundrechtlich geschützte Rechtsgüter durch einen Drittstaat eingegriffen oder geht die verletzungsgleiche Grundrechtsgefährdung von einem Drittstaat aus, so ist die Bundesrepublik Deutschland für diesen Eingriff bzw. für die Grundrechtsgefährdung nur (mit-)verantwortlich, falls der Eingriff bzw. die Gefährdung der Bundesrepublik Deutschland trotz des Dazwischentretens eines fremden Staates zugerechnet werden kann.

      (1) Die Zurechenbarkeit positiven Tuns (Ersuchen, Zustimmung etc.) setzt voraus, daß das Tun für den vom Drittstaat ausgehenden Eingriff bzw. die Gefährdung ursächlich gewesen ist. Die Kausalität ist nur zu bejahen, wenn neben einer erfahrungsgesetzlichen Verbindung zwischen Eingriff und Handeln der Bundesrepublik Deutschland auch ein rechtlicher Zusammenhang zwischen beiden besteht, die Bundesrepublik Deutschland also den vom Drittstaat ausgehenden Eingriff nicht „bloß hinnimmt“.

      (2) Die Zurechenbarkeit von Unterlassen der Bundesrepublik Deutschland setzt neben der Kausalität des Unterlassens voraus, daß die Bundesrepublik Deutschland rechtlich und tatsächlich in der Lage war, auf das grundrechtsverletzende bzw. grundrechtsgefährdende Verhalten des Drittstaates Einfluß zu nehmen. Für einen in diesem Sinn der deutschen öffentlichen Gewalt zurechenbaren Eingriff bzw. Gefährdung ist die Bundesrepublik Deutschland verantwortlich, falls das Unterlassen einen Verstoß gegen die der Bundesrepublik Deutschland obliegende

Schutzpflicht darstellt. Unter dem Gesichtspunkt des Gesetzesvorbehaltes ist zu prüfen, ob ausschließlich durch eine gesetzliche Regelung dieser Schutzpflicht Genüge getan wird. Im Rahmen des Verkehrs mit auswärtigen Staaten ist dabei zu berücksichtigen, daß die deutsche öffentliche Gewalt in der Regel ihrer den deutschen Staatsangehörigen gegenüber obliegenden Schutzpflicht durch Gewährung diplomatischer Protektion genügt.

Zweiter Teil

Rechtmäßigkeitsvoraussetzungen wirtschaftlicher Zwangsmaßnahmen

Einleitung

Nach Erörterung der Geltung und der Schranken des Gesetzesvorbehaltes für einseitige Maßnahmen der auswärtigen Gewalt werden nunmehr verschiedene einseitige Maßnahmen der auswärtigen Gewalt und ihre innerstaatliche Durchsetzung dargestellt. Gegenstand der Erörterung ist die Frage, ob und inwieweit die derzeitige Rechtslage mit den im Ersten Teil dargestellten Anforderungen der Lehre vom Gesetzesvorbehalt übereinstimmt.

Die Bundesrepublik Deutschland hat als Reaktion auf völkerrechtswidriges Verhalten eine Vielzahl einseitiger Maßnahmen ergriffen, die auch die Bürger der Bundesrepublik treffen. Neben den klassischen Maßnahmen der Import- und Exportverbote finden sich so unterschiedliche Maßnahmen wie Beschränkungen des Geld- und Zahlungsverkehrs, Einstellung staatlicher Bürgschaftszusagen, Kündigung oder Suspendierung von Verträgen, Rückruf der Bürger aus einem fremden Staat, Ausweisung fremder Staatsangehöriger oder Abbruch diplomatischer Beziehungen. Während die unmittelbare Betroffenheit des Importeurs, Exporteurs oder Konteninhabers offensichtlich ist, sind bei einer großen Anzahl sonstiger Maßnahmen die Folgen, Verluste oder Gefahren für die Bürger der Bundesrepublik mittelbar und nicht ohne weiteres der öffentlichen Gewalt zurechenbar. So erleiden Luftfahrt- oder Transportunternehmen durch Kündigung oder zeitweise Suspendierung von Luftverkehrsabkommen bzw. Verkehrsabkommen finanzielle Verluste ebenso wie das Unternehmen, das mangels staatlicher Bürgschaften von einem Geschäftsabschluß Abstand nimmt. In letztgenanntem Fall scheidet allerdings eine Zurechenbarkeit von vornherein aus, da die Entscheidung zum Nichtabschluß des Geschäfts nur begründet ist mit der Nichtgewährung einer Sicherheit, auf die kein Anspruch besteht. Der Abschluß des Geschäftes selbst wurde nicht untersagt. In den übrigen Fallgestaltungen kommt jedoch eine Zurechenbarkeit im Sinne einer „zwangsläufigen Folge“ oder in dem Fall, daß der Eingriff unmittelbar von einem Drittstaat ausgeht, kraft Unterlassens in Betracht.[1]

---

1 Die Kündigung / Suspendierung des Transitabkommens durch Jugoslawien im Jahr 1991 als Reaktion auf die Suspendierung durch die Bundesrepublik verursachte für

Von der Vielzahl der Fallgestaltungen sollen vorliegend Maßnahmen im Wirtschaftsverkehr der Staaten und deren innerstaatliche Durchsetzung vorrangig erörtert werden.

I. Bestimmung und Eingrenzung des Untersuchungsgegenstandes

Bei dem Versuch, den Bereich der wirtschaftlichen Zwangsmaßnahmen[2] zu umschreiben, wird eine Vielzahl von Begriffen gebraucht: Die Rede ist von Embargo, Boykott, Intervention mit wirtschaftlichen Mitteln, Blockade, Wirtschaftskrieg, Wirtschaftssanktion, Enteignung, Kreditsperre, Entwicklungshilfesperre etc. Lediglich ein Teil der mit diesen Begriffen umschriebenen Maßnahmen der Staaten sind jedoch als wirtschaftliche Zwangsmaßnahmen anzusehen.

1. Der Begriff „wirtschaftlich" als Abgrenzungskriterium

Wirtschaftliche Maßnahmen sind friedliche Mittel, so daß a priori alle militärischen Zwangsmittel aus der Betrachtung ausscheiden.[3] Von den wirtschaftlichen Zwangsmaßnahmen sind auch Beschränkungen des Wirtschaftsverkehrs abzugrenzen, die mit der Führung eines Krieges verbunden sind. Es handelt sich dabei um gegen die Wirtschaftskraft des Kriegsgegners gerichtete nicht-militärische Maßnahmen, die ergänzend zu den militärischen Mitteln ergriffen werden.[4] Solche wirtschaftlichen Maßnahmen der Kriegsführung[5] beruhen auf anderen inner-

deutsche Spediteure Verluste in Millionenhöhe. War die Reaktion Jugoslawiens „zwangsläufig" oder für die BRD nicht vorhersehbar? Zu den Maßnahmen der Europäischen Gemeinschaft (Aussetzung der Handelszugeständnisse in dem Kooperationsabkommen), vgl. VO Nr. 3300/91 (ABl. Nr. L 315 v. 15.11.1991) sowie VO Nr. 545/92 (ABl. Nr. L 63 v. 7.3.1992).

2 Zum Begriff „wirtschaftliche Zwangsmaßnahmen" vgl. Kewenig, W. A., Heini, A., Die Anwendung wirtschaftlicher Zwangsmaßnahmen im Völkerrecht und im Internationalen Privatrecht, Berichte der Deutschen Gesellschaft für Völkerrecht, Heft 22 (1982), S. 7 ff., S. 37 ff. m. w. N.; umfassend zu Fragen des Internationalen Wirtschaftsrechts Petersmann, E. U., Constitutional Functions and constitutional problems of international economic law, 1991.

3 Zu den militärischen Zwangsmitteln gehört auch die sog. Blockade. Vgl. Weber, L., Blockade, in: Bernhardt (Hrsg.), Encyclopedia of Public international Law, Vol. 3 (1982), S. 47 ff. m. w. N.

4 Der Begriff „Wirtschaftskrieg" ist vieldeutig; er sollte deshalb auf militärische Zwangsmittel flankierende wirtschaftliche Maßnahmen beschränkt werden. In diesem Sinn K. Zamanek, Economic warfare, in: Bernhardt (ed.), Encyclopedia of Public international Law, Vol. 3 (1982), S. 163; F. Zehetner, Wirtschaftskrieg, in: Seidl-Hohenveldern (Hrsg.), Lexikon des Rechts — Völkerrecht, 1985, S. 349 f., unterscheidet Wirtschaftskrieg im weiteren und engeren Sinn. Unklar ist die Definition von H. Held, Wirtschaftskrieg, in: Strupp, Schlochauer, Wörterbuch des Völkerrechts, 1962, Bd. 3, S. 857 ff.

5 Entscheidend ist das Vorhandensein eines Krieges im Gegensatz zur nichtkriegerischen militärischen Repressalie. Zum Kriegsbegriff vgl. M. Bothe, Kriegsbegriff, in:

staatlichen und völkerrechtlichen Grundlagen als (friedliche) wirtschaftliche Zwangsmaßnahmen. Auf der innerstaatlichen Ebene kann der Wirtschaftsverkehr mit dem Kriegsgegner auf der Grundlage der Art. 80a, 150a ff. GG eingeschränkt werden. In Ausführung des Art. 80a GG hat der deutsche Gesetzgeber u. a.[6] das Wirtschaftssicherstellungsgesetz erlassen, nach dessen Vorschriften durch Rechtsverordnung ein Verbot der Ausfuhr von Waren und Kapital aus der Bundesrepublik Deutschland im Verteidigungsfall zulässig ist.[7] Nach den völkerrechtlichen Regeln ist jeglicher Handel zwischen den Staatsangehörigen der kriegsführenden Parteien automatisch mit Kriegsbeginn unzulässig[8] oder kann zumindest von dem kriegsführenden Staat seinen eigenen Staatsangehörigen untersagt werden.[9] Zwischen den kriegsführenden Parteien bestehende bilaterale Handelsverträge, die in Friedenszeiten der Verhängung wirtschaftlicher Zwangsmaßnahmen entgegenstehen könnten, sind in Kriegszeiten kein Hinderungsgrund für die Verhängung wirtschaftlicher Maßnahmen, da mit Kriegsbeginn diese Verträge entweder aufgehoben oder die aus solchen Verträgen resultieren Pflichten zumindest suspendiert sind.[10]

Seidl-Hohenveldern (Hrsg.), Lexikon des Rechts — Völkerrecht, 1985, S. 162 f.; Ch. Rousseau, Le droit des conflits armés, 1983, S. 2 ff.: „La guerre ne se définit en effet pas seulement par ses éléments objectifs (existence d'une lutte armée entre Etats suivant des moyens réglementés par le droit international). Elle comporte aussi des éléments subjectifs, l'état de guerre étant dans une large mesure le résultat de la volonté des Etats en conflit, résultat voulu en lui-même et dans ses effets juridiques. La réside le critère de la distinction entre la guerre et les représailles.“ (S. 7).

[6] Vgl. zudem das Arbeitssicherstellungsgesetz i. d. F. BGBl 1976 I, 3341, mit der Ernährungswirtschafts-MeldeVO vom 10.9.1975 (BGBl 1975 I, 2510); Verkehrssicherstellungsgesetz i. d. F. BGBl 1968 I, 1082.

[7] Gesetz vom 3.10.1968 (BGBl I, S. 1069 ff.) i. d. F. BGBl 1976 I, S. 3341 ff.

Gemäß § 1 Abs. 1 Nr. 7 sind Beschränkungen durch Rechtsverordnungen zulässig betr. „Herstellung, . . ., Abgabe, Verbringung und Verwendung von Produktionsmitteln der gewerblichen Wirtschaft“. Die Verordnung darf nur erlassen werden, „um eine Gefährdung der Versorgung zu beheben oder zu verhindern“ und unter der Voraussetzung, daß dieser Zweck (= Sicherstellung der Versorgung) nicht durch marktgerechte Maßnahmen erreicht werden kann (§ 2 Wirtschaftssicherstellungsgesetz). Wegen dieser Einschränkung in § 2 können Importverbote nicht auf § 1 Abs. 1 Nr. 7 gestützt werden, da das Importverbot dem mit dem Gesetz verfolgten Zweck gerade zuwiderläuft.

[8] Die angelsächsische Auffassung geht von einem derartigen Automatismus aus. Vgl. Oppenheim, L. — Lauterpacht, H., International Law, Vol. 2, 7. Aufl. 1952, § 101, S. 319; Steinicke, D., Wirtschaftskrieg und Seekrieg, Die allgemeine völkerrechtliche Anerkennung des anglo-amerikanischen Kriegsbegriffs und ihre Rechtsfolgen, 1970, S. 70 m. w. N.

[9] Guggenheim, P., Traité de Droit international public, Tome II, 1954, S. 382; Rousseau, Ch. (Anm. 5), S. 49 m. w. N. und zur Praxis im 1. und 2. Weltkrieg. Diese Staatenpraxis zeigt, daß beide Auffassungen zu rechtlich identischen Ergebnissen gelangen, da auch in den Vereinigten Staaten bzw. dem Vereinigten Königreich entsprechende Gesetze (Trading with the Enemy Acts) erlassen wurden (Nachweise bei Rousseau, S. 49 ff.).

[10] Über die rechtlichen Wirkungen des Krieges auf bilaterale Verträge herrscht Ungewißheit: „In state practice many types of treaty are regarded as at least suspended in time of war, and war conditions may lead to termination of treaties on grounds of

Der Kriegszustand hat nicht nur rechtliche Auswirkungen auf das Verhältnis der kriegsführenden Parteien, sondern begründet auch Pflichten für das Verhalten von Drittstaaten gegenüber den kriegsführenden Parteien. Die Verhängung von wirtschaftlichen Zwangsmaßnahmen durch Drittstaaten gegenüber einer kriegsführenden Partei ist völkerrechtlich unter dem Gesichtspunkt der Neutralitätspflicht der Staaten zu beurteilen. Sieht man die Verhängung von wirtschaftlichen Zwangsmaßnahmen durch Drittstaaten überhaupt als Verletzung der Neutralitätspflicht an, und sollte diese Verletzung als Rechtsfolge nach sich ziehen, daß der Drittstaat ebenfalls zur kriegsführenden Partei wird, so wären auch die wirtschaftlichen Zwangsmaßnahmen nach ius in bello zu beurteilen. Es handelte sich dann nicht mehr um „wirtschaftliche Zwangsmaßnahmen" in dem zu erörternden Sinn, sondern um Maßnahmen der wirtschaftlichen Kriegsführung.[11]

---

impossibility or fundamental change of circumstances. In many respects the law on the subject is uncertain. Thus, it is not yet clear to what extent the illegality of the use or threat of force has had effects on the right (where it may be said to exist) to regard a treaty as suspended or terminated". (Brownlie, I., Principles of Public International Law, 3. Aufl., 1979, S. 614); siehe auch Berber, Lehrbuch des Völkerrechts, Bd. II, 2. Aufl., 1969, S. 94 f. m. w. N., sowie Rousseau (Anm. 5), S. 52 f., zur Praxis. Keinesfalls trifft es zu, daß im Völkerrecht die Ansicht herrschend sei, die Verträge seien stets aufgehoben (so aber Lindemeyer, B., Schiffsembargo: völkerrechtliche Praxis und Zulässigkeit, 1975, S. 197, dort Anm. 59).

11 Das Gebot der Neutralität der nicht am Krieg beteiligten Staaten beansprucht auch heute noch Gültigkeit. Die nach Gründung der UNO zum Teil in der Literatur vertretene Ansicht, im System der kollektiven Sicherheit der UN sei kein Raum mehr für das Institut der Neutralität, hat sich angesichts der gegenteiligen völkerrechtlichen Praxis nicht durchgesetzt (vgl. Rousseau, Ch. (Anm. 5), S. 390; Kopfer, J., Die Neutralität im Wandel der Erscheinungsformen militärischer Auseinandersetzungen, 1975, S. 25 f.; Micó, J. G. M., La Neutralidad en la guerra aerea: Derechos Y Deberes de Beligerantes y Neutrales, 1982 (Madrid), S. 5 f.; Scheuner, U., Die Neutralität im heutigen Völkerrecht, 1969, S. 26 ff.). Hinsichtlich der kriegsführenden Parteien besteht daher auch heute noch das Gebot der Unparteilichkeit, mit dem der Erlaß wirtschaftlicher Zwangsmaßnahmen gegen eine kriegsführende Partei nicht zu vereinbaren ist.

Ob die für die vorliegende Untersuchung relevanten Sanktionen gegen Argentinien oder den Irak unter dem Gesichtspunkt der Neutralität zu prüfen sind, erscheint im Falle Argentinien bereits deshalb zweifelhaft, weil der Konflikt zwischen Argentinien und Großbritannien möglicherweise rechtlich nicht als Krieg zu qualifizieren ist (vgl. Zuppi, S. 187 ff., der zu dem Schluß gelangt, mit der Versenkung des Panzerkreuzers Belgrano haben die bewaffneten Auseinandersetzungen eine Intensität, die alle Merkmale eines Krieges, obgleich geographisch begrenzt, erhalten" (S. 190). Bejahte man diese Voraussetzung, so wäre zu prüfen, ob das Neutralitätsgebot auch im Falle dieses Angriffskrieges gegen den Aggressor unverändert gilt (vgl. Lindemeyer, B., Schiffsembargo und Handelsembargo, 1975, S. 461 f. m. w. N.). Auch wenn der Tatbestand einer Neutralitätsverletzung bejaht wird, so ist auf der Rechtsfolgenseite zu berücksichtigen, daß die gegen Argentinien ergriffenen Maßnahmen rein auf wirtschaftlichem Gebiet erfolgten. Scheuner (S. 40) bezeichnet dies als „Nichtkriegsführung, als einen neuen, noch nicht klar rechtlich definierten Status . . ., aber nicht als Neutralität". Eine angemessene Lösung könnte es darstellen, Maßnahmen der „Nichtkriegsführung" zwar als Verstoß gegen die Neutralität zu werten, der jedoch als Rechtsfolge nicht die Möglichkeit der Ausdehnung des Krieges im Verhältnis Adressat der Maßnahme — Drittstaat rechtfertigt. Vielmehr kann der Adressat der Maßnahme seinerseits nun Wirtschaftssanktionen verhängen.

Nicht zum Gegenstand der Untersuchung gehören auch alle sonstigen nichtwirtschaftlichen Zwangsmaßnahmen, wie beispielsweise der Abbruch diplomatischer, kultureller, sportlicher oder wissenschaftlicher Beziehungen.[12]

2. Die Eingrenzung auf „Zwangsmaßnahmen“

Wirtschaftliche Zwangsmaßnahmen sind hoheitliche Maßnahmen; der öffentlichen Gewalt obliegt die Durchsetzung der Maßnahmen. Von Privatpersonen initiierte und durchgeführte Boykottmaßnahmen[13] sind völkerrechtlich nur dann relevant, wenn das Handeln der Privatpersonen dem Staat zugerechnet werden kann.[14]

Durch den Begriff „Zwangsmaßnahme“ wird die Rechtsverbindlichkeit der hoheitlichen Beschränkungen des Wirtschaftsverkehrs auf der innerstaatlichen Ebene hervorgehoben. Lediglich dann, wenn wirtschaftlicher Kontakt mit fremden Staaten bzw. deren Staatsangehörigen oder Firmen in rechtlich durchsetzbarer Form, d. h. in der Regel durch Rechtsverordnung und Verwaltungsakte, verboten oder sonst reglementiert wird, kann von Zwang gesprochen werden. Werden lediglich Empfehlungen erteilt, deren Nichtbefolgung ohne rechtliche Konsequenzen ist, so handelt es sich um bloßen politischen Druck auf die Adressaten. Der EG-Südafrika-Kodex und der Verhaltenskodex der OECD[15] sind Beispiele für Maßnahmen, die mangels Rechtsverbindlichkeit keine Zwangsmaßnahmen im Sinn der vorliegenden Untersuchung darstellen.[16]

---

12 Eine Zwangsmaßnahme auf kulturell-wissenschaftlicher Ebene stellt z. B. die durch die BRD gegenüber Südafrika ausgesprochene Änderungskündigung des Kulturabkommens dar. Diese Maßnahme war „der Beitrag“ der BRD zu den am 10.9.1985 im Rahmen der politischen Zusammenarbeit getroffenen Entscheidung (Bull.-EG 1985, Nr. 9, S. 86 ff.). Sanktionen behalten sich die Mitgliedstaaten vor für den Fall, daß in Südafrika kein wesentlicher Fortschritt erzielt wird. Sie haben beschlossen, ihre Haltung abzustimmen — insbesondere hinsichtlich eines Handelsembargos für militärische Güter und Erdöl sowie hinsichtlich einiger „positiver Maßnahmen“. Frankreich hat ein umfassendes Handelsembargo aufgrund des Beschlusses vom 10.9.1985 gegen Südafrika verhängt (FAZ vom 10.1.1986, S. 2). Auf sportlichem Gebiet ist zu erwähnen der Olympiaboykott im Jahr 1980 nach dem Einmarsch sowjetischer Truppen in Afghanistan. Der Boykott wurde vom unabhängigen Nationalen Olympischen Komitee der BRD beschlossen (FAZ vom 16.5.1980, S. 1), nachdem die Bundesregierung diesen Schritt empfohlen hatte (Bull. 1980, S. 375).

13 Der Begriff „Boykott“ ist auf Handlungen Privater beschränkt; vgl. H. G. Kamsch, Boycott, in: Bernhardt (ed.), Encyclopedia of Public International Law, Vol. 3 (1982), S. 74 ff.; W. A. Kewenig (Anm. 2), S. 9 ff.

14 J. Wolf, Zurechnungsfragen bei Handlungen von Privatpersonen, in: ZaÖRV 1985, S. 233 ff. m. w. N.

15 Siehe Erster Teil, Anm. 4, 5.

16 Vorstellbar ist es, daß die Nicht-Einhaltung der Vorschriften der Verhaltenskodices mittelbar „sanktioniert“ wird, indem das Verhalten der deutschen Firmen in Südafrika im Vergabeverfahren der Ausfuhrgewährleistungen berücksichtigt wird. Selbst wenn

Unter dem Gesichtspunkt des Völkerrechts wird durch den Begriff „Zwangsmaßnahme" der Bereich des wirtschaftspolitischen Druckes ausgegrenzt. Kewenig[17] hat zur Abgrenzung des rechtlich zulässigen wirtschaftspolitischen Druckes und des völkerrechtlich unter dem Gesichtspunkt des Interventionsverbots relevanten wirtschaftlichen Zwangs als Kriterien unter anderem die Intensität der Maßnahme, die Mittel-Zweck-Relation und die Qualität des Zieles vorgeschlagen. Im Einzelfall führen jedoch auch diese Kriterien nicht zu eindeutigen Aussagen.[18] Daher werden vorliegend nur solche Maßnahmen als Zwangsmaßnahmen (im Gegensatz zu wirtschaftspolitischem Druck) angesehen, die rechtlich normiert ergehen. Dies sind alle auf der innerstaatlichen Ebene verbindlichen hoheitlichen Beschränkungen des Wirtschaftsverkehrs mit dem Ziel, den auswärtigen Staat zu einem Handeln oder Unterlassen zu zwingen bzw. für ein Handeln oder Unterlassen zu sanktionieren.

3. Wirtschaftliche Zwangsmaßnahmen im Gegensatz zu Zwangsmaßnahmen im Wirtschaftsverkehr

Beschränkungen des Wirtschaftsverkehrs können rein wirtschaftliche Ziele verfolgen: Geht es beispielsweise um die Öffnung des ausländischen Marktes für heimische Produkte, so können Zwangsmaßnahmen gegen den betreffenden Staat ergriffen werden[19], um ihn zum Abbau von Handelsschranken zu veranlassen. Die Motive und Ziele solcher Zwangsmaßnahmen im Wirtschaftsverkehr liegen ausschließlich im wirtschaftlichen Bereich. Demgegenüber werden die wirtschaftlichen Zwangsmaßnahmen von nicht-wirtschaftlichen Zielen und Moti-

---

dies der Fall sein sollte, handelte es sich nicht um eine Zwangsmaßnahme, da kein Anspruch auf die Auslandsgewährleistung, sondern lediglich ein Anspruch auf ermessensfehlerfreie Entscheidung besteht. Die Berücksichtigung des Kodex ist kein Ermessensfehler. Zu den Richtlinien für die Übernahme der „Bürgschaft" und der Berücksichtigung von § 7 AWG: v. Spiegel, H. U., Die neuen Richtlinien für die Übernahme von Ausfuhrgewährleistungen durch die Bundesrepublik Deutschland, in: NJW 1984, S. 2005 ff. (2008). Vgl. auch Hailbronner, K., Entwicklungstendenzen des Wirtschaftsvölkerrechts, in: Konstanzer Universitätsreden (130), 1983, der zutreffend darauf hinweist, daß derartige Beschlüsse und Empfehlungen als Völkergewohnheitsrecht durchaus Rechtsverbindlichkeit erlangen können. Für die Bundesregierung ist die Respektierung des Verhaltenskodex Voraussetzung der Erteilung einer Ausfuhrbürgschaft. So die Antwort des Staatssekretärs von Würzen vom 22.7.1981 auf eine Anfrage des Abgeordneten Holtz (BT-Drs. 9 / 693, S. 14).

17 W. A. Kewenig (Anm. 2), S. 16.

18 Ders.; anhand konkreter Fallbeispiele zeigt er die geringe Aussagekraft der Kriterien selbst und des Interventionsverbotes.

19 Vgl. die ständig wiederkehrende Diskussion über eventuelle Maßnahmen gegen Japan, um die Öffnung des japanischen Marktes zu erzwingen. Zur Problematik der „individuellen Außenhandelsfreiheit" und deren Beschränkung durch die Handelspolitik vgl. E. U. Petersmann, Handelspolitik als Verfassungsproblem, in: Jahrbuch für die Ordnung von Wirtschaft und Gesellschaft, Bd. 39, 1988, S. 239 ff.

ven bestimmt. Die Beschränkung des Wirtschaftsverkehrs ist dann lediglich Mittel zum politischen Zweck. So ist beispielsweise die Kontrolle des Warenexportes nach Osteuropa im Rahmen des „Coordinating Committee“ (CoCom)[20] vorwiegend militärpolitisch motiviert. Die Erhaltung des wirtschaftlich-technischen Vorsprunges der westlichen Industrie spielt möglicherweise sekundär eine Rolle, im Vordergrund steht jedoch die Erhaltung der Verteidigungskraft des westlichen Verteidigungs-Bündnisses.

Die wirtschaftlichen Ziele und Motivationen treten bei „Wirtschaftssanktionen“ völlig in den Hintergrund. Unter Wirtschaftssanktionen sind solche wirtschaftlichen Zwangsmaßnahmen zu verstehen, die als Folge völkerrechtlichen Unrechts verhängt werden. Durch den Begriff der Sanktion wird der Bestrafungscharakter der ergriffenen Maßnahme hervorgehoben.[21] Wirtschaftssanktionen in diesem Sinne waren die gegen Rhodesien im Jahre 1966 / 67, gegen den Iran 1979, gegen die UdSSR 1980 und 1982, gegen Argentinien 1982 und gegen den Irak 1990 verhängten wirtschaftlichen Zwangsmaßnahmen. Motiv dieser Maßnahmen war stets die Verletzung von Völkerrecht, Ziele waren die schnelle Wiederherstellung des rechtmäßigen Zustandes und die Bestrafung für begangenes Unrecht.

Im folgenden wird aus dem Gesamtbereich der wirtschaftlichen Zwangsmaßnahmen die Rechtmäßigkeit dieser Wirtschaftssanktionen sowie der im Rahmen der CoCom vereinbarten Handelsbeschränkungen[22] erörtert.

II. Die rechtliche Ausgestaltung der wirtschaftlichen Zwangsmaßnahmen

1. Die gegen Rhodesien verhängten Wirtschaftssanktionen

Nach der Unabhängigkeitsproklamation der rhodesischen Regierung vom 11.11.1965[23] forderte der Sicherheitsrat der Vereinten Nationen am 20.11.1965

---

20 Zur Entstehungsgeschichte und Inhalt der sog. COCOM-Liste vgl. Lindemeyer, B. (Anm. 10), S. 268 ff.

21 „Sanktion“ entspricht der Bedeutung im Römischen Recht als Strafe bei Gesetzesverletzung; vgl. Klein, F., Sanktion, in: Strupp / Schlochauer (Hrsg.), Wörterbuch des Völkerrechts, Bd. 3, 1962, S. 158 ff. In der amerikanischen Literatur wird der Begriff „Economic Sanctions“ ebenfalls in diesem Sinne verwendet: „Sanctions may be defined in legal terms as the penalty imposed to ensure compliance with a law . . . In current international usage sanctions are conceived essentially as the imposition of economic penalties to bring about a change in the political behavior of the country against which they are directed“ (Renwick, R., Economic Sanctions, Harvard Studies in International Affairs, N 45 (1981), S. 2.)

22 Gebräuchlich ist für diese Beschränkungen der Begriff des „Handelsembargos“. Vgl. Lindemeyer, B. (Anm. 10), S. 181 ff. m. w. N.

alle Staaten auf, „diese unrechtmäßige Regierung nicht anzuerkennen und keine diplomatischen oder sonstigen Beziehungen mit dieser unrechtmäßigen Regierung zu unterhalten" sowie „alle Handlungen zu unterlassen, die das unrechtmäßige Regime unterstützten oder ermutigen könnten, im besonderen von der Lieferung mit Waffen, Ausrüstung und Kriegsmaterial abzusehen und ihr Äußerstes zu tun, um die wirtschaftlichen Beziehungen zu Südrhodesien abzubrechen, einschließlich einer Einfuhrsperre für Öl und Erdölprodukte".[24]

Sanktionen gemäß Art. 41 der Satzung der Vereinten Nationen (SVN) wurden von dem Sicherheitsrat durch Resolutionen vom 16.12.1966[25], vom 29.5.1968[26], vom 18.3.1970[27], vom 28.7.1972[28] und vom 29.9.1972[29] verhängt.

Die Mitgliedstaaten wurden unter Hinweis auf Art. 25 SVN in der Resolution vom 29.5.1968 zur völligen Beschränkung des Wirtschaftsverkehrs (Im- und Export, Transportverträge etc.) aufgefordert.[30]

Die Bundesrepublik Deutschland, die zum damaligen Zeitpunkt noch nicht Mitglied der Vereinten Nationen war, hat sich den vom Sicherheitsrat beschlossenen Sanktionen freiwillig angeschlossen[31] und die ergriffenen Maßnahmen dem Generalsekretär der Vereinten Nationen mitgeteilt.[32]

---

23 Die Proklamation ist abgedruckt in: Europa-Archiv 1966, 2, D 67 f. Zur Rhodesienkrise ausführlich Campbell B., Rhodesien — eine Herausforderung für Großbritannien und die Vereinten Nationen, in: Europa-Archiv 1967, S. 135 ff.; Fischer, G., Le problème Rhodésie, in: Annuaire Française de Droit International, 1965, S. 41 ff.

24 Res / SR 216 (1967), in: UNJYB 1965, S. 132, sowie in: Europa-Archiv 1966, 2, D 77 f.

25 Res / SR 232 (1966), UNJYB 1966, 166, sowie in: Europa-Archiv 1967, 2, D 68 f.

26 Res / SR 253 (1968), UNJYB 1968, S. 152 ff.

27 Res / SR 277 (1970), UNJYB 1970, S. 181 ff.

28 Res / SR 318 (1972), in: VN Nr. 5 / 72, S. 165.

29 Res / SR 320 (1972), in: VN Nr. 5 / 72, S. 165.

30 Zu den Sanktionen durch die VN ausführlich Lindemeyer, B. (Anm. 10), S. 308 ff.; Ipsen, H. P., Außenwirtschaft und Außenpolitik. Rechtsgutachten zum Rhodesien-Embargo, in: Res publica, Bd. 19, 1967, S. 17 ff.; siehe auch Kuper, P. J., Sanctions against Rhodesia. The EEC and the implementation of general international legal rules, in: CMLR. 1975, S. 231 ff.

31 Die Bundesregierung sah sich hierzu veranlaßt aus Achtung vor dem Grundsatz der Selbstbestimmung, zur Sicherung des friedlichen Zusammenlebens der Völker sowie im Hinblick auf ihre freundschaftlichen Beziehungen zu Großbritannien (Vermerk der BReg. in: BT-Drs. V / 137, S. 4., zur 22. Verordnung zur Änderung der Einfuhrliste vom 16.12.1965 (BAnz. Nr. 238, S. 1)).

32 „The Government of the Federal Republic of Germany hopes that an effective and satisfying solution will be found for the crisis caused by the developments in Southern Rhodesia.

In accordance with resolution 217 (1965) adopted by the Security Council on 20 November 1965, the Government of the Federal Republic of Germany has taken measures supporting the economic sanctions and will do everything in this power to contribute to the restoration of a legal state of affairs. In taking these decisions the Federal Govern-

Durch Rechtsverordnung vom 16.12.1965 und vom 25.3.1966 wurde zunächst die Einfuhr bestimmter Waren aus Rhodesien unter Genehmigungsvorbehalt gestellt.[33] Um die seitens anderer Staaten verhängten Sanktionen nicht durch erhöhte Einfuhren in die Bundesrepublik Deutschland zu unterlaufen, wurde im Juli 1966 die Einfuhr sämtlicher Waren aus Rhodesien der Genehmigung unterworfen.[34]

Nach der Anordnung von Sanktionen durch den Sicherheitsrat[35] wurden die entsprechenden Maßnahmen innerstaatlich durch Verordnung zur Änderung der Außenwirtschaftsverordnung und zur Änderung der Ausfuhrliste in Kraft gesetzt.[36] Unter anderem wurden Beschränkungen für Handlungen und Rechtsgeschäfte Gebietsansässiger mit Südrhodesien angeordnet hinsichtlich

— der Ausfuhr besonders wichtiger strategischer Waffen und Waren,

— der Einfuhr bestimmter Waren mit Ursprung oder Einkaufsland Südrhodesien,

— des Abschlusses von Verträgen (zum Erwerb, Transithandel oder zu noch nicht bestimmten Zwecken) betreffend diese Waren,

— des Abschlusses von Ausfuhrverträgen über bestimmte strategisch wichtige Güter im Rahmen eines Transithandelsgeschäftes, wenn Käufer oder Verbrauchsland Südrhodesien ist,

---

ment is guided by respect for the right of self-determination of peoples and by its friendly relations with the African nations and the United Kingdom.

Up to now, the Federal Government has taken the following measures:

1. It has refused to recognize the regime in Salisbury, and it has refused to recognize Southern Rhodesia as an independent State;
2. The German Consul-General who had been appointed shortly prior to the unilateral declaration of independence has not gone to Salisbury and has not taken up his functions;
3. Licenses for the export of arms and ammunition and for military equipment have not been granted;
4. Southern Rhodesia does not receive German development aid;
5. The new board of directors in London installed by the ‚Reserve Bank of Rhodesia Order 1965' is regarded the only legal authority of the ‚Reserve Bank of Rhodesia';
6. Import licenses for tobacco and sugar from Southern Rhodesia are not being granted;
7. Since there have been no exports of oil or petroleum products from the F. R. to Rhodesia and no shipments of such products from German ports, it has not so far been necessary to take special measures in this connexion."

(UN Doc. S / 7181).

33 Die 22. Verordnung zur Änderung der Einfuhrliste vom 16.12.1965 (BAnz. Nr. 238 v. 18.12.1965) betraf die Einfuhr von Tabak und Tabakwaren.

Die 24. Verordnung zur Änderung der Einfuhrliste vom 25.3.1966 (BAnz. Nr. 61 v. 29.3.1966) betraf die Einfuhr von Roheisen, Ferrochrom und Ferrosiliziumchrom.

34 26. Verordnung zur Änderung der Einfuhrliste vom 8.7.1966 (BAnz. 1966 Nr. 130 v. 16.7.1966); zur Begründung dieser VO siehe Runderlaß AW Nr. 27 / 66 (BAnz. Nr. 130).

35 S. Anm. 24 ff.

36 10. VO zur Änderung der AWVO vom 14.2.1967 (BGBl I, S. 193) sowie 12. VO zur Änderung der Ausfuhrliste (BAnz. Nr. 35 v. 18.2.1967).

— des Abschlusses von Charterverträgen für Schiffe und Flugzeuge,

— des Abschlusses von Beförderungsverträgen für Waren, die unter die Ein- oder Ausfuhrbeschränkungen fallen.[37]

Die Rechtsverordnungen[38] wurden auf § 27 i. V. m. §§ 2, 5, 7 Abs. 1 Nr. 2 und 3, §§ 10, 26 und 33 Abs. 2 AWG gestützt.[39]

An den Sanktionen wurde bis zur Übernahme der Verwaltung Rhodesiens durch Großbritannien im Dezember 1979 festgehalten. Nach Aufforderung des Sicherheitsrates am 21.12.1979, die Sanktionen aufzuheben, wurden am 1.2.1980 die erforderlichen Rechtsverordnungen zur Aufhebung der Beschränkung durch die Bundesrepublik Deutschland erlassen.[40]

2. Die gegen den Iran verhängten Wirtschaftssanktionen

Im Anschluß an die Besetzung der amerikanischen Botschaft in Teheran scheiterten Sanktionen des Sicherheitsrates der Vereinten Nationen am Veto der Sowjetunion. Im Rahmen der europäisch-politischen Zusammenarbeit beschlossen am 22.4.1980 die Außenminister der Mitgliedstaaten der Europäischen Gemeinschaften grundsätzlich die Anordnung von Wirtschaftssanktionen gegen den Iran in koordiniertem Vorgehen der Mitgliedstaaten.[41]

---

37 Vgl. den Runderlaß Außenwirtschaft Nr. 17 / 67 vom 18.2.1967 (BAnz. 1967, Nr. 35, S. 1 f.). Diese Sanktionen wurden dem Generalsekretär ebenfalls mitgeteilt:

„Being anxious to give effect to the principle of self-determination of nations, the German Government has repeatedly declared that it neither recognizes Southern Rhodesia as a State nor the minority Government in Southern Rhodesia.

Identifying itself with the decisions of the United Nations, it has taken a number of measures to restrict trade with Southern Rhodesia following the resolution S / RES / 217 (1965) adopted by the Security Council on 20 November 1965, — in spite of the fact that the Federal Republic of Germany is not a member of the United Nations —, and has thereby contributed towards the effectiveness of the sanctions imposed with regard to this territory.

Pursuant to the sanctions imposed on Rhodesia by the Security Council on 16 December 1966, the German Government ordered on 21 December that import licenses may no longer be issued for the commodities originating in Southern Rhodesia mentioned in operative paragraph 2 a of the resolution.

The German Government also decides, on 1 February 1967, to prohibit transit and processing transactions in the commodities specified in operative paragraph 2 a of the resolution of 16 December 1966 as well as the exportation of the commodities mentioned in paragraph 2 e and f, and, accordingly, the transport of all commodities specified in the said resolution in German vessels or aircraft."
(UN-Doc. S / 7776).

38 Siehe Anm. 36.

39 AWG v. 28.4.1961 (BGBl I, S. 481).

40 45. VO zur Änderung der AWVO (BGBl 1980 I, S. 215) sowie 41. VO zur Änderung der Ausfuhrliste (BAnz. 1980, Nr. 25, S. 1).

41 EG-Bull. 4 / 1980, Nr. 1.2.9.

Die Bundesrepublik Deutschland hat durch zwei Rechtsverordnungen die Voraussetzungen für die Verhängung von Wirtschaftssanktionen geschaffen.[42] Die Außenminister der Mitgliedstaaten der Europäischen Gemeinschaften beschlossen sodann am 17.5.1980, alle Exportverträge, die nach der Geiselnahme (4.11.1979) geschlossen wurden, einer nationalen Genehmigungspflicht zu unterwerfen.[43] Die Bundesrepublik ordnete daraufhin das Inkrafttreten der bereits beschlossenen Rechtsverordnungen[44] am 23.5.1980 an.[45] Lediglich die nach dem 4.11.1979 abgeschlossenen Verträge unterliegen einer Genehmigungspflicht. Im einzelnen sind genehmigungspflichtig:

— die Ausfuhr und Durchfuhr aller Waren mit Ausnahme von Lebensmitteln und medizinischen Gütern,

— der Transithandel mit diesen Waren, sofern Käufer oder Verbrauchsland der Iran ist,

— die Beförderung dieser Waren durch deutsche Beförderungsmitteln,

— der Abschluß von Dienstleistungsverträgen über Förderung industrieller Vorhaben im Iran,

— Darlehensgewährungen, Konteneröffnungen für Iraner und Annahme von Einzahlungen zu ihren Gunsten durch gebietsansässige Geldinstitute, die den bestehenden Guthabenwert um mehr als 50.,000,- DM erhöhen, sofern sie auf Nicht-Dollar-Konten vorgenommen werden.[46]

Die Sanktionen wurden 1981 aufgehoben.[47]

3. Die gegen die UdSSR angedrohten und verhängten Wirtschaftssanktionen

a) Anläßlich des sowjetischen Einmarsches in Afghanistan

Die Generalversammlung der Vereinten Nationen hat in mehreren Resolutionen[48] die „bewaffnete ausländische Intervention in Afghanistan"[49] als Verstoß

---

[42] 46. VO zur Änderung der AWVO v. 23.4.1980 (BGBl I, S. 445) sowie 43. VO zur Änderung der Ausfuhrliste (BGBl I, S. 447).

[43] EG-Bull. 5 / 1980, Nr. 1.5.4.

[44] S. Anm. 42.

[45] 47. VO zur Änderung der AWVO v. 23.5.1980 (BGBl I, S. 580).

[46] Vgl. den Runderlaß Außenwirtschaft Nr. 19 / 80 v. 22.5.1980 (BAnz. Nr. 96 v. 24.5.1980). Zu den Sanktionen des Kapitalverkehrs vgl. Enderlein, J., Die Sanktionen gegen Iran auf dem Gebiet des Kapitalverkehrs, in: RIW 1980, S. 453 ff.

[47] 49. VO zur Änderung der AWVO (BGBl 1981 I, S. 105) sowie 47. VO zur Änderung der Ausfuhrliste (BGBl 1981 I, S. 106).

[48] Resolutionen GS-6 / 2 vom 14.1.1980; 35 / 37 v. 20.11.1980; 36 / 34 vom 18.11.1981; 37 / 37 vom 29.11.1982; 38 / 29 vom 23.11.1983.

gegen die Ziele und Grundsätze der Charta der Vereinten Nationen verurteilt und den Abzug der fremden Truppen aus Afghanistan gefordert. Im Rahmen der europäischen politischen Zusammenarbeit haben die Außenminister der Mitgliedstaaten der Europäischen Gemeinschaften am 15. 1. 1980 die Sowjetunion aufgefordert, „im Einklang mit den Grundsätzen der Charta der Vereinten Nationen dem afghanischen Volk zu gestatten, ohne ausländische Einmischung selbst über seine Zukunft zu entscheiden".[50] Zur Androhung wirtschaftlicher Zwangsmittel gegenüber der Sowjetunion konnten sich die Außenminister nicht durchringen.[51]

Auf der ebenfalls am 15. 1. 1980 stattfindenden Tagung des Rates der Europäischen Gemeinschaften wurden als Maßnahmen der Gemeinschaft beschlossen[52]:

— Das gemeinschaftliche Nahrungsmittelhilfsprogramm für Afghanistan wird gestrichen, da es der Kommission nicht möglich ist, die Verwendung dieser Hilfe zu kontrollieren.

— Um die Effektivität der durch die Vereinigten Staaten verhängten Sanktionen nicht dadurch zu gefährden, daß Gemeinschaftslieferungen mittel- oder unmittelbar an die Stelle der gestrichenen amerikanischen Exporte treten, werden im Landwirtschaftssektor die Ausfuhrerstattungen für die Lieferung bestimmter Produkte in die UdSSR gestrichen.[53]

Weitergehende Maßnahmen wurden nicht beschlossen. Der Rat ließ lediglich prüfen, ob auf dem Gebiet der Handelspolitik andere Aktionen möglich sind.[54] Zu konkreten Ergebnissen oder gar tatsächlichen Aktionen hat diese Prüfung nicht geführt.

Dieser sehr moderaten Haltung der Gemeinschaft gegenüber der UdSSR entspricht die Haltung der deutschen Bundesregierung. Beschränkungen des Wirtschaftsverkehrs wurden weder angeordnet noch angedroht. Die offiziellen Verlautbarungen des Außenministers[55] und des Bundeskanzlers[56] erschöpfen sich inhaltlich in der Wiederholung der Resolutionen der Vereinten Nationen.

---

49 Res. 38 / 29 v. 23. 11. 1983, in: Resolutionen und Beschlüsse der Generalversammlung, 38. Tagung, S. 26.

50 Bull-EG 1980 Nr. 1, S. 7 f.

51 Gefordert wurde die Einstellung der Wirtschaftshilfe und ein Ausfuhrembargo. Vgl. die Debatte des Europäischen Parlaments vom 16. 1. 1980, Bull-EG 1980, Nr. 1, S. 64 ff., sowie die Entschließung des Parlaments, in der die Gemeinschaft aufgefordert wird, wirtschaftliche Sanktionen gegen die UdSSR zu ergreifen (Bull-EG 1980, Nr. 1, S. 67).

52 Bull-EG 1980, Nr. 1, S. 8 ff.

53 ABl. L. 14 vom 19. 1. 1980; ABl. L. 26 v. 1. 2. 1980; ABl. L. 6 vom 10. 1. 1980; zusammenfassend: Bull-EG 1980, Nr. 1, S. 31 f.

54 Bull-EG 1980, Nr. 1, S. 9; insbesondere sollte die Frage restriktiver Handhabung der Ausfuhrkredite überprüft werden.

55 Bull 1980, S. 16 u. S. 884; Bull 1981, S. 1053.

56 Der Bundeskanzler erklärte in Moskau wörtlich: „In der Afghanistan-Krise unterstützt die Bundesregierung in Übereinstimmung mit Frankreich, mit ihren Partnern in

b) Anläßlich der Verhängung des Kriegsrechts in Polen am 13.12.1981

Während die Vereinigten Staaten noch im Dezember 1981 wegen der sowjetischen Pressionen auf Polen gegen die UdSSR ein Embargo für Öl- und Gasausrüstungen verhängten[57], war die offizielle Haltung der Bundesrepublik Deutschland hinsichtlich der Verhängung von Wirtschaftssanktionen gegenüber Polen bzw. der UdSSR durch eine Beschwichtigungs- und Verzögerungstaktik gekennzeichnet.[58] Die westlichen Verbündeten der USA schlossen sich dem Exportembargo zu keinem Zeitpunkt an. Sie hielten an dem Erdgasröhrengeschäft mit der UdSSR sogar dann noch fest, als die USA die Exportbeschränkungen über den eigenen Hoheitsbereich hinaus auf solche ausländischen Firmen ausdehnten, die sich in amerikanischem Besitz befinden, bei denen es sich um Tochterfirmen amerikanischer Unternehmen oder um ausländische Firmen handelt, die amerikanische Technologie in Lizenz einsetzten.[59] Auf der Gemeinschaftsebene verabschiedete der Rat der Europäischen Gemeinschaften am 15.3.1982 die Verordnung zur Änderung der Einfuhrregelung für bestimmte Waren mit dem Ursprung in der UdSSR.[60] Die Mitgliedstaaten wurden verpflichtet, die Einfuhr bestimmter Produkte um 25 bzw. 50% zu vermindern.[61] Diese Verpflichtung bezieht sich gem.

---

der Europäischen Gemeinschaft und mit den Teilnehmern des Gipfeltreffens in Venedig am 22. und 23. Juni und mit der überwältigenden Mehrheit der Völkergemeinschaft die Entschließung der Generalversammlung der Vereinten Nationen vom 14. Januar 1980 ebenso wie die Haltung der Islamischen Konferenz auf ihren beiden letzten Tagungen. Gemeinsames Ziel dieser Entschließungen und Initiativen ist die Wiederherstellung eines unabhängigen und blockfreien Afghanistan, frei von ausländischen Truppen, eines Afghanistan, das den Wünschen des afghanischen Volkes und den legitimen Interessen der Nachbarn Afghanistans entspricht." (Bull. 1980, S. 663).

[57] Neben diesem Technologieembargo wurden Verhandlungen über den Abschluß eines Getreide- und Schiffahrtsabkommens hinausgeschoben sowie die Landerechte der Aeroflot in den USA suspendiert. Vgl. F. Müller et al., Wirtschaftssanktionen im Ost-West-Verhältnis. Rahmenbedingungen und Modalitäten, Aktuelle Materialien zur Internationalen Politik, B d. 1, 1983, S. 123 ff.

[58] Vgl. die Erklärung des Bundeskanzlers Schmidt vom 18.12.1981 (Bull. 1981, S. 1053; BT-Drs. 9/74, S. 4289).

[59] Zu den Fragen der extraterritorialen Wirkung vgl. Meessen, W., Extraterritoriality of Export Control: A German Lawyer's Analysis of the Pipeline Case, in: German Yearbook of International Law, 1984, S. 94 ff.; Meng, Völkerrechtliche Zulässigkeit und Grenzen wirtschaftsverwaltungsrechtlicher Hoheitsakte mit Auslandswirkung, in: ZaÖRV 1984, S. 675 ff.

[60] ABl. L. 72/82, S. 15.

In Bezug auf Griechenland wurden diese Maßnahmen vorläufig ausgesetzt (ABl. L. 72/82, S. 19). Beide VO sind auf Art. 113 EWGV gestützt. Aus den Gründen der VO wird der konkrete Anlaß der Maßnahmen nicht ersichtlich. Ohne Polen auch nur zu erwähnen, wird die VO begründet mit „den Interessen der Gemeinschaft, die eine Verringerung der Einfuhren aus der UdSSR erfordern."

[61] Die Kürzung betrifft lediglich 8% der Einfuhren von 1980 (nominal etwa 830 Millionen ECU): Bull-EG 1982, Nr. 2, 2.2.45 (S. 55).

Art. 4 der Verordnung nicht auf Verträge, die vor Inkrafttreten der Verordnung (17.3.1982) geschlossen wurden.

In der Bundesrepublik Deutschland wurden die der EG-Verordnung entsprechende Verringerung der Einfuhrkontingente durch die 81. Verordnung zur Änderung der Einfuhrliste vom 31.3.1982 angeordnet.[62] Diese Rechtsverordnung ist auf die §§ 27 Abs. 1 S. 1 i. V. m. § 2 Abs. 1, 5, 10 Abs. 2 bis 4 AWG gestützt.

Die Handelsbeschränkung der Europäischen Gemeinschaft gegen die Sowjetunion lief Ende des Jahres 1983 aus.[63]

4. Die gegen Argentinien verhängten Wirtschaftssanktionen[64]

Mit Wirkung vom 16.4.1982 hat die Europäische Gemeinschaft Wirtschaftssanktionen als Reaktion auf die Besetzung der Falklandinseln gegen Argentinien verhängt.

Auf der Grundlage einer Verordnung des Rates der Europäischen Gemeinschaften[65] und durch Beschluß der im Rat vereinigten Vertreter der Regierungen der Mitgliedstaaten der Europäischen Gemeinschaft für Kohle und Stahl[66] wurde die Einfuhr aller Erzeugnisse mit Ursprung in Argentinien, die in der Gemeinschaft in den freien Verkehr gebracht werden sollten, ausgesetzt. Die Beschränkungen gelten gem. Art. 2 der Verordnung und des Beschlusses lediglich für Importverträge, die nach dem Inkrafttreten der Verordnung / des Beschlusses (16.4.1982) geschlossen wurden, die Abwicklung von zu einem früheren Zeitpunkt geschlossener Verträge wird nicht beeinträchtigt.[67]

Die Maßnahmen wurden bereits im Juni 1982 wiederum aufgehoben.[68]

In der Bundesrepublik Deutschland wurde in einem Runderlaß des Bundesministers für Wirtschaft vom 17.4.1982 die Gemeinschaftsregelung vom 16.4.1982 bekanntgemacht.[69] Durch Rechtsverordnung vom 3.5.1982 wurde die Genehmigungspflicht für den Import argentinischer Waren rückwirkend zum 16.4.1982

---

62 BAnz. 1982, Nr. 68, S. 1; siehe zur Erläuterung dieser Verordnung den Runderlaß AW Nr. 11 / 82 v. 1.4.1982 (BAnz. 1982, Nr. 68, S. 2) sowie Runderlaß AW Nr. 10 / 82 (BAnz. 1982, Nr. 56, S. 2).

63 FAZ vom 23.12.1983, S. 2.

64 Zum Falkland-Konflikt siehe Zuppi, A. L., Die bewaffnete Auseinandersetzung zwischen dem Vereinigten Königreich und Argentinien im Südatlantik aus völkerrechtlicher Sicht, 1990, S. 143 ff. m. w. N.

65 VO / EWG Nr. 877 / 82 des Rates vom 16.4.1982 (ABl. L 102, S. 1). Die VO ist auf Art. 113 EWGV gestützt.

66 Beschluß 82 / 221 / EGKS vom 16.4.1982 (ABl. L. 102, S. 3).

67 Die Maßnahmen waren ursprünglich bis zum 17.5.1982 befristet (Art. 3). Sie wurden im Mai 1982 zweimal verlängert: ABl. L. 136, S. 1, 2; ABl. L. 146, S. 1, 2.

68 VO und Beschluß vom 21.6.1982 (ABl. L. 177, S. 1, 2).

69 Runderlaß AW Nr. 14 / 82 (BAnz. 1982, Nr. 72, S. 1).

eingeführt.[70] Nicht genehmigungspflichtig ist die Einfuhr solcher Waren, die vor dem 16.4.1982 auf den Weg in die Bundesrepublik Deutschland gebracht worden sind oder sich im freien Verkehr der Europäischen Gemeinschaft befinden (Art. 1 Nr. 1).

Nach Aufhebung der EG-Maßnahmen wurden auch in der Bundesrepublik Deutschland die Importbeschränkungen aufgehoben.[71]

Bereits am 7.4.1982 hatte die Bundesregierung beschlossen, den Export von Kriegswaffen, Munition und anderen Rüstungsgütern nach Argentinien nicht mehr zu genehmigen. Die Besetzung der Falklandinseln stelle eine „friedensstörende Handlung" im Sinne von § 6 Abs. 3 Nr. 1 Kriegswaffenkontrollgesetz dar.[72] Die Waffenlieferungen wurden im August 1982 bereits wieder aufgenommen.[73]

Argentinien unterwarf als Reaktion auf diese Sanktionen den Import aus EG-Ländern der Genehmigungspflicht und kündigte zum 1.7.1982 das deutsch-argentinische Luftverkehrsabkommen.[74]

5. Die gegen den Irak verhängten Wirtschaftssanktionen

In Ausführung der UN-Resolutionen 660 (1990), 661 (1990), 666 (1990) und 670 (1990)[75] sowie der Verordnung des Rates der Europäischen Gemeinschaften[76] hat die Bundesrepublik auf der Grundlage des § 27 i. V. m. §§ 2, 5, 7 AWG den Handels- und Dienstleistungsverkehr mit dem Irak mit Ausnahme der Lieferung bestimmter Medikamente und Nahrungsmittel im Rahmen von Soforthilfeleistungen untersagt. Grundlagen sind die 9. und 10. Verordnung zur Änderung der

---

[70] 82. VO zur Änderung der Einfuhrliste (BAnz. 1982, Nr. 85, S. 1).

[71] 84. VO zur Änderung der Einfuhrliste vom 25.6.1982 (BAnz. Nr. 115, S. 1).

[72] Erklärung der BReg. v. 7.4.1982 (Bull. 1982, S. 282):
Die Bundesregierung wird deutsche Waffenlieferungen an ein Land verhindern, das sich eines völkerrechtswidrigen Gewaltaktes schuldig macht und die Befolgung des Beschlusses des Sicherheitsrates verweigert";
vgl. auch die Antwort des Parlamentarischen Staatssekretärs Grüner v. 21.4.1982, der auf § 6 Abs. 3 KriegswaffenG hinweist (BT-Drucks. 9 / 1593, S. 16 f.).

[73] FAZ vom 11.8.1982, S. 1; vgl. auch BT-Drucks. 9 / 1618, S. 3 ff., sowie 9 / 1657, S. 32 ff.

[74] Zu den argentinischen Reaktionen vgl. Zuppi, A. (Anm. 64), S. 160; FAZ v. 28.4.1982, S. 1 3; betr. Kündigung vgl. FAZ v. 11.6.1982, S. 3, und vom 1.7.1982, S. 3.
Ein neues Luftverkehrsabkommen wurde am 15.9.1985 geschlossen (BGBl. II, 2348).

[75] Res. vom 4. und 6. August 1990, 7. und 17. September 1990, abgedr. in: ILM 1990, S. 1325 ff.

[76] VO Nr. 2340 / 90, ABl. L. 213, S. 1 und zur Erweiterung dieser Verordnung die VO Nr. 3155 / 90, ABl. L. 304, S. 1; EGKS-Produkte werden erfaßt durch den Beschluß 90 / 414 / EGKS, ABl. L. 213, S. 3.

Außenwirtschaftsverordnung.[77] Durch die 10. Verordnung wurden, gestützt auf die §§ 27, 2, 5, 7 AWG die §§ 69 a bis e in die Außenwirtschaftsverordnung[78] eingefügt. Verboten sind Ein- und Ausfuhr, Dienstleistungen aller Art incl. Bankgeschäfte, Transitgeschäfte und „jegliche Tätigkeit im Zusammenhang mit bereits geschlossenen oder teilweise erfüllten Geschäften, die das Ziel oder die Wirkung haben, Verkäufe oder Lieferungen zu fördern."[79] Eine extensive Interpretation des Begriffes „Fördern"[80] sorgte zumindest in der BRD für ein rechtlich allumfassendes Handelsembargo. Dabei wiederholt § 69a AWV den Text der Ratsverordnung Nr. 2340/90 vom 9.8.1990. Er ist überschrieben mit „Beschränkungen der Europäischen Gemeinschaften" und wird in Satz 1 begründet mit der „Gewährleistung der Straf- und Bußgeldbewehrung entsprechender Verbote der Europäischen Gemeinschaften". Es wird damit erstmals im Rahmen von Wirtschaftssanktionen die unmittelbare Wirkung der Ratsverordnung auch im Text nationaler Bestimmungen hervorgehoben. Dies ist die Konsequenz der Übereinkunft, „im Wege eines Gemeinschaftsrechtsakts eine in der Gemeinschaft einheitliche Durchführung der von dem Sicherheitsrat beschlossenen Maßnahmen betreffend den Handelsverkehr mit Irak und Kuwait sicherzustellen."[81]

6. Gemeinsamkeiten und Unterschiede in der Ausgestaltung der Wirtschaftssanktionen

Die an den Beispielsfällen dargestellten wirtschaftlichen Zwangsmaßnahmen als Reaktion auf völkerrechtliches Unrecht (Sanktionen) sind in ihrer Ausgestaltung unterschiedlich und sind daher auch rechtlich differenziert zu beurteilen.

---

77 Neunte Verordnung vom 7.8.1990, BAnz. Nr. 146 v. 8.8.1990; Zehnte Verordnung vom 9.8.1990, BAnz. Nr. 149 vom 11.8.1990.

78 Außenwirtschaftsverordnung vom 18.12.1986 (BGBl. I, S. 2671), zuletzt geändert durch die 18. Verordnung zur Änderung der AWV v. 29.1.1992 (BAnz. Nr. 20, S. 513).

79 § 69a Abs. 2, 3 AWV. Im Gegensatz zu früheren Embargomaßnahmen ist damit auch die Erfüllung vor dem 9.9.1990 (Tag des Inkrafttretens der 10. AWV) geschlossener Verträge verboten. Ob die betroffenen Vertragspartner eine Entschädigung erlangen können, ist mehr als zweifelhaft. Gemäß Nr. 16 der Waffenstillstandsresolution Nr. 687 vom 3.4.1991 wird ein Entschädigungsfond für durch Invasion und Besetzung Kuwaits entstandene Schäden eingerichtet. Der Fond, zwischenzeitlich in Genf eingerichtet, soll gemäß Nr. 15 RS nur „direkte" Schäden erstatten. Da Verluste der Vertragspartner durch das Embargo entstanden sind, werden diese wohl nicht zu den ersatzfähigen Schäden gerechnet werden.

80 Vgl. den Runderlaß Außenwirtschaft Nr. 76/90 des Bundesministers für Wirtschaft BAnz. Nr. 150). Danach ist bereits die Lieferung einer für den Irak bestimmten Ware an einen europäischen Weiterverarbeiter als „Fördern" anzusehen.

81 VO Nr. 2340/90 (vgl. Anm. 76), S. 1.
Schäden von Unternehmen sind daher nach Ansicht des Landgerichts Bonn nicht der Bundesrepublik zurechenbar, sie sind verursacht durch die Verordnung der EG (vgl. ZIP 7/92, S. VIII).

Die Importbeschränkungen unterscheiden sich zunächst in der tatsächlichen Ausgestaltung: Während im Falle Argentinien und Irak ein Stopp sämtlicher Importe angeordnet wurde, waren im Fall Rhodesien lediglich bestimmte Waren betroffen; im Zusammenhang mit den gegen die UdSSR / Polen verhängten Maßnahmen wurden lediglich die Einfuhrkontingente für bestimmte Waren gekürzt. Auch in rechtlicher Hinsicht ist die Ausgestaltung der Importbeschränkungen unterschiedlich: In den Fällen Argentinien und UdSSR / Polen gelten die Beschränkungen nicht für Verträge, die vor Inkrafttreten der gesetzlichen Anordnungen geschlossen worden sind. Im Zusammenhang mit den gegen Rhodesien verhängten Sanktionen wurden nach der Entscheidung des Sicherheitsrates vom 16.12.1967 in der Bundesrepublik Deutschland keine Einfuhrgenehmigungen mehr erteilt. Ohne Bedeutung war dabei, ob die Einfuhr auf Altverträgen beruhte oder erst nach dem 16.12.1967 vertraglich vereinbart wurden. Ebenso gelten die Verbote betreffend Irak für vor Inkrafttreten des Embargos geschlossene Verträge. Exportbeschränkungen unterscheiden sich ebenfalls in tatsächlicher und rechtlicher Ausgestaltung. Entweder wird ein Stopp aller Ausfuhren (Irak, Iran[82]) oder ein auf bestimmte Waren beschränkter Ausfuhrstopp (Rhodesien) angeordnet. Im Fall Irak und Rhodesien war allein der Tag des Exports maßgebend.

Eine Besonderheit stellen die gegen die UdSSR / Afghanistan durch die Europäische Gemeinschaft angeordneten Maßnahmen dar. Die Streichung von Ausfuhrerstattungen ist rechtlich als Nichtgewährung der beim Export bestimmter landwirtschaftlicher Produkte üblicherweise gewährten Subventionen[83] zu qualifizieren. Die Ausfuhr der Waren wird nicht genehmigungspflichtig oder gar untersagt. Ein Exportrückgang kommt aufgrund des Entschlusses der Verkäufer zustande, Produkte zu dem nicht subventionierten niedrigeren Weltmarktpreis nicht zu exportieren.[84] Die Streichung dieser Subventionen ist keine wirtschaftliche Zwangsmaßnahme im Sinne einer hoheitlichen Beschränkung des Wirtschaftsverkehrs, zumal auf die Beibehaltung einer Subvention grundsätzlich kein Anspruch besteht.

Im Rahmen der gegen Rhodesien, gegen den Iran und Irak getroffenen Maßnahmen wurde der Abschluß von Transithandelsverträgen und von Beförderungsverträgen genehmigungspflichtig. Neben den im Rahmen von Wirtschaftssanktionen gängigen Beschränkungen von Kauf- und Beförderungsverträgen kann die Ab-

---

[82] Jedoch mit Ausnahmen für medizinische Güter und Lebensmittel.

[83] Als Ausfuhrerstattungen werden Subventionen bezeichnet, die das Gefälle zwischen den Weltmarktpreisen und den in der Regel höheren Gemeinschaftspreisen ausgleichen. Vgl. Melchior, M., Die Gemeinsame Agrarpolitik, in: Dreißig Jahre Gemeinschaftsrecht, 1981, S. 500 f.

[84] Ob es im konkreten Fall (UdSSR / Afghanistan) tatsächlich zu einem Exportrückgang aus den EG-Staaten gekommen ist, ist fraglich. Aufgrund des Getreideembargos der USA dürfte der Weltmarktpreis gestiegen sein, so daß ein erhöhter Export für die Staaten der Europäischen Gemeinschaften auch ohne Ausfuhrerstattungen wirtschaftlich interessant gewesen sein könnte.

schlußfreiheit auch hinsichtlich sonstiger privatrechtlicher Verträge durch einen Genehmigungsvorbehalt eingeschränkt werden. Einschränkungen der Abschlußfreiheit von Dienstverträgen und Darlehensgeschäften (Iran / Irak) sind Beispiele für die breite Palette der Beschränkungmöglichkeiten.

7. Die rechtliche Ausgestaltung der Wirtschaftsbeschränkungen im Rahmen des „Coordinating Committee" (CoCom)

Während Wirtschaftssanktionen als Reaktion auf völkerrechtliches Unrecht ergriffen werden, sind die Embargomaßnahmen der westlichen Länder gegenüber den Ostblockstaaten auf dem Gebiet der Militärtechnologie Reaktionen auf die militärische Lage zwischen West und Ost.

Die Koordinierung der Embargomaßnahmen erfolgt seit dem Jahre 1949 im Rahmen des „Coordinating Committee"[85], das über die Aufnahme der Produkte in die CoCom-Liste entscheidet.[86]

Die im Rahmen des CoCom beschlossenen Exportbeschränkungen werden in der Bundesrepublik Deutschland im Verordnungswege jeweils durch Änderung der Ausfuhrliste[87] in nationales Recht umgesetzt. Die Ausfuhrliste enthält diejenigen Waren, deren Ausfuhr aufgrund von § 5 Außenwirtschaftsverordnung beschränkt ist (Liste für Waffen, Munition und Rüstungsmaterial, Kernenergieliste, Liste für sonstige Waren von strategischer Bedeutung).

---

85 Das Coordinating Committee for East-West Trade Policy ist ein Ausschuß der Consultative Group. Ihr gehören alle NATO-Staaten außer Island sowie Japan und Australien an. Zur Entwicklung des COCOM, der Rechtsnatur der Consultative Group als internationaler Organisation sowie zur Frage der Bindungswirkung der Beschlüsse siehe Lindemeyer, B. (Anm. 10), S. 268 ff.; zu den wirtschaftlichen Folgen und der Effektivität der Maßnahmen im Rahmen des COCOM vgl. die Zusammenfassung des Berichtes des amerikanischen Verteidigungsministeriums „über die Auswirkungen des Transfers westlicher Rüstungsgüter in die UdSSR und den Warschaupakt" vom Mai 1985, in: Neue Züricher Zeitung vom 16. / 17. Mai 1985, S. 3; zur Effektivität des COCOM vgl. den Beitrag in: Deutsches Allgemeines Sonntagsblatt, Nr. 35, vom 26. 8. 1984, S. 9. Nach den Umwälzungen in Osteuropa 1990 / 91 ändern sich die Aufgaben des COCOM. Es stellt sich die Frage, wie man weiterhin Risiken minimieren kann, damit Hochtechnologie nicht zu kriegerischen Zwecken mißbraucht wird, wenn gleichzeitig mehr für die Entwicklung Osteuropas getan werden soll. Einigen Ländern gegenüber sind die Regeln bereits gelockert worden: Polen, die CSSR und Ungarn sind als kooperierende Staaten geführt, die baltischen Staaten befinden sich in einer Beobachtungsphase (FAZ v. 5. 2. 1992, S. 11).

86 Als COCOM-Liste wird die sog. „internationale Liste" bezeichnet. Sie stellt das Minimalprogramm der Exportbeschränkungen dar. Vgl. die Nachweise bei Lindemeyer, B. (Anm. 85), S. 217 f.

87 Die Ausfuhrliste ist Bestandteil der Außenwirtschaftsverordnung. Sie liegt vor in der Fassung der Verordnung vom 24. 10. 1991 (BAnz. Nr. 222 a v. 30. 11. 1991), in 1991 zuletzt geändert durch VO v. 12. 12. 1991 (BAnz. S. 7997).

Wird durch Neufassung oder Änderung eine bisher nicht genannte Ware in die Liste aufgenommen, so ist die Ausfuhr mit dem Zeitpunkt des Inkrafttretens der Neufassung bzw. Änderung genehmigungspflichtig.[88] Gemäß § 31 AWG ist ein ohne die erforderliche Genehmigung vorgenommenes Rechtsgeschäft unwirksam.[89] Rechtliche Schwierigkeiten ergeben sich, wenn der schuldrechtliche Vertrag vor Einführung des Genehmigungsvorbehaltes geschlossen wurde, das dingliche Rechtsgeschäft jedoch erst nach diesem Zeitpunkt vorgenommen werden soll. Es ist fraglich, ob der Genehmigungsvorbehalt für die Ausführung solcher Altverträge überhaupt gilt. Für die Erstreckung des Genehmigungsvorbehalts auf das dingliche Rechtsgeschäft spricht zunächst der Begriff „Vornahme eines Rechtsgeschäfts" in § 31 AWG. Vornahme stellt im Gegensatz zu dem Begriff „Abschluß" des Rechtsgeschäfts auf die tatsächliche Ausführungshandlung ab[90], so daß CoCom-Beschlüsse und deren innerstaatliche Umsetzung auch Altverträge erfassen.

---

88 Dienstanweisung des Bundesministers der Finanzen zu §§ 5 ff. AWVO und zur Ausfuhrliste, abgedr. bei Hocke / Berwald / Maurer, Gesetze, Verordnungen und Erlasse zum Außenwirtschaftsrecht mit Kommentar, Bd. 2, Hauptteil III, BMF, S. 1 ff. (S. 11).

89 Eine nachträgliche Genehmigung macht das Rechtsgeschäft ex tunc wirksam (§ 31 S. 2 AWG).

90 Die Praxis der Bundesrepublik Deutschland entspricht diesem Ergebnis: Im August 1984 wurde im Wege der Verordnung (56. Verordnung zur Änderung der Außenwirtschaftsverordnung vom 6. 8. 1984 (BGBl. I, S. 1079) sowie 53. VO zur Änderung der Ausfuhrliste vom 6. 8. 1984 (BGBl. I, S. 1080); außerdem Runderlaß AW 15 und 16/84 (BAnz. 1984, S. 8521) die Genehmigungspflicht für die Ausfuhr von Produktionsanlagen für Pflanzenschutzmittel eingeführt, da diese Anlagen möglicherweise zu der Herstellung von Kampfgas verwendet werden könnten. Der deutschen Firma Pilot Plant Engineering and Equipement GmbH wurde auf der Grundlage dieser Verordnung die Restabwicklung eines Geschäfts mit dem Irak untersagt. Da die deutsche Firma mit dem irakischen Vertragspartner Zahlung erst bei vollständiger Lieferung vereinbart hatte, ist der deutschen Firma durch die Untersagungsverfügung ein Schaden in Millionenhöhe entstanden (Die Zeit, Nr. 7 v. 8. 2. 1985, S. 19). Die Firma Pilot Plant GmbH hat gegen die auf die 53. und 56. VO gestützte Verfügung Klage erhoben und erstinstanzlich obsiegt (Urteil des Finanzgerichts Kassel, Az.: 7 K 427 / 84). Das Gericht hielt die Verfügungen für rechtswidrig, weil die Anlagen der Klägerin nicht für die Produktion von Giftgas geeignet seien. Verfassungsrechtlich ist dieses Urteil interessant, weil das Gericht wohl die Verordnungen selbst für nichtig oder zumindest rechtlich bedenklich erachtet, weil diese im Ferienmonat August 1984 von lediglich zwei Ministern unterzeichnet wurden. Das Gericht fordert für Entscheidungen solcher Tragweite eine „repräsentative Mehrheit (der Minister)". Vgl. Die Zeit v. 8. 2. 1985, S. 19. Durch Urteil des BVerwG vom 10. 9. 1991 wurde das sog. „Umlaufverfahren" für rechtmäßig erklärt. Vgl. NVWZ 1991, S. 732. Ansprüche auf Entschädigung gegen die Bundesrepublik Deutschland können sich unter dem Gesichtspunkt des enteignungsgleichen bzw. enteignenden Eingriffs ergeben.

III. Die Zulässigkeit wirtschaftlicher Zwangsmaßnahmen nach innerstaatlichem Recht

1. Die Bestimmungen des Außenwirtschaftsgesetzes (AWG)

Das AWG[91] betont in § 1 Abs. 1 den Grundsatz der Freiheit des Außenwirtschaftsverkehrs und erklärt Beschränkungen nur dann für zulässig, wenn das Gesetz selbst Einschränkungen vorsieht oder die Beschränkungen durch Rechtsverordnung (auf der Grundlage des Außenwirtschaftsgesetzes) angeordnet werden. Seit Inkrafttreten des 7. Änderungsgesetzes im Februar 1992 ist zudem zur Regelung von Einzelfällen die Beschränkung durch Verwaltungsakt des Bundesministers für Wirtschaft zulässig (§ 2 Abs. 2 AWG n. F.).[92]

Die zuvor beschriebenen Wirtschaftssanktionen basieren auf Rechtsverordnungen, die auf der Grundlage der §§ 27 Abs. 1 i. V. m. § 2 Abs. 1, § 5 — „in Erfüllung zwischenstaatlicher Verpflichtungen" — und / oder § 7 AWG — „Schutz der Sicherheit und der auswärtigen Interessen" — erlassen worden sind.

In dem Bereich der wirtschaftlichen Zwangsmaßnahmen ermöglichen die §§ 5, 7 AWG einschneidende Maßnahmen bis hin zum völligen Abbruch aller wirt-

91 Außenwirtschaftsgesetz vom 28.4.1961 (BGBl I, S. 481) in der Fassung des 7. Änderungsgesetzes vom 28.2.1992 (BGBl I, S. 372 f.).

92 Die Beschränkungsmöglichkeit kraft Verwaltungsakt soll ein rascheres und auf den Einzelfall bezogenes Handeln gewährleisten. Erfahrungen der Vergangenheit waren entscheidend. Dabei handelt es sich um die Ergänzung der in §§ 5 b und 45 a AWG. enthaltenen Verbote wegen eines Projektes der Luftbetankung von Flugzeugen in Lybien, die Einführung einer Genehmigungspflicht zunächst für die Ausfuhr (Teil I Abschnitt C Nummer 1461 der Ausfuhrliste), wenige Monate später auch für die Durchfuhr von Hängegleitern nach dem Libanon, Lybien oder Syrien (§ 38 Abs. 2 AWV), ferner die Beschränkung der Durchfuhr von Waren und Fertigungsunterlagen, die im Zusammenhang mit dem irakischen Vorhaben eines Ferngeschützes stehen (§ 38 Abs. 4 AWV), sowie schließlich die Einführung einer weiteren Durchfuhrbeschränkung nach Irak oder Kuwait für die in Teil I Abschnitte A und B der Ausfuhrliste genannten Waren oder Fertigungsunterlagen (§ 38 Abs. 3 AWV). Auch das im Zusammenhang mit den Sanktionen der EG und der Vereinten Nationen gegen Irak wegen des Überfalls auf Kuwait außerordentlich eilbedürftige „Einfrieren" irakischer oder kuwaitischer Vermögenswerte bei gebietsansässigen Kreditinstuten konnte zunächst nur im Wege der Rechtsverordnung verwirklicht werden (§ 52 AWV).

In allen diesen Fällen mußte zur Verhinderung unmittelbar bevorstehender Aus- oder Durchfuhren einzelner oder bestimmter Waren oder rasch erfolgender Geldabflüsse das Rechtsinstitut der Rechtsverordnung eingesetzt werden. Nach den Erfahrungen der Vergangenheit, insbesondere der nicht nachlassenden Bemühungen einiger Staaten, sich sensitive Waren oder Technologien aus der Bundesrepublik Deutschland zu beschaffen, muß damit gerechnet werden, daß sich derartige Fälle in der Zukunft wiederholen werden. Wenn auch in Zukunft lediglich das Rechtsinstitut der Rechtsverordnung zur Verfügung stünde, um Aus- und Durchfuhren, Dienstleistungen oder Handlungen im Bereich des Kapitel- und Zahlungsverkehrs im Außenwirtschaftsverkehr in dringenden Einzelfällen zu beschränken, so wäre das sowohl unter rechtlichen als auch praktischen Gesichtspunkten nicht länger vertretbar.

Zur Begründung siehe BT-Dr. 12 / 1134 vom 10.9.1991.

schaftlichen Kontakte. Gemäß § 5 AWG können Rechtsgeschäfte und Handlungen beschränkt werden, um die Erfüllung von Verpflichtungen aus zwischenstaatlichen Vereinbarungen, denen die gesetzgebenden Körperschaften in der Form eines Bundesgesetzes zugestimmt haben, zu gewährleisten.

Solche Verpflichtungen ergeben sich aus der Mitgliedschaft der Bundesrepublik Deutschland in den Vereinten Nationen und den Europäischen Gemeinschaften[93] und wurden beispielsweise im Fall der gegen den Irak verhängten Sanktionen über § 5 AWG in deutsches Recht umgesetzt.

Von besonderer Bedeutung sind die gemäß § 7 AWG zum Schutz der Sicherheit und der auswärtigen Interessen zulässigen Beschränkungen. Danach können Rechtsgeschäfte und Handlungen im Außenwirtschaftsverkehr beschränkt werden, um

1. die Sicherheit der Bundesrepublik Deutschland zu gewährleisten,
2. eine Störung des friedlichen Zusammenlebens der Völker zu verhüten oder
3. zu verhüten, daß die auswärtigen Beziehungen der Bundesrepublik Deutschland erheblich gestört werden.

Insbesondere können beschränkt werden

1. die Ausfuhr oder Durchfuhr von
    a) Waffen, Munition und Kriegsgerät,
    b) Gegenstände, die bei der Entwicklung, Erzeugung oder dem Einsatz von Waffe, Munition und Kriegsgerät nützlich sind oder
    c) Konstruktionszeichnungen und sonstigen Fertigungsunterlagen für die in Buchstabe a) und b) bezeichneten Gegenstände,

    vor allem, wenn die Beschränkung der Durchführung einer in internationaler Zusammenarbeit vereinbarten Ausfuhrkontrolle dient;
2. die Ausfuhr von Gegenständen, die zur Durchführung militärischer Aktionen bestimmt sind;
3. die Einfuhr von Waffen, Munition und Kriegsgerät;
4. Rechtsgeschäft über gewerbliche Schutzrechte, Erfindungen, Herstellungsverfahren und Erfahrungen in Bezug auf die in Nr. 1 bezeichneten Waren und sonstigen Gegenstände.

Die zuvor beschriebenen Einschränkungen können auch auf Deutsche im Ausland erstreckt werden (§ 7 Abs. III AWG). Gemäß § 27 Abs. 2 AWG sind die Rechtsverordnungen dem Bundestag zuzuleiten und mit Ausnahme solcher

---

[93] Möglicherweise können zukünftig auch KSZE-Beschlüsse oder Beschlüsse der WEU zur Umsetzung verpflichten. Die politischen Diskussionen in 1991 im Rahmen der Jugoslawien-Krise ging in diese Richtung.

Rechtsverordnungen, die auf der Grundlage des § 5 AWG erlassen worden sind, unverzüglich aufzuheben, soweit der Bundestag die Aufhebung binnen vier Monaten nach der Verkündung verlangt.[94] Eine parlamentarische Mitwirkung erfolgt nicht im Falle der Beschränkungen des Wirtschaftsverkehrs durch Verwaltungsakt gemäß § 2 Abs. 2 AWG. Die angeordnete Maßnahme tritt nach sechs Monaten außer Kraft, sofern sie nicht (zwischenzeitlich) durch Rechtsverordnung vorgeschrieben wird (§ 2 Abs. 2 S. 3 AWG).

2. Die Verfassungsmäßigkeit der Regelungen des AWG

Sowohl die an die eigenen Staatsangehörigen gerichteten Verbote wirtschaftlicher Betätigung als auch die Einführung von Genehmigungsvorbehalten für bestimmte Rechtsgeschäfte greifen unmittelbar in grundrechtlich geschützte Rechtsgüter ein. Neben einem Eingriff in die durch Art. 12 Abs. 1 GG geschützte Berufsfreiheit sind Beschränkungen des Wirtschaftsverkehrs primär als Eingriff in die durch Art. 2 Abs. 1 GG gewährleistete Freiheit wirtschaftlicher Betätigung zu qualifizieren.[95]

Wie in Teil I begründet, ist der Erlaß derartiger einseitiger Maßnahmen — sofern nicht Geheimhaltungsgründe gegeben sind oder sofortiger Handlungszwang besteht — von einer gesetzlichen Ermächtigung abhängig, wenn die Maßnahme im Sinne der klassischen Lehre als unmittelbarer Eingriff in Freiheit und Eigentum zu werten ist.

Mit Erlaß des AWG ist der Gesetzgeber diesen Anforderungen des Gesetzesvorbehaltes nachgekommen. Das AWG stellt für die Exekutive eine sehr weitgehende Ermächtigungsgrundlage zum Handeln dar, jedes Feld der wirtschaftlichen Beziehungen kann für wirtschaftliche Zwangsmaßnahmen genutzt werden. Unter dem Aspekt der innerstaatlichen Umsetzung („Folgegesetz") stellt sich die Frage, ob der Gesetzgeber im AWG die wesentlichen Entscheidungen selbst getroffen hat und damit die im AWG enthaltenen sehr weitgehenden Verordnungsermächtigungen und Grundlagen zum Erlaß von Verwaltungsakten (§ 2 Abs. 2) mit der Lehre vom Parlamentsvorbehalt vereinbar sind.

---

94 Siehe dazu Teil I, S.) ff.

95 Art. 2 I GG gewährleistet mit der allgemeinen Handlungsfreiheit auch die wirtschaftliche Tätigkeit. Vgl. v. Münch, I., GG-Kommentar, Bd. 1, 2. Aufl. 1981, Art. 2 Rdnr. 19; Dürig, in: Maunz / Dürig / Herzog / Scholz, Kommentar zum GG, Art. Rdnr. 11 ff. Aus der Rechtsprechung vgl. BVerfGE 8, 274 (328); 25, 371 (407); 32, 311 (316); 50, 290 (366).

a) Die Vereinbarkeit der Regelungen des AWG mit den Anforderungen des Parlamentsvorbehaltes

Der Umfang der durch den Gesetzgeber selbst zu regelnden Sachbereiche ist von der Intensität des Eingriffs abhängig.[96] Das AWG sieht in § 2 Abs. 1 als mögliche Beschränkungsformen des Außenwirtschaftsverkehrs das Verbot und die Einführung eines Genehmigungsvorbehaltes vor. Beide Beschränkungsformen sind durch Rechtsverordnung oder für eine Einzelfallregelung durch Verwaltungsakt anzuordnen (Art. 2 Abs. 2). Dem Grundsatz der Verhältnismäßigkeit ist insofern Rechnung getragen, als gem. § 2 Abs. 3 AWG die Beschränkungen so zu gestalten sind, „daß in die Freiheit der wirtschaftlichen Betätigung so wenig wie möglich eingegriffen wird".

Ebenfalls eine Ausprägung des Verhältnismäßigkeitsgrundsatzes ist die Regelung in § 2 Abs. 3 S. 3 AWG, derzufolge die Beschränkungen Altverträge nur dann berühren dürfen, „wenn der angestrebte Zweck erheblich gefährdet wird". Zudem hat der Gesetzgeber selbst in § 3 AWG die Entscheidung getroffen, unter welchen Voraussetzungen eine Genehmigung zu erteilen ist.

Zu den „wesentlichen" Regelungen im Sinne der Lehre vom Parlamentsvorbehalt zählen nicht nur diejenigen über die Form der Beschränkung (Verbot, Genehmigung), sondern auch über die Sachbereiche, die beschränkt werden können sowie über die Voraussetzungen, unter denen die Einschränkungen dieser Sachbereiche zulässig sind. Auch insoweit ist der Gesetzgeber seiner Verpflichtung nachgekommen: Im AWG sind spezielle Beschränkungsmöglichkeiten vorgesehen für den Waren- und Dienstleistungsverkehr, den Kapitalverkehr, den Handel mit Geld. Die auf den jeweiligen Bereich spezifisch abgestellten Gründe, die eine Beschränkung rechtfertigen, sind ausführlich geregelt (§§ 8 bis 24 AWG).

Neben diesen speziellen Vorschriften enthalten die §§ 5 und 7 AWG allgemeine Beschränkungsmöglichkeiten. Die Frage, ob insbesondere die in § 7 AWG vorgesehenen Beschränkungsmöglichkeiten „zum Schutz der Sicherheit und der auswärtigen Interessen" den Anforderungen des Bestimmtheitsgrundsatzes genügen, ist im Rahmen von Art. 80 GG zu erörtern. Den Anforderungen des Parlamentsvorbehaltes ist bei Verordnungsermächtigung dann Genüge getan, wenn der Gesetzgeber dem Verordnungsgeber programmartig Voraussetzungen und Grenzen der zu erlassenden Regelungen vorschreibt. Diesem Erfordernis ist der Gesetzgeber in den §§ 5, 7 AWG nachgekommen.

Verbleibende Zweifel an der Verfassungsmäßigkeit des AWG unter dem Gesichtspunkt des Gesetzesvorbehaltes werden durch das in § 27 Abs. 2 S. 3 AWG verankerte Recht des Parlaments, die Aufhebung einer Rechtsverordnung zu verlangen, ausgeräumt. Es wurde bereits dargelegt[97], daß Gründe der Funktionsfä-

96 Erster Teil III.4.e.

97 Erster Teil IV.5.

higkeit der Exekutive die Einschränkung des Gesetzesvorbehaltes gebieten und eine nachträgliche Befassung des Parlaments mit der Materie einen Ausgleich darstellen kann. In der Regel des § 27 Abs. 2 S. 3 AWG hat sich der Gesetzgeber für diese sowohl dem Bedürfnis nach jederzeitiger Entscheidungsfähigkeit der Exekutive als auch nach umfassender parlamentarischer Mitwirkung gerecht werdenden Lösung entschieden.

Diese Form der parlamentarischen Mitwirkung gilt nicht für solche Vorschriften, die die Regierung in Erfüllung zwischenstaatlicher Einrichtungen erläßt (§ 27 Abs. 2 S. 4 i. V. m. § 5 AWG). Insoweit ist jedoch dem Parlamentsvorbehalt bereits deshalb Genüge getan, weil nur solche Verpflichtungen aus zwischenstaatlichen Vereinbarungen erfaßt werden, denen der Bundesgesetzgeber zuvor durch förmliches Gesetz zugestimmt hat. Es kann sich daher bei diesen Fallgestaltungen nur noch die Frage stellen, ob die konkrete Maßnahme (Wirtschaftssanktion) noch — zumindest programmartig — von dem ursprünglichen Zustimmungsgesetz umfaßt wird.[98]

Gerade unter Berücksichtigung der Regelungen in § 27 Abs. 2 S. 3 AWG bestehen mithin an der Verfassungsmäßigkeit des Außenwirtschaftsgesetzes unter dem Gesichtspunkt des Gesetzesvorbehaltes keine Bedenken.

b) Das Außenwirtschaftsgesetz als hinreichende Ermächtigungsgrundlage für den Erlaß von Rechtsverordnungen

Gemäß Art. 80 Abs. 1 S. 2 GG müssen Inhalt, Zweck und Ausmaß der erteilten Ermächtigung im Gesetz bestimmt sein.

Für die Anordnung wirtschaftlicher Zwangsmaßnahmen sind die §§ 5 und 7 AWG als Ermächtigungsgrundlage von besonderem Interesse.

Gemäß § 5 AWG sind zur Erfüllung von Verpflichtungen aus zwischenstaatlichen Vereinbarungen, denen die gesetzgebenden Körperschaften in Form eines Bundesgesetzes zugestimmt haben, Beschränkungen im Außenwirtschaftsverkehr zulässig. Zwischenstaatliche Vereinbarungen sind sowohl völkerrechtliche Verträge als auch Rechtsakte zwischenstaatlicher Einrichtungen im Sinne von Art. 24 I GG.[99] Im Rahmen der Rechtmäßigkeitsprüfung einer auf § 5 AWG gestützten Beschränkung ist demnach die entscheidende Frage, ob die „zwischenstaatliche Vereinbarung" die Bundesrepublik zum Erlaß wirtschaftsbeschränkender Maßnahmen verpflichtet, ob im Falle der Rechtssetzung durch internationale Organisationen diesen eine „Sanktionskompetenz" eingeräumt ist.

---

[98] Zur Frage, ob das Zustimmungsgesetz zu den EWG-Verträgen auch eine Sanktionskompetenz der EG nach Art. 113 EWGV umfaßt, siehe unten S. 227 ff.

[99] Zur Definition vgl. Maunz, in: Maunz / Dürig / Herzog / Scholz, Art. 24 Rdnr. 21 m. w. N.

Unter dem Gesichtspunkt des Art. 80 GG selbst ist § 5 AWG eine hinsichtlich Inhalt, Zweck und Ausmaß hinreichende Ermächtigungsgrundlage.

Die hinreichende Bestimmtheit und Bestimmbarkeit der in § 7 verwendeten Begriffe „Störung der auswärtigen Beziehungen der Bundesrepublik Deutschland, Störung des friedlichen Zusammenlebens der Völker“ oder „Gewährleistung der Sicherheit der Bundesrepublik Deutschland“ ist umstritten. In seinem Rhodesien-Gutachten hat Ipsen die These aufgestellt, angesichts der durch das GG und § 1 AWG garantierten grundsätzlichen Freiheit des Außenwirtschaftsverkehrs sei § 7 AWG nichtig, weil diese Regelung zu unbestimmt sei. § 7 könne jedoch verfassungskonform dahin ausgelegt werden, daß das Wort „insbesondere“ in Abs. 2 durch „nur“ ersetzt werde. § 7 erlaube daher nur Beschränkungen für die in Abs. 2 genannten Waren, d. h. für Kriegswaren und strategische Güter.[100]

Diese Auslegung widerspricht nicht nur dem eindeutigen Wortlaut des § 7 AWG, sondern läuft auch der Intention der übrigen Vorschriften des AWG, Beschränkungen für alle Bereiche des Wirtschaftsverkehrs zu ermöglichen, zuwider.[101]

Seit der Elfes-Entscheidung[102] betont das Bundesverfassungsgericht in ständiger Rechtsprechung, daß Generalklauseln nicht isoliert zu betrachten sind, sondern im Zusammenhang mit den sonstigen Vorschriften des Gesetzes zu sehen sind. Bei der Auslegung des Begriffes „erhebliche Störung der auswärtigen Beziehungen“ in § 7 Abs. 1 Nr. 3 AWG sind zunächst die in Nr. 1 und Nr. 2 umschriebenen Tatbestände „Sicherheit der Bundesrepublik Deutschland“ und „Störung des friedlichen Zusammenlebens der Völker“ zu berücksichtigen. Eine „erhebliche Störung der auswärtigen Beziehungen“ kann nur dann den Erlaß wirtschaftlicher Zwangsmaßnahmen rechtfertigen, wenn es sich um in den Nr. 1 und 2 aufgeführten Tatbeständen hinsichtlich der Intensität ähnliche Störungen und Gefahren handelt.

Zudem sind die allgemeinen Vorschriften in § 1 und § 2 AWG zu beachten. Der Grundsatz der Außenhandelsfreiheit (§ 1) und der in § 2 AWG umschriebene Verhältnismäßigkeitsgrundsatz gebieten eine restriktive Auslegung des § 7 AWG.

Es ist allerdings nicht zu verkennen, daß durch die Vielzahl unbestimmter Rechtsbegriffe das Handeln der Verwaltung in gewissem Ausmaß für den Staatsbürger weniger voraussehbar und weniger berechenbar wird. Der Gesetzgeber

---

100 Ipsen, H. P., Außenwirtschaft und Außenpolitik, Rechtsgutachten zum Rhodesien-Embargo, 1967, S. 41 ff.

101 v. Schenk, D., Das Problem der Beteiligung der Bundesrepublik Deutschland an Sanktionen der Vereinten Nationen, besonderes im Falle Rhodesiens, in: ZaöRV 29 (1969); S. 275 ff. (287 ff.); OLG Hamburg, Beschluß vom 17.11.1975, RIW 1976, S. 175 f.; Lindemeyer, B., Das Handelsembargo als wirtschaftliches Zwangsmittel der staatlichen Außenpolitik, in: RIW 1981, S. 10 ff. (18 f.); Putzier, M., Die Ermächtigungen des AWG, 1987, S. 13 ff. m. w. N.

102 BVerfGE 6, 32 ff.

muß sich jedoch abstrakter und unbestimmter Rechtsbegriffe bedienen, will er die Verwaltungsbehörden in die Lage versetzen, den besonderen Umständen des Einzelfalles und den schnell wechselnden Situationen gerecht zu werden.[103]

Welche Anforderungen an das Ausmaß der Bestimmtheit zu stellen sind, läßt sich nicht allgemein festlegen. Der Grad der jeweils zu fordernden Bestimmtheit einer Regelung hängt von der Eigenart des geregelten Sachverhaltes ab, insbesondere auch davon, in welchem Umfang der zu regelnde Sachbereich einer genaueren begrifflichen Umschreibung überhaupt zugänglich ist.[104]

Maßvolle Anforderungen an die Bestimmtheit sind demnach zu stellen im Rahmen „vielgestaltiger Sachverhalte"[105] und in solchen Fällen, in denen zu erwarten ist, daß sich die tatsächlichen Verhältnisse rasch ändern.[106]

Diejenigen Situationen und Tatbestände, die gemäß § 7 AWG zu Beschränkungen des Außenwirtschaftsverkehrs berechtigen, sind durch besondere Vielgestaltigkeit und rasche Veränderungen gekennzeichnet. Einer exakten Umschreibung sind die Tatbestände „Sicherheit der Bundesrepublik Deutschland" oder „Störung des friedlichen Zusammenlebens" bzw. „Störung der auswärtigen Beziehungen" nicht zugänglich. Es handelt sich um Fallgestaltungen mit Auslandsbezug, an deren Normierung nicht die Bestimmtheitsanforderungen gestellt werden können, wie sie bei Sachverhalten mit rein innerstaatlicher Anknüpfung zu fordern sind.[107]

Die Regelung in § 7 AWG entspricht den Bedürfnissen und Eigenarten des Außenwirtschaftsverkehrs und läßt Raum für die Berücksichtigung zahlreicher im voraus nicht normierbarer Gesichtspunkte. Ein Weniger an Bestimmtheit wird ausgewogen durch die Rechtsschutzmöglichkeiten gegen Einzelmaßnahmen. „Verfahren und gerichtliche Kontrolle erscheinen geeignet, mögliche Nachteile der Unbestimmtheit bis zu einem gewissen Grad auszugleichen".[108]

Die Generalklauseln und unbestimmten Rechtsbegriffe in § 7 AWG sind demnach mit dem Bestimmtheitsgrundsatz vereinbar. Der Gesetzgeber ist bei der Regelung derartiger Vorschriften auf die Verwendung von Generalklauseln und unbestimmten Rechtsbegriffen geradezu angewiesen, ein mögliches Bestimmtheitsdefizit für den Bürger wird durch die Möglichkeit gerichtlichen Rechtsschutzes aufgewogen.

---

103 BVerfGE 8, 274 (326); 13, 153 (161).

104 BVerfGE 59, 104 (114) zu § 5 III Nr. 3 BetrVG sowie 49, 168 (181) zur Auslegung des Begriffes „Belange der BRD" in § 2 I 2 AuslG; „Die Vorschriften müssen nur so bestimmt sein, wie dies nach der Eigenart der zu regelnden Sachverhalte mit Rücksicht auf den Normzweck möglich ist" (BVerfGE 84, 133).

105 BVerfGE 11, 237; 21, 4; 28, 183.

106 BVerfGE 8, 274 (326); 14, 251.

107 BVerfGE 56, 1 (13 f.).

108 BVerfGE 49, 168 (181).

3. Die gerichtliche Überprüfung der Rechtmäßigkeit der auf § 7 AWG gestützten Beschränkungen des Außenwirtschaftsverkehrs

Die gegen die Anordnung wirtschaftlicher Zwangsmaßnahmen zulässigen Rechtsschutzmöglichkeiten sind abhängig von der rechtstechnischen Ausgestaltung der Maßnahme: Wird durch Rechtsverordnung ein Verbot für bestimmte wirtschaftliche Betätigungen angeordnet, so kann der Betroffene Verfassungsbeschwerde gegen die Rechtsverordnung erheben. [109]

Wird durch die Rechtsverordnung ein Genehmigungsvorbehalt eingeführt, so verbleibt dem Antragsteller die vor dem Verwaltungs- bzw. Finanzgericht gem. § 42 Abs. 1 2. Altern. VwGO bzw. § 40 Abs. 1 2. Altern. FGO zu erhebende Verpflichtungsklage. [110] Da die Genehmigungserteilung im Ermessen der Behörde steht, kann der Kläger in der Regel lediglich den Erlaß eines Bescheidungsurteils gem. § 113 Abs. 4 VwGO, § 101 FGO anstreben. Im Falle der Entscheidung eines Einzelfalles durch Verwaltungsakt gemäß § 2 Abs. 2 AWG ist dessen Aufhebung durch Anfechtungsklage zu beantragen.

Sowohl in dem Verfassungsbeschwerdeverfahren, das sich gegen die Rechtsverordnung selbst wendet, als auch in dem verwaltungsgerichtlichen Verfahren auf Erteilung einer Genehmigung bzw. Aufhebung eines Verbotes haben die Gerichte zu überprüfen, ob eine „erhebliche Störung der auswärtigen Beziehungen, eine Störung des friedlichen Zusammenlebens" verhütet werden soll durch die Beschränkung des Wirtschaftsverkehrs. Fraglich ist, in welchem Umfang eine gerichtliche Prüfung dieser Tatbestandsvoraussetzungen des § 7 Abs. 1 Nr. 1 bis 3 AWG zulässig ist.

Die Beurteilung, ob eine Beschränkung des Wirtschaftsverkehrs „die Sicherheit der Bundesrepublik Deutschland gewährleistet" oder „eine Störung des friedlichen Zusammenlebens der Völker bzw. der auswärtigen Beziehungen der Bundesrepublik Deutschland verhütet", obliegt in erster Linie dem Träger auswärtiger Gewalt, d. h. der Regierung. Unrichtig ist allerdings die Ansicht, es gebe „keine Nachprüfungsmöglichkeit hinsichtlich der in Abs. 1 unter den Nummern 1 bis 3 aufgeführten Tatbestände. [111] Eine Nachprüfung ist nicht ausgeschlossen, sie hat allerdings das der Exekutive im außenpolitischen Bereich zustehende Ermessen zu berücksichtigen. Nach der bereits dargestellten Rechtsprechung des Bundesverfassungsgerichts [112] steht der Regierung insoweit ein weiteres Ermessen

---

109 BVerfGE 3, 162 (171); 6, 273 (277); 29, 83 (93 f.).

110 Die gerichtliche Zuständigkeit der Finanz- oder Verwaltungsgerichtsbarkeit ist von der Zuständigkeit zum Erlaß der Rechtsverordnung abhängig (§ 28 AWG i. V. m. der Verordnung zur Regelung von Zuständigkeiten im Außenwirtschaftsverkehr vom 18.7.1977 (BGBl. I, S. 1308) sowie VO v. 17.3.1977 (BGBl I, S. 467).

111 So Lindemeyer (Anm. 101), S. 19.

112 Erster Teil Anm. 180 ff.

zu, die gerichtliche Überprüfung beschränkt sich auf eine reine Willkürprüfung. Daß ein Gericht die Entscheidung der Bundesregierung, Wirtschaftsbeschränkungen seien beispielsweise zum Schutz der deutschen auswärtigen Beziehungen erforderlich, als Willkürentscheidung qualifiziert, ist gewiß nur in extremen Ausnahmefällen vorstellbar. „Willkür" ist dabei von vornherein zu verneinen, wenn die von der Bundesregierung gegenüber einem Drittstaat ergriffene Maßnahme völkerrechtlich zulässig und rechtmäßig ist und es um die innerstaatliche Umsetzung dieser Maßnahme geht. Nur für den Fall, daß ernstliche Zweifel an der völkerrechtlichen Zulässigkeit und Rechtmäßigkeit der Maßnahme bestehen, ist daher überhaupt Raum für eine „Willkürprüfung" durch die Gerichte.

4. Völkerrechtliche Schranken wirtschaftlicher Zwangsmaßnahmen

a) Ius commercii, Gewalt- und Interventionsverbot als Schranken nach allgemeinem Völkerrecht?

In der Literatur wird die Rechtmäßigkeit wirtschaftlicher Zwangsmaßnahmen nach allgemeinem Völkerrecht unter den Stichworten ius commercii, Gewalt- und Interventionsverbot, Diskriminierungsverbot, Eingriff in wohlerworbene Rechte sowie unter dem Gesichtspunkt der Verletzung der Neutralitätspflicht [113] erörtert.

Ein ius commercii dergestalt, daß jeder Staat unabhängig vom Willen des anderen Staates ein Recht auf Handel gerade mit diesem Staat habe, existiert im Völkerrecht nicht und wird von der Staatenpraxis in vollem Umfang widerlegt. [114] Ebensowenig wie ein Recht auf Handelsfreiheit ist im Völkerrecht ein Verbot der Diskriminierung im Wirtschaftsverkehr der Staaten allgemein anerkannt. [115] Aus dem Grundsatz der Gleichheit der Staaten wird in der Praxis überhaupt nur dann ein Recht auf Gleichbehandlung hergeleitet, wenn dieses Recht untrennbar mit der Souveränität des Staates verbunden ist. [116]

---

113 Zur Neutralität siehe Anmerkung 11.

114 Vgl. die zahlreichen Nachweise bei Lindemeyer, B. (Anm. 10), S. 371; Dicke, D. C., Die Intervention mit wirtschaftlichen Mitteln im Völkerrecht, 1978, S. 113.

115 Eine Verletzung des Diskriminierungsverbotes durch handelspolitische Differenzierungen vertraten die zuvor sozialistischen Staaten. Vgl. Lindemeyer, B. (Anm. 10), S. 411 m. w. N., Seidl-Hohenveldern, I., Gleichheit, in: ders., Lexikon des Rechts — Völkerrecht, 1985, S. 107.

116 Den Grundsatz der souveränen Gleichheit" in Art. 2 Abs. 1 SVN hat die Generalversammlung folgendermaßen umschrieben:

„All States enjoy sovereign equality. They have equal rights and duties and are equal members of the international community, notwithstanding differences of an economic, social, political or other nature. In particular, sovereign equality includes the following elements:

(a) States are juridically equal;

(b) Each state enjoys the rights inherent in full sovereignty;

Existiert im Wirtschaftsverkehr der Staaten kein Gleichbehandlungsgebot, so ist den Staaten auch die Diskriminierung erlaubt. Da kein (Gleichbehandlungs-) Recht verletzt wird, bedarf die Diskriminierung unter diesem Gesichtspunkt grundsätzlich auch keiner Rechtfertigung. Ob das Recht, die wirtschaftlichen Beziehungen einseitig zu beenden, durch das Gebot des Rechtsmißbrauchs[117] eingeschränkt wird, oder aus dem Recht der Staaten auf Ehre ein Recht abgeleitet wird, nicht willkürlich und böswillig diskriminiert zu werden[118], bedarf vorliegend keiner weitergehenden Erörterung, da wirtschaftliche Zwangsmaßnahmen (Sanktionen) ganz offensichtlich weder böswillig noch rechtsmißbräuchlich sind, vielmehr stets als Reaktion auf vorangegangenes völkerrechtswidriges Handeln erfolgen.

In noch geringerem Umfang als das Diskriminierungsverbot ist das Gewaltverbot geeignet, die Zulässigkeit wirtschaftlicher Zwangsmaßnahmen auf der Ebene des Völkerrechts einzuschränken. Gewalt im Sinne von Art. 2 Abs. 4 SVN bedeutet lediglich militärische Gewalt. Das Bemühen einiger Staaten in den 70er Jahren, den Einsatz wirtschaftlicher Zwangsmaßnahmen unter den Gewaltbegriff zu subsumieren, hat zu keiner Änderung der restriktiven Interpretation dieses Begriffes geführt.[119] Mit dem Festhalten an dem engen Gewaltbegriff geht eine Ausdehnung des Interventionsbegriffs einher. Zu den meistdiskutierten Fragen der letzten Jahre im allgemeinen Völkerrecht zählt denn auch das Problem der „economic coercion“[120], der Frage, ob wirtschaftliche Zwangsmaßnahmen als völkerrechtswidrige Intervention anzusehen sind. Die Abgrenzung zwischen dem

---

(c) Each state has the duty to respect the personality of other states;
(d) The territorial integrity and political independence of the state are inviolable;
(e) Each state has the right freely to choose and develop its political, social, economic, and cultural systems;
(f) Each state has the duty to comply fully and in good faith with its international obligations and to live in peace with other states“.

Declaration on Principles of International Law Concerning Friendly Relations and Co-operation among in accordance with the Charter of the United Nations, in: UN Doc. A / 8028, GAOR 25, sess., Suppl. N 28; ferner in: AJIL 1971, S. 243 ff.).

Als Gleichbehandlungsrechte sind anerkannt: — das Prinzip der Einstimmigkeit und Stimmengleichheit, — das Prinzip der Immunität, — die Gleichheit vor internationalen Gerichten (Lindemeyer, S. 406, m. w. N.). Ausführlich Bleckmann, A., Art. 2 Abs. 1 SVN, in: Simma (Hrsg.), Charta der Vereinten Nationen. Kommentar (1991) m. w. N.

117 Für das Rechtsmißbrauchsverbot als Schranke des Handelsembargos spricht sich Lindemeyer (Anm. 10), S. 426 ff., aus.

118 Jaenicke, G., Diskriminierung, in: Strupp / Schlochauer, Wörterbuch des Völkerrechts, Bd. 1, 2. Aufl., S. 392; ders., Gleichbehandlung, ebd., S. 691.

119 Zum Gewaltbegriff und in diesem Zusammenhang zur Aggressionsdefinition vgl. Kewenig, W. A. (Anm. 2), S. 11 ff.; Beyerlein, U., Gewaltverbot, in: Seidl-Hohenveldern (Hrsg.), Wörterbuch des Rechts — Völkerrecht, 1985, S. 101 ff.; Verdross, A. / Simma, B., Universelles Völkerrecht, 3. Aufl., 1984, S. 86 ff., 243, 381; Bruha, T., Die Definition der Aggression, 1980, S. 111 ff. m. w. N.

120 Vgl. die ausführliche Zusammenstellung der Literatur bei Dicke, D. C. (Anm. 114), S. 165 ff.

nach der Charta of economic rights and duties of states[121] unzulässigen Zwang im Handel und dem üblichen und zulässigen politischen Druck ist bisher nicht abschließend geleistet. Die bereits dargestellten von Kewenig entwickelten Abgrenzungskriterien[122], die von Dicke erarbeitete Differenzierung der Souveränität als Schutzgut des Interventionsverbots[123] sind Schritte, um wirtschaftlichen Zwang von bloßem wirtschaftlichem Druck abzugrenzen. Trotz dieser Bemühungen wird man jedoch auch heute noch der Feststellung Kewenigs zustimmen können, „daß das völkerrechtliche Interventionsverbot in dem Zustand, in dem es gegenwärtig Bestandteil der lex lata ist, keine sehr enge und jedenfalls eine nur schwer handhabbare Eingrenzung wirtschaftlicher Zwangsmaßnahmen darstellt"[124]. Übereinstimmung besteht, daß der Abbruch wirtschaftlicher Beziehungen ohne Rückwirkung auf Altverträge keine wie immer definierten Interventionstatbestand tangiert. Die Bezeichnung eines handelsvertragswidrigen Embargos oder der Nichtgewährung vereinbarter Präferenzen als „Intervention"[125] ist lediglich eine andere Formulierung rechtlich bereits durch das Vertragsrecht faßbarer Handlungen. Eine eigenständige rechtliche Bedeutung kommt dem Interventionsbegriff insoweit nicht zu.

Als Zwischenergebnis ist festzuhalten, daß wirtschaftliche Zwangsmaßnahmen grundsätzlich nach allgemeinem Völkerrecht zulässig sind. Ausnahmen bestehen für solche Maßnahmen, die sich auch auf Altverträge beziehen oder die gegen bestehende völkerrechtliche Verträge verstoßen.

b) Die Ausdehnung wirtschaftlicher Zwangsmaßnahmen auf Altverträge als Eingriff in wohlerworbene Rechte

Zwangsmaßnahmen, die im Verbot der Erfüllung laufender Altverträge bestehen, können völkerrechtlich als unzulässiger Eingriff in „wohlerworbene Rechte" der Ausländer zu qualifizieren sein. Der Schutz der wohlerworbenen Rechte wird im völkerrechtlichen Fremdenrecht allgemein angewendet und spielt im Bereich der Staatensukzession eine bedeutende Rolle[126]. Als völkerrechtlich „erworben" gelten Privatrechte, insbesondere Eigentums- und Forderungsrechte, sofern diese

---

121 GA Res. 3281 (XXIX), 1974.

122 Siehe Anm. 2.

123 Dicke, D. C. (Anm. 114), differenziert zwischen innerer und äußerer Souveränität sowie zwischen positiver und negativer Souveränität. Siehe insbesondere die Definitionen S. 106.

124 Kewenig (Anm. 2), S. 17.

125 So Dicke, S. 146.

126 siehe Mosler, H., Wirtschaftskonzessionen bei Änderung der Staatshoheit, 1948; Brownlie, I., Principles of Public International Law, 3. Aufl. 1979, S. 651 ff. (6549) m. w. N.; Schweitzer, M., Staatennachfolge, in: Seidl-Hohenveldern (Hrsg.)., Lexikon des Rechts — Völkerrecht, 1985, S. 257 ff. (260) m. w. N.

Rechte nach der jeweiligen nationalen Rechtsordnung gültig zustande gekommen sind.[127] Rechte aus Lieferverträgen, die vor dem Zeitpunkt des nach den Vorschriften des Außenwirtschaftsgesetzes angeordneten Genehmigungsvorbehaltes geschlossen wurden, zählen zu den wohlerworbenen Rechten des ausländischen Vertragspartners.

Ein völkerrechtswidriger Eingriff in diese wohlerworbenen Rechte liegt jedoch nur dann vor, wenn das Verbot der Erfüllung der Altverträge als eine entschädigungslose Enteignung zu qualifizieren wäre.[128] Lindemeyer verneint den Enteignungstatbestand, da das Embargo das vertragliche Verhältnis der Außenhandelspartner zueinander unberührt lasse. Das Embargo verbiete nur gewisse Handlungen in Ausführung des Vertrages, die zivilen Rechte, die sich aus der Unmöglichkeit des Vertrages ergeben, blieben den Vertragsparteien erhalten.[129] Nach deutschem Recht ist das ohne Genehmigung vorgenommene Rechtsgeschäft gem. § 31 AWG unwirksam; Erfüllungsansprüche gehen unter, es verbleiben lediglich Schadensersatzansprüche, die in der Regel nur dann mit Aussicht auf Erfolg gegen den deutschen Vertragspartner geltend gemacht werden können, wenn den deutschen Vertragspartner an der Unmöglichkeit der Vertragserfüllung ein Verschulden trifft. Gerade das Genehmigungserfordernis für die Erfüllung von Altverträgen wird mangels Vorhersehbarkeit ein Verschulden des deutschen Vertragspartners ausschließen. Die Vertragspartner können allerdings vor deutschen Gerichten gegen die Erstreckung des Genehmigungsvorbehaltes auf Altverträge Klage einreichen und Ansprüche auf Entschädigung geltend machen. Da nach dem Recht der Bundesrepublik Deutschland bei Vorliegen einer (rechtmäßigen oder rechtswidrigen) Enteignung[130] ohne Rücksicht auf die Staatsangehörigkeit des Klägers Entschädigung geleistet wird, genügt die deutsche Rechtsordnung dem nach Völkerrecht gebotenen fremdenrechtlichen Mindeststandard.

Die Überprüfung wirtschaftlicher Zwangsmaßnahmen durch ein deutsches Gericht wird unter dem Gesichtspunkt allgemeiner völkerrechtlicher Schranken mithin in der Regel zu dem Ergebnis führen, daß die Maßnahmen völkerrechtsgemäß sind. Die Zulässigkeit wirtschaftlicher Zwangsmaßnahmen nach allgemei-

---

127 Mosler, H., (Anm. 126), S. 33; Lindemeyer, B. (Anm. 10), S. 434 ff.; Wengler, W., Völkerrecht, Bd. II, 1964, S. 1006 ff.

128 Zum grundrechtlichen Mindeststandard, vgl. Mosler, (Anm. 127), S. 59 ff.; Wengler (Anm. 127), S. 1006 ff.

129 Lindemeyer, B. (Anm. 10), S. 439.

130 Eine Enteignung wird nur in seltenen Ausnahmefällen anzunehmen sein. Zwar ist die privatrechtliche Stellung als Gläubiger eines Vertrages als Eigentum i. S. v. Art. 14 GG anzusehen, eine Enteignung könnte jedoch nur dann bejaht werden, wenn die Erstrekkung des Aus- bzw. Einfuhrverbotes auf Altverträge sich als „schwerer und unerträglicher Eingriff darstellt, sich also die Erstreckung des Verbotes auf Altverträge existenzvernichtend auswirkt. Zur Rechtsprechung des enteignenden und enteignungsgleichen Eingriffs im Rahmen von Maßnahmen gegen Gewerbetreibende vgl. Nüßgens, K. / Boujang, K. Eigentum, Sozialbindung, Enteignung, NJW-Schriftenreihe, Heft 44, Rdnr. 76 ff. m. w. N.

nem Völkerrecht ist ein Indiz für die sachgerechte Ausübung des Ermessens der Exekutive im Rahmen der innerstaatlichen Umsetzung und spricht gegen die Annahme einer Willkürentscheidung des deutschen Verordnungsgebers.

c) Die Vorschriften des GATT und des EWG-Vertrages als Schranken wirtschaftlicher Zwangsmaßnahmen

Ausdrückliche Beschränkungen der Zulässigkeit wirtschaftlicher Zwangsmaßnahmen kommen in bilateralen völkerrechtlichen Verträgen selten vor.[131] Gewisse Einschränkungen der Zulässigkeit wirtschaftlicher Zwangsmaßnahmen enthalten die im GATT festgelegten Handelsregeln und die Vorschriften des EWG-Vertrages.

Die Regelungen des GATT[132] stehen im Ergebnis wirtschaftlichen Zwangsmaßnahmen nicht entgegen, da gemäß Art. XXI eine Vertragspartei nicht daran gehindert ist, „de prendre toutes mesures qu'elle estimera nécessaires à la protection des intérêts essentiels de la sécurité:

— se rapportant aux matières fissiles ou aux matières qui servent à leur fabrication;

— se rapportant au trafic d'armes, de munitions et de matériel de guerre et à tout commerce d'autres articles et matériel destinés directement ou indirectement à assurer l'approvisionnement des forces armées;

— appliquées en temps de guerre au en cas de grave tension internationale".[133]

Da es im Ermessen des Staates steht, ob er eine Krisensituation als Berührung der Sicherheitsinteressen ansieht, ist kaum eine Situation vorstellbar, in der sich ein Handelsembargo nicht durch einen Rückgriff auf Art. XXI GATT rechtfertigen ließe.[134]

Die Frage, ob ein Mitgliedstaat der Europäischen Gemeinschaften unter Berufung auf die Ausnahmevorschriften der Art. 223, 224 EWGV[135] gegen einen

---

131 Beispiele bei Lindemeyer (Anm. 10), S. 480 ff.

132 Es ist wahrscheinlich, daß deutsche Gerichte GATT-Regeln nicht als justiziabel ansehen; vgl. E. U. Petersmann, Handelspolitik als Verfassungsproblem, Jahrbuch für die Ordnung von Wirtschaft und Gesellschaft, Bd. 39, S. 239 ff. (237).

133 Art. XXI b de L'Accord Général sur les Tarifs douaniers et le Commerce, du Mars 1969, abgedr. in GATT-Instruments de Base et Documents divers, Vol. IV.

134 Die in Art. XXII, XXIII GATT vorgesehenen Konsultationsmöglichkeiten sind nicht geeignet, den Entscheidungsspielraum der Staaten einzuschränken. Weder ist vorgesehen, daß der Staat vor Erlaß diskriminierender Regeln Konsultationen aufzunehmen hat, noch sind Konsultationsmöglichkeiten vorgesehen für den Fall, daß die Vertragsparteien zu dem Schluß gelangen sollten, daß die getroffenen Maßnahmen nicht durch Art. XXI GATT zu rechtfertigen sind.

135 Weber, A., Schutznormen und Wirtschaftsintegration, 1982, S. 140 ff. m. w. N.

anderen Mitgliedstaat wirtschaftliche Zwangsmaßnahmen zulässigerweise anordnen könnte, hat in der Praxis bisher keine Bedeutung erlangt.[136] In der Literatur wird mit unterschiedlicher rechtlicher Begründung die Möglichkeit von Sanktionen bejaht, sofern ein Mitgliedstaat von dem Verfassungsprinzip der parlamentarischen Demokratie abweichen sollte. Dieser extreme Ausnahmefall soll vorliegend nicht weiter erörtert werden.[137]

5. Wirtschaftliche Zwangsmaßnahmen als Repressalien

Sollten wirtschaftliche Zwangsmaßnahmen ausnahmsweise einen Eingriff in völkerrechtlich geschützte Rechtspositionen (wohlerworbene Rechte oder völkervertragliche Pflichten) darstellen, so können diese Maßnahmen als völkerrechtliche Repressalien gerechtfertigt sein.

Als Repressalie wird ein an und für sich rechtswidriger Akt bezeichnet, der jedoch gerechtfertigt ist, weil der Adressat der Repressalie seinerseits ein völkerrechtliches Delikt begangen hat.[138] Übereinstimmend werden als Zulässigkeitsvoraussetzungen der Repressalie neben dem Erfordernis des vorausgegangenen Unrechts die vorherige Abmahnung des Verletzerstaates, die mit der Repressalie verfolgte Absicht, den Verletzerstaat zur Aufgabe des völkerrechtswidrigen Verhaltens bzw. zur Entschädigungszahlung zu veranlassen und die Verhältnismäßigkeit der Maßnahme verlangt.[139] Unbestritten ist heute auch, daß nicht nur der in seinen Rechten direkt verletzte Staat Repressalien anordnen kann, sondern auch

---

136 Matthies, H., in: Groeben / Boeckh / Thiesing / Ehlermann (Hrsg.), Kommentar zum EWG-Vertrag, Bd. 2, 3. Aufl., 1983, Art. 223, Rdnr. 2; vgl. auch die Kommentierung von Hummer, W., Artt. 223, 224 EWGV, in: Grabitz, E., Kommentar zum EWG-Vertrag, 1990.

137 Art. 224 EWGV ist in keinem Fall eine Rechtsgrundlage, die wirtschaftliche Zwangsmaßnahmen der Mitgliedstaaten gegeneinander ermöglicht, Vielmehr können mit Art. 224 EWGV nur solche Beschränkungen der vertraglichen Grundfreiheiten gerechtfertigt werden, die ein Mitgliedstaat unter den in Art. 224 EWGV genannten Voraussetzungen gegen Drittländer trifft. Frowein, J. A., Die rechtliche Bedeutung des Verfassungsprinzips der parlamentarischen Demokratie für den europäischen Integrationsprozeß, in: EUR 1983, S. 301 ff. (312 ff.). Er hält auf der Grundlage der Art. 224, 225 die Suspendierung von Vertragsrechten als Sanktion für zulässig. Zur Kritik vgl. EUR 1984, S. 98 f.

Zur rechtlichen Zulässigkeit von gem. Art. 41 SVN angeordneten Sanktionen gegen einen Mitgliedstaat durch die Gemeinschaft vgl. Klein, E., Zulässigkeit von Wirtschaftssanktionen der EWG gegen ihre Mitgliedstaaten, in: RIW 1985, S. 291 ff.

138 Vgl. die Nachweise bei Steinkamm, A., Repressalie, in: Seidl-Hohenveldern (Hrsg.), Lexikon des Rechts — Völkerrecht, 1985, S. 226; Bleckmann, Gedanken zur Repressalie, in: Staatsrecht — Völkerrecht — Europarecht, Festschrift für Hans-Jürgen Schlochauer, 1981, S. 193 ff.

139 Ebd.; zu den Schranken siehe insbesondere Bleckmann (Anm. 138), S. 209 ff.; Pathmanathan, M., Economic sanctions are a means of combating violations of human rights, in: Violation of human rights: possible rights of recourse and forms of resistance, UNESCO 1984, S. 202 ff. (209 ff.).

Drittstaaten, wenn es um die Reaktion auf schwerwiegende Verletzungen solcher völkerrechtlicher Regeln geht, die „the concern of all states" sind.[140]

Sofern die dargestellten Wirtschaftssanktionen (Iran, Afghanistan, Polen, Argentinien, Irak) wegen Erstreckung auf Altverträge oder wegen Widerspruchs zu bilateralen Handelsverträgen[141] gegen allgemeines Völkerrecht verstoßen, so sind sie als Repressalien gerechtfertigt, da in allen Fällen die Maßnahmen als Reaktion auf vorangegangenes Unrecht der Adressaten ergriffen wurden.

Als Zwischenergebnis ist festzuhalten, daß an der Rechtmäßigkeit der von der Bundesrepublik Deutschland auf der Grundlage von § 7 Abs. 1 Nr. 1 bis 3 AWG bisher angeordneten Maßnahmen keine begründeten Zweifel bestehen. Die Exekutive hat den ihr im auswärtigen Bereich zustehenden weiten Ermessensspielraum nicht überschritten. Die Anordnung der Zwangsmaßnahmen erfolgte in Übereinstimmung mit den Regeln des Völkerrechts, Anhaltspunkt für willkürliche Entscheidungen sind nicht vorhanden.

6. Die gerichtliche Überprüfung der Rechtmäßigkeit der auf § 5 AWG gestützten Rechtsverordnungen

Gemäß § 5 AWG können Rechtsgeschäfte und Handlungen im Außenwirtschaftsverkehr beschränkt werden, „um die Erfüllung von Verpflichtungen aus zwischenstaatlichen Vereinbarungen zu ermöglichen, denen die gesetzgebenden Körperschaften in der Form des Bundesgesetzes zugestimmt haben". Die Rechtmäßigkeitskontrolle einer auf § 5 AWG gestützten Rechtsverordnungen beinhaltet zunächst die Prüfung, ob eine „Verpflichtung aus zwischenstaatlichen Vereinbarungen" besteht.

a) Verpflichtungen der Bundesrepublik Deutschland als Mitglied der Vereinten Nationen

Unzweifelhaft besteht eine Verpflichtung für die Bundesrepublik Deutschland als Mitglied der Vereinten Nationen, wenn der Sicherheitsrat gem. Art. 39, 41 UNO-Charta bindende Sanktionen beschließt.

---

140 Barcelona-Traction-Urteil, ICJ Rep. 1070, S. 32, Par. 33; Frowein, J. A., Die Verpflichtung erga-omnes im Völkerrecht und ihre Durchsetzung, in: Völkerrecht als Rechtsordnung — Internationale Gerichtsbarkeit — Menschenrechte, Festschrift für Hermann Mosler, 1983, S. 241 ff.

141 So z. B. das Handelsabkommen vom 25.4.1958 und das Abkommen über den Waren- und Zahlungsverkehr vom 31.12.1960 zwischen der BRD und der UdSSR; hinsichtlich der Vereinbarkeit des Röhrenembargos 1962 bis 1966 mit diesen Verträgen vgl. Lindemeyer, B. (Anm. 10), S. 510 ff.

Beschließt der Sicherheitsrat — wie in der Resolution 556 betreffend Südafrika[142] — lediglich eine Empfehlung an die Mitgliedstaaten, bestimmte Maßnahmen anzuordnen, so ist die Bundesrepublik Deutschland rechtlich nicht zur Durchführung verpflichtet, so daß beschränkende Maßnahmen nicht auf § 5 AWG gestützt werden können. Dies gilt erst recht für Resolutionen der Generalversammlung der Vereinten Nationen, denen nach überwiegender und herrschender Ansicht keine rechtliche Bindungswirkung für die Mitgliedstaaten zukommt.[143] Insoweit verbleibt allerdings eine Umsetzung auf der Grundlage des § 7 AWG.

b) Verpflichtungen der Bundesrepublik Deutschland als Mitglied des CoCom

Die Rechtslage ist unklar bei der innerstaatlichen Umsetzung von Beschlüssen, die im Rahmen des Coordinating Committee beschlossen wurden[144], da die Frage der Rechtsverbindlichkeit dieser Beschlüsse nicht eindeutig geklärt ist. Schriftliche Vereinbarungen betreffend CoCom sind nicht veröffentlicht, so daß lediglich aus der Praxis der Mitgliedstaaten Rückschlüsse auf den Rechtscharakter der Beschlüsse gezogen werden können. Lindemeyer gelangt zu dem Ergebnis, „daß alles darauf hindeutet, daß die CoCom-Entscheidungen von den Teilnehmern als bindend angesehen werden, selbst wenn sie es formell nicht sind".[145]

In der Bundesrepublik Deutschland werden die CoCom-Beschlüsse auf der Grundlage der §§ 7, 5 AWG umgesetzt. Die Ausfuhrliste[146], deren Teil I die Beschlüsse des CoCom umsetzt[147], ist als Verordnung der Bundesregierung auf § 27 Nr. 1 und 2 i. V. m. §§ 2, 7 und 8 Abs. 1 und Abs. 2 AWG gestützt. Gleichzeitig wird die Verordnung auch auf §§ 2 und 5 AWG gestützt und als Verordnung des Bundesministers für Wirtschaft erlassen (§ 27 Abs. 1 Nr. 1 2. Hs. AWG).

---

142 RS 566 / SR vom 19.6.1985; die entscheidende Passage lautet:
„Urges Members States of the United Nations that have not done so to consider in the meantime taking appropriate voluntary measures against South Africa, which could include
(a) Stopping of new investments and application of disincentives to this end;
(b) Re-examination of maritime and aerial relations with South Africa;
(c) The prohibition of the sale of krugerrands and all other cairns minted in South Africa;
(d) Restrictions in the field of sports and cultural relations."

143 Hailbronner, K. / Klein, E., zu Art. 10, in: Simma (Hrsg.), Charta der Vereinten Nationen, Kommentar, 1991, m. w. N.; Verdross, A. / Simma, B., Universelles Völkerrecht, 3. Aufl., S. 90 ff., S. 150 ff.

144 Zur Struktur und Geschichte vgl. Großfeld-Junker, Das CoCom im Internationalen Wirtschaftsverkehr, 1991, S. 2 ff., 19 ff.

145 Lindemeyer (Anm. 10), S. 270 f.

146 Siehe die Nachweise in Anm. 86, 87.

147 Erläuterungen der neuen Ausfuhrliste im Runderlaß Außenwirtschaft (BAnz 1991, Nr. 222a).

Der Rückgriff auf § 5 AWG zeigt, daß nach Ansicht der Bundesregierung die Ausfuhrliste zumindest auch in „Erfüllung einer Verpflichtung aus zwischenstaatlichen Vereinbarungen" erlassen wird. Gleichwohl verbleiben Zweifel, ob der für die Erfüllung der CoCom-Beschlüsse wesentliche Teil I der Ausfuhrliste (Liste für Waffen, Munition und Rüstungsmaterial, Kernenergieliste, Liste für sonstige Waren mit strategischer Bedeutung, Liste für Chemieanlagen) tatsächlich auf § 5 AWG gestützt wird. Der Verordnungsgeber hat keine Angaben darüber gemacht, welche Teile der Ausfuhrliste auf § 5 oder § 7 AWG gestützt werden. Da es in dem militärisch unbedeutenden Teil II der Ausfuhrliste u. a. um die Erfüllung von Verbindlichkeiten aus der Mitgliedschaft zur Europäischen Gemeinschaft geht, wäre es durchaus vorstellbar, daß § 5 AWG ausschließlich diese Vorschriften in Teil II der Liste betrifft, und der deutsche Verordnungsgeber mithin davon ausgeht, daß CoCom-Beschlüsse auf der Grundlage des § 7 AWG ergehen.

Trotz dieser Ungewißheiten bestehen an der Rechtmäßigkeit der Ausfuhrliste keine Zweifel, da Einschränkungen des Wirtschaftsverkehrs für die in Teil I der Liste genannten Waren auf jeden Fall auf der Grundlage des § 7 Abs. 1 Nr. 1 und Nr. 3 AWG angeordnet werden können.[148]

c) Verpflichtungen der Bundesrepublik Deutschland aus der Mitgliedschaft in den Europäischen Gemeinschaften

Aus der Mitgliedschaft der Bundesrepublik Deutschland bei der Europäischen Gemeinschaft können sich Verpflichtungen zum Erlaß wirtschaftlicher Zwangsmaßnahmen ergeben, wenn die Gemeinschaft selbst durch einen für die Mitgliedstaaten verbindlichen Rechtsakt Zwangsmaßnahmen gegen Drittstaaten anzuordnen berechtigt ist.

Die gegen die UdSSR (Polen) und den Iran angeordneten Maßnahmen erfolgten nicht in Erfüllung von Verpflichtungen aus dem EWG-Vertrag oder dem EGKS-

---

148 Ausführungsgesetz zu Art. 26 Abs. 2 GG vom 20.4.1961, BGBl III 190-1. Erforderlich wäre eine Ergänzung der Kriegswaffenliste (BGBl I 1973, S. 1052). Dieses Gesetz umfaßt lediglich „zur Kriegsführung bestimmte Waffen" (§ 1). Durch die Eingrenzung in § 1 können eine Vielzahl strategisch wichtiger Güter, die in Teil I der Ausfuhrliste aufgenommen sind, nicht in der Kriegswaffenliste geführt werden. Die Umsetzung von CoCom-Beschlüssen auf der Grundlage der Vorschriften des Kriegswaffenkontrollgesetzes in das nationale Recht wäre anzustreben. Gemäß § 6 Abs. 3 Nr. 2 Kriegswaffenkontrollgesetz ist die Genehmigung zu versagen, wenn „Grund zu der Annahme besteht, daß die Erteilung der Genehmigung völkerrechtliche Verpflichtungen der Bundesrepublik Deutschland verletzen oder deren Erfüllung gefährden würde". Bei den CoCom-Beschlüssen bestehen begründete Anhaltspunkte für eine völkerrechtliche Verpflichtung der Bundesrepublik Deutschland, so daß innerstaatlich § 6 Abs. 3 Nr. 2 des Kriegswaffenkontrollgesetzes eine hinreichende Ermächtigungsgrundlage bieten würde. Zu dem Auseinanderfallen von AWG und KWKG vgl. Oerter, S., Neue Wege der Exportkontrolle im Bereich der Rüstungsgüter, in: ZRP 1992, S. 49 ff.

Vertrag. Diese Zwangsmaßnahmen wurden durch die Mitgliedstaaten der Europäischen Gemeinschaft im Rahmen der europäisch-politischen Zusammenarbeit beschlossen. Diese Beschlüsse haben lediglich Empfehlungscharakter, begründen also keine Pflichten für die Mitgliedstaaten.[149] Deshalb konnten die im Rahmen der europäisch-politischen Zusammenarbeit beschlossenen Maßnahmen gegen die UdSSR und den Iran innerstaatlich — wie auch geschehen — lediglich auf § 7 AWG gestützt werden.

Im Unterschied zu diesen gegen die UdSSR und den Iran verhängten Maßnahmen der Mitgliedstaaten hat die Gemeinschaft als solche gegen Argentinien und den Irak Wirtschaftssanktionen verhängt. Auf der Grundlage von Art. 113 EWGV wurde durch Verordnung des Rates der Europäischen Gemeinschaft vom 16.4.1982 „die Einfuhr aller Erzeugnisse mit Ursprung in Argentinien, die in der Gemeinschaft in den freien Verkehr gebracht werden sollen, ausgesetzt".[150] Im Falle Irak / Kuwait sind, gestützt auf Art. 113 EWGV „die Gemeinschaft und ihre Mitgliedstaaten übereingekommen, im Wege eines Gemeinschaftsrechtsakts eine in der Gemeinschaft einheitliche Durchführung der von dem Sicherheitsrat der Vereinten Nationen beschlossenen Maßnahmen betreffend den Handelsverkehr sicherzustellen."[151] Die Verordnung gilt unmittelbar[152], den Mitgliedstaaten bleibt nur noch die Regelung der Zuständigkeiten für die Durchführung der Maßnahmen und die Sanktionierung von Verstößen gegen unmittelbar geltendes EG-Recht. So werden in § 69a AWV[153] auf der Grundlage des § 5 AWG die EG-Sanktionen nur „zur Gewährleistung der Straf- und Bußgeldbewehrung" wiederholt. Noch deutlicher konnte der Verordnungsgeber nicht hervorheben, daß unmittelbar geltendes Gemeinschaftsrecht den Wirtschaftsverkehr reglementiert und lediglich die Regelung der Rechtsfolgen eines Verstoßes Gegenstand nationaler Gesetzgebung ist.

Soweit gegen den Irak / Kuwait Maßnahmen ergriffen wurden, die über die EG-Sanktionen hinausgehen, werden diese auf § 7 Abs. 1 AWG gestützt, so die Erbringung von Dienstleistungen Deutscher (§ 69 d AWV) oder Beschränkung des Geldverkehrs (§ 69 e AWG).

---

149 Zur Beschreibung der Maßnahmen siehe II.2.,3.

150 ABl. L 102 / 82, S. 1; zum gleichlautenden Beschluß nach den Vorschriften des EGKS-Vertrages: ABl. L 102 / 82, S. 3.

151 ABl. L 213 / 1 vom 9.8.1990.

152 Zur Auslegung des Art. 189 S. 2 EWGV „Die Verordnung hat allgemeine Geltung. Sie ist in allen ihren Teilen verbindlich und gilt unmittelbar in jedem Mitgliedstaat" siehe Grabitz, E., zu Art. 189, Rdnr. 42 ff., in: Grabitz, E. (Hrsg.), Kommentar zum EWG-Vertrag, 1990, m. w. N.; Bleckmann, A., Europarecht, 4. Aufl., 1985, S. 63 ff.

153 10. VO zur Änderung der AWG vom 9.8.1990 (BAnz. Nr. 149 v. 11.8.1991).

d) Umfang der gerichtlichen Überprüfung

aa) Anknüpfungspunkte für völker- und europarechtliche Fragen in deutschen Gerichtsverfahren

Im Rahmen der Rechtmäßigkeitsprüfung einer auf § 5 AWG gestützten Rechtsverordnung haben deutsche Gerichte zu prüfen, ob eine Verpflichtung der Bundesrepublik Deutschland aus zwischenstaatlicher Vereinbarung gegeben ist. Diese Prüfung betrifft zunächst die Frage nach der Anordnungskompetenz.

Hat eine internationale Organisation wirtschaftliche Zwangsmaßnahmen angeordnet, so ist die Durchsetzung für die Mitgliedstaaten nur dann verbindlich, wenn die internationale Organisation ihrerseits die Kompetenz zur Anordnung dieser Maßnahmen besitzt. Sollte die Anordnung wirtschaftlicher Zwangsmaßnahmen durch die internationale Organisation als Handlung „ultra vires" qualifiziert werden, so kann auch keine Verpflichtung der Bundesrepublik Deutschland im Sinne von § 5 AWG entstanden sein.

Zweifel an der Kompetenz zur Anordnung von Wirtschaftssanktionen wurden vorgebracht beim Erlaß von Embargo-Maßnahmen der Europäischen Gemeinschaft, die auf Art. 113 EWGV gestützt werden.

Insbesondere im Zusammenhang mit den gegen Argentinien verhängten wirtschaftlichen Zwangsmaßnahmen wurde in der Literatur erörtert ob sich aus Art. 113 EWGV eine Kompetenz der Gemeinschaft als solcher zur Verhängung gemeinschaftsrechtlicher Embargo-Maßnahmen herleiten läßt oder ob es den Mitgliedstaaten obliegt, gem. Art. 224 EWGV die entsprechenden Regelungen für Import-Export-Beschränkungen zu erlassen.[154] Die Praxis ist auch heute noch nicht eindeutig: Die jüngste Irak-Embargo-Verordnung stützt sich zwar einerseits auf Art. 113 EWGV, und es wird zudem von einem Gemeinschaftsrechtsakt gesprochen, andererseits wird in dem 4. Erwägungsgrund auf das „Übereinkom-

---

[154] Aus der umfangreichen Literatur vergleiche J. Kuyper, The Implementation of International Sanctions (1978), S. 187 ff.; E. U. Petersmann, Internationale Wirtschaftssanktionen als Problem des Völkerrechts und des Europarechts, ZVglRWiss 80 (1981), S. 1 ff.; G. Nicolaysen, Autonome Handelspolitik der Europäischen Wirtschaftsgemeinschaft, in: I. v. Münch (Hrsg.), Staatsrecht — Völkerrecht — Europarecht, Festschrift für H.-J. Schlochauer (1981), S. 855 ff. (869 ff.); M. Schröder, Wirtschaftssanktionen der Europäischen Gemeinschaften gegenüber Drittstaaten, GYIL 23 (1980), S. 11 ff.; A. Bleckmann, Zur Rechtmäßigkeit der EG-Sanktionen gegen Argentinien nach allgemeinem Völkerrecht und dem Recht der Europäischen Gemeinschaft, in: Vorträge, Reden und Berichte aus dem Europa-Institut, Nr. 4 (1982); T. Bruha, Handelsembargo gegen Argentinien durch EWG-Verordnung, in: DVBl 1982, S. 674 ff.; W. Meng, Die Kompetenz der EWG zur Verhängung von Wirtschaftssanktionen gegen Drittländer, in: ZaöRV 42 (1982), S. 780 ff.; Edwards, G., Europe and the Falkland Islands Crisis, in: Journal of Common Market Studies 22 (1984), S. 295 ff.; K.-P. Kissler, Die Zulässigkeit von Wirtschaftssanktionen der Europäischen Gemeinschaften gegenüber Drittstaaten (1984); J. Verhoeven, Sanctions internationales et Communautés Européennes, in: Cahiers de Droit Européen, 1984, S. 259 ff.; Zuppi (Anm. 64), S. 143 ff. m. w. N.

men" der Gemeinschaft und der Mitgliedstaaten verwiesen, also auf eine „gemischte Grundlage"[155]. Auch der Rat hat erklärt, der Ungewöhnlichkeit der Umstände wegen präjudiziere die Verordnung für künftige Fälle nichts.[156]

Diese europarechtliche Frage stellt sich jedoch erst dann, wenn die nach Völkerrecht zu beurteilende Fähigkeit der Europäischen Gemeinschaft zum Erlaß von Zwangsmaßnahmen bejaht wird.[157]

bb) Die völkerrechtliche Rechtmäßigkeit der durch die Europäischen Gemeinschaften verhängten Zwangsmaßnahmen

Gegen Argentinien und den Irak wurden durch Verordnungen des Rates der Europäischen Gemeinschaft bzw. durch Beschluß der im Rat vereinigten Vertreter der Mitgliedstaaten der Europäischen Gemeinschaft für Kohle und Stahl Wirtschaftssanktionen erlassen.[158] Es wurde bereits dargelegt, daß diese Maßnahmen nicht gegen Völkerrecht verstoßen; sie sind hinsichtlich ihres Regelungsgegenstandes überwiegend als Retorsionsmaßnahmen zu qualifizieren, so daß das Problem der Repressalienbefugnis"[159] internationaler Organisationen zunächst ausgeklammert werden kann.

Aber auch die Retorsionsmaßnahmen müssen — sollen sie völkerrechtlich wirksam sein — von einem Völkerrechtssubjekt angeordnet werden, dessen (partielle[160]) Völkerrechtssubjektivität auch solche Anordnungen umfaßt und gestattet. Übereinstimmung besteht, daß zumindest in denjenigen Sachbereichen Völkerrechtsfähigkeit besteht, in denen der internationalen Organisation auswärtige Handlungsbefugnisse durch die Gründungsverträge eingeräumt worden sind.[161] Die Rechtsprechung des EuGH zur Außenzuständigkeit der Gemeinschaft geht insofern über die im allgemeinen Recht der internationalen Organisationen geltenden Grundsätze hinaus, als nicht nur bei Vorliegen auswärtiger Handlungsbefugnisse, sondern für jede interne Kompetenz der EG potentiell eine völkerrechtliche Kompetenz bejaht wird.[162]

---

155 Zu früheren Fällen vgl. Vedder, Ch., zu § 113, Rdnr. 33, in: Grabitz, E., (Hrsg.), Kommentar zum EWG-Vertrag, 1990; Reuter, A., Verstoßen Exportverbote auf Dual-Use"-Waren nach § 5 c ASWV gegen EG-Recht?, in: DB 1991, S. 2577 ff. (2582).

156 Reuter, A. (Anm. 115).

157 Verhoeven (Anm. 154), S. 265 ff.

158 Siehe II.4.,5.

159 Bleckmann (Anm. 154), beschäftigt sich allein mit der Repressalienbefugnis, da für unfreundliche Akte keine völkerrechtliche Kompetenz der EG erforderlich sei (S. 9).

160 Statt vieler vgl. Seidl-Hohenveldern, I., Das Recht der Internationalen Organisationen, 4. Aufl., 1984, Rdnr. 314 ff. m. w. N.; Bowett D. W., The Law of International Institutions, 1982, S. 335 ff.; Wolfrum, R., Internationale Organisationen, in: Seidl-Hohenveldern (Hrsg.), Lexikon des Rechts — Völkerrecht, 1985, S. 127 ff. (135).

161 Kissler, (Anm 154), S. 124f. m. w. N.; Bowett (Anm. 160), S. 336 f.

162 Zu der Handelspolitik siehe EuGH-Gutachten 1 / 75 vom 14. 7. 1975 — Slg. EuGH 1975, S. 1355; EuGH-Gutachten 1 / 78 vom 4. 10. 1979 — Slg. 1979, S. 2871; C. D.

Im Bereich des Handelns gegenüber Drittstaaten räumen Art. 113 EWGV und Art. 71ff. EGKSV den Europäischen Gemeinschaften umfassende Handlungsbefugnisse ein, so daß nach den Grundsätzen des Rechts der internationalen Organisationen insoweit die Europäische Gemeinschaft auch völkerrechtlich zulässig gegenüber Drittstaaten handeln kann. Dieses Handeln ist auf die Gestaltung der gesamten Handelspolitik bezogen, umfaßt also neben dem Abschluß oder der Kündigung bzw. Suspendierung von Handelsverträgen auch die an einen bestimmten Drittstaat gerichtete Erklärung, in Zukunft keine Handelsbeziehungen mit diesem Staat mehr einzugehen bzw. fortzusetzen. Ob die Gemeinschaft aus rein außenpolitischen Gründen zur Abgabe derartiger Erklärungen befugt ist (Art. 113 EWGV vs. Art. 224 EWGV), ist eine Frage des Europarechts. Völkerrechtlich relevant wird diese Frage lediglich dann, wenn die Maßnahme eine Überschreitung der Kompetenzen der Gemeinschaftsorgane darstellen würde und diese Kompetenzüberschreitung zur völkerrechtlichen Unwirksamkeit der Willenserklärung führte. Selbst in dem Fall, daß man eine Kompetenzüberschreitung annehmen wollte, führte dies nicht zur Unwirksamkeit der Erklärung auf der Völkerrechtsebene. Die Regeln, die für die Beurteilung der völkerrechtlichen Relevanz bzw. Irrelevanz einer Kompetenzüberschreitung durch internationale Organisationen für einseitige Akte bestehen, können aus dem Völkergewohnheitsrecht, wie es heute in Art. 46 der Wiener Vertragsrechtskonvention kodifiziert ist, hergeleitet werden. Diese Regeln gelten zwar nach der Wiener Vertragsrechtskonvention nur für Vertragserklärungen, können jedoch auch auf einseitige Akte übertragen werden.[163] Mangels praktischer Erfahrungen besteht insoweit zwar noch kein Gewohnheitsrecht[164], allerdings hat sich die Kommission für Völkerrecht in den Artikel-Entwürfen bezüglich der Verträge zwischen Staaten und internationalen Organisationen bzw. zwischen zwei oder mehreren internationalen Organisationen für eine Übertragung der Regelung des Art. 46 WVRK entschieden. Danach kann sich eine internationale Organisation nicht darauf berufen, daß ihre Zustimmung, durch einen Vertrag gebunden zu sein, unter Verletzung der Bestimmungen über die Zuständigkeit zum Vertragsschluß ausgedrückt wurde, sofern nicht diese Verletzung offenkundig war und eine interne Rechtsvor-

---

Ehlermann, The scope of article 113 of the EEC Treaty, in: Mélanges en l'honneur de P. H. Teitgen, 1984, S. 145 ff.

Zur Außenkompetenz siehe RS 22/70, AETR — Slg. EuGH 1971, S. 263; RS 3, 4 und 6/76, kramer — Slg. EuGH 1976, S. 1279; Gutachten 1/76 vom 26.4.1977, Slg. EuGH 1977, S. 741. Vgl. insbesondere J. Groux, Le parallélisme des compétences internes et externes de la Cour de Justice au développement de la condition internationale de la Communauté européenne, CDE 1978, S. 527 ff.; Tomuschat, Ch., Die Auswärtige Gewalt der EWG erhält feste Konturen, in: EUR 1977, S. 157 ff.; allgemein zur Stellung der EG im Völkerrecht vgl. Groux, J. / Manin, Ph., Die Europäischen Gemeinschaften in der Völkerrechtsordnung, 1984. Zusammenfassend Vedder, Ch., zu Art. 113 und vor Art. 110, in: Grabitz, E., Kommentar zum EWG-Vertrag, 1990.

163 So bereits vor dem Inkrafttreten der WVRK Wengler, W., Völkerrecht, Bd. I, 1964, S. 316.

164 Groux / Manin (Anm. 162), S. 129.

schrift von grundlegender Bedeutung betraf.[165] Gemäß Art. 46 Abs. 4 des Entwurfes ist eine Verletzung offenkundig, „wenn sie für jeden Staat oder jede Organisation, die Vertragsparteien sind, objektiv erkennbar ist oder sein müßte". Die identische Interessenlage erlaubt eine Übertragung dieser Regel auch auf einseitige Akte, so daß ein kompetenzwidriger einseitiger Akt einer internationalen Organisation grundsätzlich völkerrechtlich wirksam ist, es sei denn, die Kompetenzüberschreitung war objektiv erkennbar und betraf eine Vorschrift von wesentlicher Bedeutung.

Auf das Problem wirtschaftlicher Zwangsmaßnahmen durch die Europäische Gemeinschaft übertragen, führt diese Regelung zu dem Ergebnis, daß es sich — unterstellt, es handele sich tatsächlich um eine Überschreitung der Kompetenzen aus Art. 113 EWGV — jedenfalls nicht um eine „offenkundige" Kompetenzüberschreitung handelt, da — wie die zahlreiche Literatur[166] zu dieser Frage beweist — die Kompetenzlage nicht geklärt ist, zumindest jedoch von einer „Gemengelage" in der Praxis ausgegangen wird.

Im Ergebnis ist festzuhalten, daß die Europäische Gemeinschaft als internationale Organisation wirtschaftliche Zwangsmaßnahmen als Retorsionsmaßnahmen gegen Drittstaaten in völkerrechtlich zulässiger Weise verhängen kann.

Stellen die von der Gemeinschaft angeordneten Maßnahmen einen Eingriff in Altverträge dar oder stehen sie in Widerspruch zu bestehenden Verträgen[167] zwischen der Gemeinschaft und dem Adressaten der Maßnahme, so können die Maßnahmen als Repressalien gerechtfertigt werden. Die Repressalienbefugnis steht der internationalen Organisation bei Verletzung eigener Rechte zu.[168] Es ist auch kein Grund ersichtlich, der internationalen Organisation bei Rechtsverletzung mit Wirkung erga omnes die Repressalienbefugnis abzusprechen. Bei Verletzung von nur dem Mitgliedstaat zustehenden Rechten könnte zumindest der Gesichtspunkt der Solidarität der internationalen Organisation mit dem Mitgliedstaat eine Repressalienbefugnis für die internationale Organisation begründen.[169]

---

165 Art. 46 III des Entwurfes der Völkerrechtskommission, ILC-Rep. 1982, S. 25 ff.; der Text ist abgedruckt bei Klein, E. / Pechstein, M., Das Vertragsrecht Internationaler Organisationen, 1985, S. 70 ff.

166 Siehe oben Anm. 154.

167 Zum Zeitpunkt des Erlasses der Sanktionen gegen Argentinien bestanden zwischen der EG und Argentinien zwei Handelsabkommen, deren Verletzung möglich ist. Vgl. Verhoeven (Anm. 154), S. 266 m. w. N.

168 Ebenda, S. 273.

169 Ebd., S. 274; Kissler, Anm. 154, S. 168 ff. m. w. N.

cc) Artikel 113 EWGV als Kompetenzgrundlage für die Anordnung wirtschaftlicher Zwangsmaßnahmen

Die in der Literatur[170] erörterten Zulässigkeitsfragen der auf Art. 113 EWGV gestützten Zwangsmaßnahmen gegen Drittstaaten wären für ein deutsches Gericht Anlaß, dem EuGH diese Frage gem. Art. 177 EWGV vorzulegen. Ohne vorliegend alle Argumente darlegen zu können[171], ist die europarechtliche Zulässigkeit der gem. Art. 113 EWGV durch Verordnung des Rates verhängten wirtschaftlichen Zwangsmaßnahmen gegen Argentinien bzw. den Irak im Ergebnis zu bejahen.

Die Unterscheidung Verhoevens zwischen „décision interétatique de sanction" und „décision communautaire d'exécution"[172] beschreibt die Praxis und interpretiert die Beschlußlage zutreffend. Die Entscheidung über das „Ob" von Sanktionen obliegt den Mitgliedstaaten; die Gemeinschaft kann sich ihrerseits der Entscheidung der Mitgliedstaaten anschließen und hat sodann für die technische Ausführung zu sorgen. Die Entscheidung der Mitgliedstaaten über das „Ob" der Sanktionen erfolgt demnach nicht nach Europarecht, sondern folgt den Regeln des Völkerrechts. Aus diesem Grund ist für den Beschluß der Mitgliedstaaten Einstimmigkeit erforderlich. Art. 113 Abs. 4 EWGV — qualifizierte Mehrheit — gilt nur für die technischen Ausführungsregeln. Art. 113 Abs. 4 EWGV ist lediglich von theoretischem Interesse, da in der Praxis die Entscheidungen über das „Ob" und die technische Ausgestaltung der Sanktionen zusammenfallen. Die technische Ausgestaltung erfolgt durch Verordnung des Rates, die Entscheidung über das „Ob" durch das personell mit dem Rat identische Gremium der Staatenvertreter im Rahmen der europäisch-politischen Zusammenarbeit.

Dieser Teilung in „décision interétatique de sanction" und „décision communautaire d'exécution" entspricht auch die Vorgehensweise im Fall der gegen Argentinien und den Irak angeordneten Sanktionen. Am 10.4.1982 erklärten die Außenminister der Mitgliedstaaten im Rahmen der europäisch-politischen Zusammenarbeit, daß „sie (die Regierungen) außerdem alle erforderlichen Maßnahmen treffen werden, um sämtliche Einfuhren aus Argentinien in die Gemeinschaft zu untersagen. Die wirtschaftlichen Maßnahmen werden im Einklang mit den einschlägigen Bestimmungen der Gemeinschaftsverträge geschlossen".[173] Am 16.4.1982 wurde sodann die Verordnung des Rates erlassen.

Im Falle Irak wird zwar der „Gemeinschaftsrechtsakt" hervorgehoben, gleichwohl auf das „Übereinkommen" der Gemeinschaft und Mitgliedstaaten verwiesen.[174]

---

170 Siehe die Nachweise in Anm. 154.

171 Vgl. insoweit Anm. 154.

172 Verhoeven, J., Sanctions internationales et Communautés européennes, in: Cahiers de Droit Européen, 1984, S. 159 ff., insbes. S. 283 ff.

173 Bull-EG 1982, Nr. 4, S. 8.

Eine Kompetenzüberschreitung der Gemeinschaft bei Anordnung der Wirtschaftssanktionen gegen Argentinien und den Irak scheidet mithin aus, vielmehr handelte die Gemeinschaft in Ausführung der Beschlüsse der Mitgliedstaaten, die Grundlage der Sanktionen sind mithin „gemischt“[175]; sie sind völkerrechtlicher und europarechtlicher Natur.

IV. Zusammenfassung

1. Für die Durchsetzung einseitiger völkerrechtlicher Beschränkungen des Außenwirtschaftsverkehrs im innerstaatlichen Bereich ist das Außenwirtschaftsgesetz eine hinreichende Ermächtigungsgrundlage.
   a) Die Regelungsdichte des Außenwirtschaftsgesetzes entspricht den Anforderungen der vom Bundesverfassungsgericht entwickelten Wesentlichkeitslehre. Ein mögliches Defizit an parlamentarischer Beteiligung wird durch die Befugnis des Parlaments, die Aufhebung einer den Außenwirtschaftsverkehr beschränkenden Rechtsverordnung zu verlangen (§ 27 Abs. 2 S. 2 AWG), aufgewogen.
   b) Die in §§ 5 und insbesondere 7 AWG enthaltenen Generalklauseln und unbestimmten Rechtsbegriffe sind mit dem Bestimmtheitsgrundsatz vereinbar.
2. Der Regierung ist für die Beurteilung der Tatbestandsvoraussetzung des § 7 ein weiter Ermessensspielraum zuzugestehen. Eine gerichtliche Überprüfung ist auf eine Willkürprüfung beschränkt. Eine willkürliche Entscheidung der Regierung ist von vornherein ausgeschlossen, wenn die ergriffenen Maßnahmen mit dem Völkerrecht übereinstimmen. Im Rahmen der Willkürprüfung ist daher Raum für die Prüfung völkerrechtlicher Fragen durch deutsche Gerichte.
3. Im Rahmen der gerichtlichen Kontrolle einer auf § 5 AWG gestützten Rechtsverordnung haben die deutschen Gerichte zu prüfen, ob aus einer zwischenstaatlichen Vereinbarung überhaupt Rechtspflichten für die Bundesrepublik Deutschland erwachsen können (Sanktionskompetenz). Wird diese Frage bejaht, so ist weiter zu prüfen, ob im konkreten Fall eine rechtmäßige Entscheidung der internationalen Organisation ergangen ist.
   a) Verbindlichkeit besitzen die Anordnungen des Sicherheitsrates der Vereinten Nationen gem. Art. 39, 41 Satzung der Vereinten Nationen, nicht hingegen die Aufforderungen des Sicherheitsrates zu freiwilligen Maßnahmen oder die Beschlüsse der Generalversammlung.

---

[174] Vgl. Anm. 155.

[175] Vedder, Ch. (Anm. 162), § 113, Rdnr. 33.

b) Der verpflichtende Charakter der CoCom-Vereinbarungen ist ungewiß. Auch aus der Praxis der Bundesrepublik läßt sich nicht eindeutig schließen, daß die Bundesrepublik Deutschland von der Rechtsverbindlichkeit der CoCom-Beschlüsse ausgeht.

c) Verpflichtungen der Bundesrepublik Deutschland ergeben sich aus der EG-Mitgliedschaft. Die Entscheidung der Frage, ob Wirtschaftssanktionen überhaupt angeordnet werden, liegt allein bei den Mitgliedstaaten. Die Gemeinschaft hat, sofern die Mitgliedstaaten zuvor die Anordnung beschlossen haben, auf der Grundlage des Art. 113 EWGV die Maßnahmen durchzuführen. Die Mitgliedstaaten ihrerseits sind — sofern keine europarechtliche Regelung besteht — sodann zur Regelung des Verfahrens verpflichtet.

Dritter Teil

Die innerstaatliche Durchsetzung einseitiger Maßnahmen der Auswärtigen Gewalt im Bereich des zivilen Luftverkehrs

I. Beschränkungen des Luftverkehrs in der Praxis der Bundesrepublik Deutschland

Die Aufhebung von Flugverbindungen zwischen der Bundesrepublik Deutschland und Drittstaaten als Reaktion der Bundesrepublik Deutschland auf völkerrechtswidriges Verhalten der Drittstaaten ist in jüngster Vergangenheit wiederholt aktuell geworden. Im Zusammenhang mit libyschen Staatsangehörigen zugeschriebenen Terroranschlägen unterbreitete bereits im Januar 1986 der amerikanische stellvertretende Außenminister Whitehead der Bundesregierung unter anderem den Vorschlag, den Fluglinienverkehr mit Libyen einzustellen.[1] Weder die Bundesrepublik Deutschland noch die übrigen europäischen Natoverbündeten haben sich damals diesem Vorschlag angeschlossen und Sanktionen gegen Libyen im Bereich des Luftverkehrs angeordnet. Lediglich im Rahmen der europäisch-politischen Zusammenarbeit haben sich die Außenminister am 28.1.1986 darauf verständigt, „keine Waffen an Staaten zu liefern, die den Terrorismus unterstützen und die amerikanischen Maßnahmen gegen Libyen nicht zu unterlaufen".[2] Erst die Resolution 748 (1992) des Sicherheitsrates der Vereinten Nationen vom 31. März 1992 veranlaßte die Bundesregierung, neben einem Waren-, Dienstleistungs- und Waffenembargo[3] auch den zivilen Luftverkehr von und nach Libyen einzuschränken.[4]

---

1 FAZ vom 22.1.1986, S. 1 / 2
Neben Einschränkungen des Flugverkehrs schlug Whitehead ein Importembargo für libysches Öl, ein Exportembargo für technische Ausrüstungen und die Überwachung der libyschen Botschaft vor (FAZ, ebd.).

2 FAZ vom 29.1.1986, S. 2; seitens Italien wurde ein Waffenembargo (auch für laufende Verträge) angeordnet (FAZ v. 11.1.1986, S. 2). Zu den Sanktionen der Vereinigten Staaten, insbes. zum Einfrieren der libyschen Konten auf der Grundlage des „International Emergency Economic Powers Act" vgl. den Beitrag von Malzer R., in: FAZ vom 11.1.1986, S. 2: der Präsident kann den nationalen Notstand erklären, wenn nach seiner Auffassung eine ungewöhnliche und außerordentliche Bedrohung der nationalen Sicherheit, der Außenpolitik oder der Wirtschaft der Vereinigten Staaten vorliegt. Das Gesetz erlaubt ausdrücklich das Einfrieren der Konten.

Neben dieser Einschränkung des Luftverkehrs aufgrund der Resolution des Sicherheitsrates der Vereinten Nationen hat die Bundesrepublik Deutschland in der Vergangenheit die Aufhebung bzw. zeitweise Suspendierung bestehender Flugverbindungen von und nach Afghanistan bzw. der UdSSR angeordnet.

Die Kündigung des deutsch-afghanischen Luftverkehrsabkommens erfolgte im Mai 1981 nach Entführung einer Maschine der Pakistan International Airlines nach Afghanistan. Die Regierung Afghanistans gewährte den Luftpiraten Zuflucht und ignorierte die Aufforderung der Regierungschefs der Teilnehmer des Weltwirtschaftsgipfels im Juli 1981 in Ottawa, gegen die Luftpiraten einzuschreiten. Am 30. November 1981 wurde dann folgende Presseerklärung veröffentlicht:

> „The heads of State and Government of the seven Economic Summit countries declared at Ottawa on July 20, 1981, that they proposed to suspend all flights to and from Afghanistan in implementation of the Bonn Declaration unless th Babrak Karmal régime took steps to comply with Afghanistan's international obligations by extrading or prosecuting under the Hague Convention the hijackers of the PIA aircraft. The statement of the seven was communicated to the Mission of Afhanistan to the United Nations by Canada on behalf of the seven. Since no reply has been received form the Kabul régime, France, the FRG and the UK, which are the only countries among the seven to whose territories Ariana Afghan Airlines fly, have decided in agreement with the other members of the seven to denounce their air services agreements or arrangements with Afghanistan. Notices to this effect will be given."[5]

---

[3] Die Resolution 748 (1992) wurde durch die 21. Verordnung zur Änderung der Außenwirtschaftsverordnung vom 16.4.1992 in deutsches Recht umgesetzt (BAnz. S. 3277).

§ 69g wurde neu eingeführt. Im Gesetzestext werden die Beschränkungen auf § 7 Nr. 1 und 3 AWG gestützt. Zutreffend wäre es gewesen, die Beschränkung insbesondere auf § 5 AWG zu gründen. Folgende Tätigkeiten sind verboten:

1. die Lieferung von Luftfahrzeugen oder Bestandteilen von Luftfahrzeugen nach Libyen; Dienstleistungen für die Entwicklung, Herstellung, Montage oder Wartung libyscher Luftfahrzeuge oder von Bestandteilen libyscher Luftfahrzeuge.; die Bescheinigung der Lufttüchtigkeit für libysche Luftfahrzeuge; Zahlungen auf Grund neuer Ansprüche aus bestehenden Versicherungsverträgen oder der Abschluß neuer Direktversicherungsverträge für libysche Luftfahrzeuge,
2. die Lieferung von Rüstungsmaterial und damit im Zusammenhang stehender Waren aller Art sowie Ersatzteilen, einschließliche des Verkaufs oder der Lieferung von Waffen, Munition, militärischen Fahrzeugen und Ausrüstungsgegenständen hierfür und paramilitärischer Polizeiausrüstung; ebenso die Lieferung jeder Art von Ausrüstung, von Nachschub und der Abschluß von Lizenzabkommen für die Herstellung oder die Wartung der genannten Waren,
3. Dienstleistungen, die sich auf technische Beratung, Unterstützung oder Ausbildung im Hinblick auf die Lieferung, Herstellung, Wartung oder den Gebrauch der in Nummer 2 genannten Gegenstände beziehen,
4. Rechtsgeschäfte und Handlungen der libyschen Luftverkehrsgesellschaft im Außenwirtschaftsverkehr.

[4] Bekanntmachung des Bundesministers für Verkehr vom 14.4.1992 über die Einschränkung des Luftverkehrs zwischen Libyen und der Bundesrepublik Deutschland (BAnz. v. 16.4.1992, S. 3279)

Die Bundesrepublik Deutschland hat am 30.11.1981 das deutsch-afghanische Luftverkehrsabkommen[6] zum 01.12.1982 gekündigt.[7]

Die Suspendierung des Luftverkehrs mit der ehemaligen Sowjetunion erfolgte im September 1983. Am 01. September 1983 wurde das mit 269 Passagieren besetzte Flugzeug der Korean Airlines von sowjetischen Militärmaschinen über der Insel Sachalin abgeschossen. Das Flugzeug war ohne Erlaubnis der Sowjetunion in sowjetischen Luftraum eingeflogen. Nach sowjetischer Darstellung handelte es sich um einen Spionageflug; die koreanische Maschine habe der Aufforderung, in der Sowjetunion zu landen, nicht Folge geleistet, so daß nur noch der Abschuß der Maschine als Möglichkeit verblieben sei.[8]

In den Vereinigten Staaten wurde als Reaktion auf den Flugzeugabschuß die Schließung aller Aeroflot-Büros angeordnet. Die sowjetischen Angestellten wurden zum Verlassen der Vereinigten Staaten bis zum 15.9.1983 aufgefordert[9]. Im Sicherheitsrat der Vereinten Nationen scheitert am 12.9.1983 eine Resolution am Veto der Sowjetunion[10]. Auf europäischer Ebene hat das Europaparlament den Abschuß des Passagierflugzeuges verurteilt und eine zeitweilige Isolierung der sowjetischen Fluggesellschaft Aeroflot innerhalb der internationalen Luftfahrt empfohlen[11]. Die Außenminister der Mitgliedsstaaten der Europäischen Gemeinschaft konnten sich auf der Tagung am 12.9.1983 in Athen im Rahmen der europäisch-politischen Zusammenarbeit über eine Verurteilung der Sowjetunion jedoch nicht einigen[12]. In einer Erklärung vom 12.9.1983 wurde lediglich mitgeteilt, die Minister hätten u. a. „den Zwischenfall des koreanischen Flugzeuges erörtert".[13] Die Konsultationen der Außenminister der Mitgliedsstaaten der

---

[5] Chamberlain K., Collective suspension of air services with states which harbour hijackers, in: ICLQ, Vol. 32 (1983), S. 616 ff. (626 ff.); Reimer G., Die internationale Luftfahrt im Spannungsfeld von Politik und Recht, in: Zeitschrift für Luft- und Weltraumrecht, 1984, S. 20 ff. (24 f.).

[6] Luftverkehrsabkommen vom 22.7.1957, BGBl II 1960, S. 2432

[7] Bekanntmachung über das Außerkrafttreten des dt.-afghanischen Akommen vom 14.4.1982 (BGBl. II, S. 485)

[8] Die unterschiedlichen Moskauer Versionen zu dem Abschuß sind dargestellt in FAZ vom 4.10.1983, S. 3 / 4

[9] FAZ vom 9.9.1983, S. 2

Das Landeverbot für sowjetische Maschinen traf auch sowj. Diplomaten und den sowj. Außenminister, die zur Jahresvollversammlung der Vereinten Nationen nach New York reisen wollten; vgl. Lakehal, D.-E., La Destruction du Boeing Sud-Coréen, in: Revue belge de droit international, Vol. 18 (1984-1985-1), S. 171 ff. (178 ff.); Avruch, St., The 1983 Korean Air Lines Incident: Highlighting the law of International Air Carrier Liability, in: Boston College International and Comparative Law Review, Vol. 8, 1985, 75; Hassan, F., The shooting down of Korean Airlines flight 007 by the USSR and the future of air safety for passengers, in: ICLQ 1984, Vol. 33, 712

[10] S / PV 2476 vom 12.6.1983, S. 53 ff.

[11] EG-Bull. 1983, Nr. 9, S. 100

[12] FAZ vom 13.9.1983, S. 1

[13] EG-Bull. 1983, Nr. 9, S. 92

NATO während des KSZE-Folgetreffens in Madrid[14] führten zu der Empfehlung an die Mitgliedsstaaten, beginnend mit dem 15.9.1983 für 14 Tage den Flugverkehr mit der Sowjetunion zu suspendieren. Die Bundesregierung ist dieser Empfehlung gefolgt. Am 12.9.1983 erklärte der Sprecher der Bundesregierung, Staatssekretär Böhnisch:

> „Die Bundesregierung hat nach Abstimmung im Bündnis beschlossen, mit Wirkung vom 15. September 1983 für die Dauer von 14 Tagen die Verkehrsrechte von Aeroflot in der Bundesrepublik Deutschland zu suspendieren. Gleichzeitig und für denselben Zeitraum wird die Deutsche Lufthansa ihre Flüge in die Sowjetunion einstellen."[15]

Die Bundesregierung bezeichnet den Abschuß eines zivilen Passagierflugzeuges als Akt der Brutalität, der durch nichts zu rechtfertigen sei. Die UdSSR habe allgemein gültige Grundsätze des Völkerrechts und die von ihr selbst übernommene Verpflichtung zur Wahrung der Sicherheit des zivilen Luftverkehrs gröblich verletzt.

> „Die Sowjetunion ist es der Staatengemeinschaft schuldig, für eine vollständige und lückenlose objektiv öffentliche Aufklärung des Abschusses und aller seiner Umstände zu sorgen, eine Entschuldigung auszusprechen, die Verantwortlichen zur Rechenschaft zu ziehen und den Betroffenen Schadensersatz zu leisten. Eine solche Tragödie darf sich nicht wiederholen."[16]

Der Beschluß der Bundesregierung wurde dem sowjetischen Botschafter im auswärtigen Amt erläutert[17]. In einer Pressemitteilung erklärte der Regierungssprecher der Bundesregierung, die Suspendierung bedeute keine Kündigung des deutsch-sowjetischen Luftverkehrsabkommens, es handele sich vielmehr um ein politisches Zeichen, das Vorrang vor dem Vertragsrecht habe."[18]

Die Effektivität der Aussetzung des Luftverkehrs in der Zeit vom 15.9.1983 bis 28.9.1983 dürfte gering gewesen sein. Frankreich, Österreich, Griechenland und die Türkei haben sich an den Maßnahmen gegen die UdSSR nicht beteiligt; es bestand mithin die Möglichkeit, in die Bundesrepublik Deutschland bzw. in die Sowjetunion von der Bundesrepublik Deutschland aus auf dem Luftweg über diese Drittstaaten zu reisen. Auch Zwischenstationen in Prag, Budapest und Ostberlin oder die Eisenbahnverbindung Moskau-Helsinki waren Ausweichmöglickeiten[19]. An der Effektivität der Maßnahmen darf — ebenso wie an der Effekti-

---

14 EG-Bull. 1983, Nr. 9, S. 89

15 Bull.BReg. Nr. 89, S. 836 vom 14.9.1983,
Die Maßnahme wurde mit Ausnahme Frankreichs, Griechenlands und der Türkei von den NATO-Mitgliedsstaaten angeordnet. Vgl. Lakehal D. E. (Anm. 9), S. 175

16 Ebd. S. 836

17 FAZ vom 13.9.1983, S. 1: Botschafter Semjonow habe gegen den Beschluß protestiert und erklärt, sein Land behalte sich „Maßnahmen" vor.

18 FAZ vom 10.9.1983, S. 1/2

19 FAZ vom 17.9.1983, S. 2/3

vität der gegen Libyen im Frühjahr 1992 ergriffenen Maßnahmen — daher gezweifelt werden.

Durch die „Einstellung" des Luftverkehrs von der Bundesrepublik Deutschland in die UdSSR wurden nach öffentlichen Angaben etwa 7 000 Passagiere betroffen[20]. Die Reiseveranstalter haben auf Wunsch der Kunden die Verträge kostenlos storniert. Diejenigen Passagiere, die am Flug festhielten, wurden kostenlos mit dem Bus nach Berlin-Schönefeld oder nach Wien gefahren, um sodann mit Aeroflot, Interflug oder Austrian Airlines in die UdSSR zu gelangen[21]. Der finanzielle Schaden der Lufthansa durch den Verlust an Buchungen wird auf über 5 Mio. DM geschätzt[22].

II. Völkerrechtliche Aspekte der Einschränkungen des zivilen Luftverkehrs

Zur Anordnung des Luftembargos gegen Libyen zum 15. April 1992 war die Bundesrepublik Deutschland als Mitglied der Vereinten Nationen aufgrund der Resolution 748 / 1992 des Sicherheitsrates der Vereinten Nationen verpflichtet.

An der Rechtmäßigkeit der Kündigung des deutsch-afghanischen Luftverkehrsabkommens in 1981 bestehen keine durchgreifenden Bedenken, da Art. 16 Abs. 3 des deutsch-afghanischen Luftverkehrsabkommens die jederzeitige Kündbarkeit unter Einhaltung der Jahresfrist gestattet und multilaterale Verträge die Bundesrepublik Deutschland weder zur Aufnahme noch zur Aufrechterhaltung von Fluglinien verpflichten[23]. Die ordentliche Kündigung ist daher als bloße Retorsionsmaßnahme der Bundesrepublik Deutschland gegen Afghanistan zu qualifizieren. Ein Rückgriff auf das vorangegangene völkerrechtswidrige Verhalten Afghanistans als Rechtfertigungsgrund für die Maßnahmen der Bundesrepublik Deutschland ist deshalb nicht erforderlich.

Durch die „Suspendierung" der Landerechte von Aeroflot im Jahre 1983[24] wurden die im deutsch-sowjetischen Luftverkehrsabkommen[25] der UdSSR ge-

20 FAZ vom 16.9.1983, S. 2

21 Ebd.

22 Ebd.; ob Lufthansa Entschädigungs- oder Schadensersatzansprüche geltend machte, ist nicht bekannt.

23 Das Chicagoer-Abkommen vom 7.12.1944 (BGBl. II. 1956, S. 411 ff.) sowie die Vereinbarung über den Durchflug im internationalen Fluglinienverkehr vom 7.12.1944 (BGBl. II 1956, S. 442) verpflichten die BRD lediglich, den freien Überflug ohne Landung sowie die technischen Landungen (d. h. zu Reparaturzwecken, Auftanken etc.) zu gestatten; planmäßiger Fluglinienverkehr in das Hoheitsgebiet eines Vertragsstaates bedarf der Erlaubnis dieses Staates (Art. 6 des Chicagoer Abkommens). Vgl. dazu Chamberlain (Anm. 5), S. 628 ff.; Kloster-Harz D., Die Luftverkehrsabkommen der BRD, 1976, S. 13 ff.; Reimer (Anm. 5).

24 Siehe Anm. 15

25 BGBl. II 1972, 1230 ff.

währten Landerechte (dort Art. 1) für die Dauer von 14 Tagen ausgesetzt. Die völkerrechtliche Zulässigkeit dieser einseitigen Maßnahme der Bundesrepublik Deutschland ist zunächst davon abhängig, ob die Bundesrepublik von dem in Art. 60 WVRK vorgesehenen vertraglichen Gestaltungsrecht der Suspendierung Gebrauch gemacht hat oder eine Repressalie als Rechtsfolge für eine Völkerrechtsverletzung der UdSSR angeordnet hat[26].

Die einseitige Maßnahme gegen die UdSSR kann nur dann als „Suspension of the operation of a treaty" im Sinne von Art. 60, I WVRK qualifiziert werden, wenn die Zerstörung des koreanischen Passagierflugzeuges und das darauffolgende widersprüchliche Verhalten der UdSSR einen „material breach of a treaty"[27] darstellt. Die Suspendierung kann sich dabei jedoch nur auf den jeweiligen Vertrag beziehen, dessen Verletzung in Frage steht. Die Suspendierung oder Beendigung eines Vertrages als Rechtsfolge der Verletzung eines sonstigen Vertrages oder als Rechtsfolge auf ein Völkerrechtsdelikt, das nicht gleichzeitig eine Verletzung des zu suspendierenden Vertrages darstellt, kann unter Berufung auf Art. 60 WVRK nicht gerechtfertigt werden. In diesen Fallgestaltungen ist eine Rechtfertigung der Beendigung oder Suspendierung nur über das Rechtsinstitut der Repressalie möglich[28]. Da durch das Handeln der UdSSR keine Pflichten aus dem deutsch-sowjetischen Luftverkehrsabkommen verletzt wurden, kann die Suspendierung der in dem Luftverkehrsabkommen eingeräumten Rechte nicht als Ausübung eines (vertraglichen) Gestaltungsrechtes qualifiziert werden. Vielmehr handelt es sich um die Anordnung einer Repressalie[29] als Rechtsfolge auf völkerrechtswidriges Handeln. Die Bundesregierung hat die Maßnahme zwar zu keinem Zeitpunkt als „Repressalie" oder „Sanktion" bezeichnet, der von der Regierung mit der Maßnahme verfolgte Zweck — öffentliche Aufklärung des Abschusses, Entschuldigung, Bestrafung der Verantwortlichen, Schadensersatz an die Betroffenen[30] — beweist jedoch den Repressaliencharakter[31] der Suspen-

---

26 Zum Verhältnis von Art. 60 WVRK und den Regeln über die Staatenverantwortlichkeit vgl. Malanczuk, P., Zur Repressalie im Entwurf der International Law Commission zur Staatenverantwortlichkeit, in: ZaöRV 1985, S. 293 ff. (311 ff.) m. w. N. An der Trennung zwischen vertraglichen Gestaltungsrechten und außervertraglichen Gestaltungsrechten als Folge deliktischen Handelns sollte festgehalten werden, da sedes materiae der Rechte in Art. 60 WVRK allein das Vertragsrecht ist. Vgl. Simma B., Termination and Suspension of Treaties, in: GYIL Vol. 21 (1979), S. 75 ff. (88) m. w. N.

27 Zur Auslegung des Begriffes „material breach" vgl. Wetzel G. / Rauschning D., The Vienna Convention on the Law of Treaties, Travaux preparatoires, 1978, S. 405 ff.; Simma B. (Anm. 26), S. 79 ff.; Duckwitz E., Rechtsfolgen bei Verletzung völkerrechtlicher Verträge, 1975, S. 73 ff.; Malanczuk (Anm. 26) S. 312

28 Zu der Frage, ob und inwieweit neben Art. 60 WVRK auch Repressalien zulässig sind, vgl. Malanczuk (Anm. 26), S. 313 m. w. N.

29 Lakehal (Anm. 9), S. 176

30 Siehe Anm. 16

31 Die Repressalie hat zwar strafenden Charakter, der Vergeltungszweck steht aber nicht im Vordergrund, sondern das Ziel, die Rechtsverletzung zu beenden, den früheren

dierung des Luftverkehrs mit der UdSSR. Die Suspendierung der im deutsch-sowjetischen Luftverkehrsabkommen eingeräumten Einflugsrechte im Wege der Repressalie war rechtmäßig, da der Abschuß des koreanischen Verkehrsflugzeuges durch die UdSSR völkerrechtswidrig war und die Bundesrepublik Deutschland berechtigte, ihrerseits gegen die UdSSR Repressalien zu ergreifen. Die Version der UdSSR, es habe sich um einen Spionageflug gehandelt, so daß der Abschuß als ultima ratio gerechtfertigt sei[32], ist nach Untersuchungen des Stockholmer Sipri-Instituts nicht vertretbar[33]. Erachtet man durch die Analysen dieses Instituts die sowjetische Version für nicht widerlegt, so ist hier für die Beantwortung der Frage nach der Rechtmäßigkeit des sowjetischen Handelns letztendlich die Beweislastverteilung maßgebend. Verbleibende Ungewißheiten über den Spionagecharakter eines Fluges führen auf keinen Fall zu dem Ergebnis, die Rechtmäßigkeit der Repressalie zu verneinen[34]. Vielmehr hat die UdSSR die Behauptung, es habe sich um eine Spionageflug gehandelt, zu beweisen[35]. Zudem hat sie zu beweisen, daß alle ICAO-Regeln betreffend das Abfangen von den Luftraum verletzenden Flugzeugen eingehalten worden sind. Hinsichtlich beider

---

Zustand wiederherzustellen oder, falls dies nicht möglich ist, Schadensersatz zu leisten. Vgl. Malanczuk (Anm. 26), S. 299 m. w. N.

Die Rechtfertigung der Suspendierung unter Berufung auf eine Schutzklausel scheidet im Ergebnis aus: Im deutsch-sowjetischen Abkommen ist kein Sicherheits- oder Notstandsvorbehalt zwischen den Parteien vereinbart worden. (Zur Systematik der Schutznormen vgl. Weber A., Schutznormen und Wirtschaftsintegration, 1982, S. 35 ff. (37 f.)).

Gemäß Art. 9 Abs. 2 des Abkommens erstrecken sich allerdings die Vorschriften, die den Einflug oder Ausflug betreffen, auf die im Abkommen bezeichneten Luftfahrtunternehmen. Zu diesen Vorschriften könnte man auch § 92 Abs. 3 LuftVZO zählen, demzufolge die Befreiungen nach Abs. 1 — d. h. auch die Befreiung von der Erlaubnispflicht für den Einflug im Linienverkehr — zeitweilig außer Kraft gesetzt werden kann, soweit dies im Interesse der Sicherheit und Ordnung sowie der Landesverteidigung der BRD notwendig ist. Die Konstruktion einer völkervertraglichen Schutzklausel über § 9 Abs. 2 des Abkommens i. V. mit § 92 Abs. 3 LuftVZO ist allerdings rechtlich zweifelhaft. In Art. 9 Abs. 2 des Abkommens wurden die Vorschriften, die den Einflug oder Ausflug betreffen, präzisiert durch die Erläuterung: „. . . insbesondere Paß-, Zoll-, Devisen-, und Quarantänevorschriften." Es handelt sich also um Vorschriften, die bei der Einreise bzw. Einfuhr in die BRD zu beachten sind und deren Nichtbeachtung die BRD berechtigt, die Einreise bzw. Einfuhr zu untersagen. Die Verweigerung des Einfluges aus rein politischen Gründen läßt sich angesichts der Formulierung des Art. 9 Abs. 2 nicht unter Berufung auf diese Vorschrift rechtfertigen.

32 Wäre diese Version zutreffend, so wäre angesichts der Staatenpraxis ein Verstoß gegen allgemeines Völkerrecht zweifelhaft. „Eine allgemeine rechtliche Überzeugung dahin, daß der Schutz menschlichen Lebens vor dem Interesse des Bodenstaates, Luftspionage zu verhindern, Vorrang genieße, kann nicht festgestellt werden" (Hailbronner K., Verletzungen fremder Lufthoheit durch Verkehrluftfahrzeuge und staatliche Gegenmaßnahmen, in: Zeitschrift für Luft- und Weltraumrecht, 1973, S. 155 ff. (167). Siehe auch Hassan F., The shooting down of Korean Airlines Flight 007 by the USSR and the future of air safety for passengers, in: ICLQ Vol. 33 (1984), S. 712 ff.

33 Neue Züricher Zeitung vom 20.6.1985, S. 5

34 Entgegen dieser Ansicht Lakehal (Anm. 9), S. 177

35 Zur Beweislastverteilung siehe Hailbronner (Anm. 32), S. 163 ff. m. w. N. sowie Hassan (Anm. 32), S. 719 ff.

Fragen hielt die UdSSR zwar in ihren Behauptungen fest, annähernd überzeugende Beweise wurden jedoch nicht geliefert. Drittstaaten durften daher in rechtlich zulässiger Weise von einem durch die UdSSR begangenen völkerrechtlichen Delikt ausgehen und als angemessene Reaktion auch die Suspendierung der Luftverkehrsrechte für Aeroflot anordnen.

III. Die innerstaatliche Durchsetzung der Beschränkungen des Luftverkehrs

1. Einschränkungen der Landerechte ausländischer Fluggesellschaften im Gelegenheitsverkehr

In Übereinstimmung mit dem internationalen Recht, das die Lufthoheit der Staaten anerkennt und demzufolge jeder unerlaubte Ein- oder Überflug ausländischer Luftfahrzeuge eine Verletzung der Souveränität des Bodenstaates darstellt[36], macht der deutsche Gesetzgeber in § 2 Abs. 7 LuftVG[37] den Einflug bzw. Überflug ausländischer Luftfahrzeuge in die Bundesrepublik Deutschland von einer voherigen Erlaubnis abhängig.

Die rechtliche Beurteilung der Einschränkungen des Luftverkehrs ist abhängig von dem Umfang der dem ausländischen Flugunternehmen durch die Bundesrepublik Deutschland eingeräumten Befugnisse. Sofern zwischen der Bundesrepublik Deutschland und dem Heimatstaat eines ausländischen Flugunternehmens kein dauernder Fluglinienverkehr auf der Grundlage eines bilateralen Luftverkehrsabkommens eingerichtet wurde, bedarf das ausländische Unternehmen für jeden Einflug (Gelegenheitsverkehr) in die Bundesrepublik Deutschland gemäß § 2 VII LuftVG in Verbindung mit § 94 ff LuftVZO der Erlaubnis[38]. Sofern die Bundesrepublik für die Zukunft die grundsätzliche Verweigerung der Einflugerlaubnis im Gelegenheitsverkehr für bestimmte ausländische Fluggesellschaften als Retorsionsmaßnahme gegen deren Heimatstaat beschließen sollte, kann im Einzelfall ein Antrag der betroffenen Fluggesellschaft auf Einflug abschlägig beschieden werden, ohne daß für diese Entscheidung eine gesetzliche Grundlage erforderlich wäre. Die Verweigerung der Einflugerlaubnis gegenüber ausländischen Fluggesellschaften mit Sitz im Ausland ist kein belastender Verwaltungsakt, da dem ausländischen Unternehmen im LuftVG und der LuftVZO keine subjektiv öffentlichen Rechte eingeräumt werden. Aus der gesetzlichen Formulie-

---

36 Allgemein zur Lufthoheit siehe Brownlie I., Principles of Public International Law (1979), S. 109 ff.; Hassan F. (Anm. 32), S. 713 ff.

37 Luftverkehrsgesetz i. d. F. vom 14.1.1981, BGBl. III 96-1, zuletzt geändert durch Gesetz vom 28.6.1990 (BGBl. I, S. 1221).

38 Die Erlaubnis kann gemäß § 2 VIII LuftVG, § 93 I LuftVZO (BGBl. I 1979, 308 ff.) für den einzelnen Flug oder allgemein erteilt werden.

rung in § 2 VII LuftVG „... dürfen nur mit Erlaubnis ..." und der Regelung des Antragsverfahrens in den §§ 94 ff. LuftVZO kann nicht gefolgert werden, daß dem ausländischen Unternehmen mit Sitz im Ausland ein Anspruch auf Erteilung der Erlaubnis zusteht, sofern nur alle Tatbestandsvoraussetzungen für die Erlaubniserteilung erfüllt wären. Die Rechtsprechung des Bundesverfassungsgerichtes zur Auslegung des gesetzestechnischen Mittels des „Verbotes mit Erlaubnisvorbehalts"[39] ist nur dann anwendbar, wenn das Verbot einen Grundrechtseingriff darstellt. Als Grundrechtsträger scheiden jedoch Gesellschaften mit Sitz im Ausland aus. § 2 VII LuftVG beinhaltet lediglich eine Klarstellung der Rechtslage nach Völkerrecht, Ansprüche für ausländische Gesellschaften werden durch das Gesetz nicht begründet.

Hingegen werden durch die Erteilung der Einflugerlaubnis subjektive Rechte der ausländischen Fluggesellschaften begründet.[40] Die Aufhebung der bereits erteilten Erlaubnis ist als belastender Verwaltungsakt (Widerruf) zu qualifizieren, der seinerseits einer gesetzlichen Grundlage bedarf. Dem Erfordernis der gesetzlichen Grundlage ist der Gesetzgeber in den §§ 2 VII, 32 I Nr. 9a LuftVG in Verbindung mit §§ 98, 93 Abs. 4, 92, Abs. 3 LuftVZO nur unzureichend nachgekommen. Die Erlaubnis kann nach LuftVZO widerrufen werden, wenn die Voraussetzungen für ihre Erteilung nachträglich nicht nur vorübergehend entfallen sind (§§ 98, 93.3 Sazt 2 LuftVZO, § 22 LuftVG)[41], wenn der Widerruf im Interesse der Sicherheit und Ordnung der Bundesrepublik Deutschland notwendig ist (§ 93 IV, LuftVZO). Im LuftVG selbst ist lediglich in § 2 VII das Erfordernis der Erlaubnis geregelt, sowie eine Ermächtigungsregelung zum Erlaß von Durchführungsverordnungen. Gemäß § 32 I Nr. 9a LuftVZO erläßt der Bundesminister für Verkehr im Verordnungswege Regelungen über die „Voraussetzungen und das Verfahren für die Erteilung und den Widerruf der in diesem Gesetz vorgesehenen Genehmigungen, Zulassungen und Erlaubnisse sowie Befreiungen hiervon."

Während in dem LuftVG die Voraussetzungen für die Erteilung der Luftfahrtgenehmigung (§ 20) und der Flugliniengenehmigung (§ 21) programmartig geregelt sind, fehlen für die Einflugerlaubnis (§ 2 VII) und für die Ausflugerlaubnis (§ 2 VI) Regelungen über die Voraussetzungen der Erlaubniserteilung und des Widerrufes. Der Umstand, daß der Parlamentsgesetzgeber die Regelung der Vorrausetzungen der Erteilungen des Widerrufes / Rücknahme der Erlaubnis dem Verordnungsgeber überlassen hat (§ 32 Nr. 9a LuftVG), vermag jedoch die Verfassungswidrigkeit nicht alleine zu begründen. Die Erteilung der Einflugs- und Ausflugserlaubnis erfolgt durch begünstigenden Verwaltungsakt. Diejenigen Grundsätze, die für den Umfang des Gesetzesvorbehaltes im Bereich der Ein-

---

[39] BverfGE 8, 71 ff. (77 ff.); 9, 83 ff. (87); 21, 23 ff. (79 f.); 41, 378 ff. (399); 50, 256 ff. (263); 61, 291 (317 f.)

[40] Schwenk W., Handbuch des Luftverkehrsrechts, 1981, S. 337 m. w. N.

[41] Zu § 22 LuftVG, „öffentliche Verkehrsinteressen" siehe das Urteil des LG-Köln vom 20.11.1981, Zeitschrift für Luft- und Weltraumrecht, 1982, S. 176 ff.

griffsverwaltung entwickelt wurden, können nicht ohne Abstriche auf dem Bereich der leistungsgewährenden Verwaltung, und dort insbesondere auf die Ausgestaltung des Vewaltungsverfahrens übertragen werden. Das Bundesverfassungsgericht betont zwar, daß in einer demokratisch-parlamentarischen Staatsverfassung die Entscheidung aller grundsätzlichen Fragen, die den Bürger unmittelbar betreffen, durch Gesetz erfolgen muß; gleichzeitig wird jedoch dargelegt, daß daraus nicht folge, daß vom Grundgesetz die Regelung der Behördenzuständigkeiten und des Verwaltungsverfahrens bis in alle Einzelheitem dem Gesetz vorbehalten bleiben müssen.[42] Deshalb erachtet das Bundesverfassungsgericht die Regelung des verwaltungsgerichtlichen Vorverfahrens betreffend Fristen, Formerfordernissen sowie Behördenzuständigkeiten durch Allgemeinverfügung für verfassungsmäßig. Ausgehend von dieser Entscheidung bestehen an der Regelung des luftverkehrsrechtlichen Verfahrens keine durchgreifenden verfassungsrechtlichen Bedenken. Die grundlegende Entscheidung, daß eine Erlaubnis im Wege eines Verwaltungsverfahrens rückgängig zu machen ist, hat der Gesetzgeber in den §§ 2 VI, VII, 32 I Nr. 9a LuftVG getroffen. Das Verfahren ist auch nicht durch Allgemeinverfügung, sondern durch Rechtsverordnung geregelt, und bezieht sich zudem auf den Bereich der Leistungsverwaltung, in welchem geringere Anforderungen an den Umfang des Gesetzesvorbehaltes zu stellen sind als dies im Bereich der Eingriffsverwaltung der Fall ist.

Da das Verfahren insgesamt durch materielles Gesetz geregelt ist und zudem im formellen Gesetz die Grundentscheidung für das Verfahren getroffen wurde, entsprechen die luftverkehrsrechtlichen Vorsätze betreffend Ein- und Ausflug im Gelegenheitsverkehr sowohl dem allgemeinen Gesetzesvorbehalt als auch den Anforderungen des Parlamentsvorbehaltes. An der Rechtsmäßigkeit des Widerrufes / Rücknahme der Einflußerlaubnis bestehen daher unter verfassungsrechtlichen Gesichtspunkten keine Bedenken.

Wollte man sich diesem Ergebnis nicht anschließen und hielte die Regelung der Voraussetzung des Widerrufs der Erlaubnis allein durch Rechtsverordnung für verfassungsrechtlich ungenügend, so könnte die Verwaltung gleichwohl für eine Übergangszeit[43] auf der Grundlage der bestehenden Regelungen zulässiger-

---

[42] BverGE 40, 237 ff. (249 f.)

[43] Das Bundesverfassungsgericht hat in einer Reihe von Fällen, in welchen eine verfassungsrechtlich ursprünglich unbedenkliche Maßnahme aufgrund einer gewandelten Rechtsauffassung oder völlig veränderter tatsächlicher Umstände, die der bisherigen gesetzlichen Regelung zugrunde lagen, verfassungsrechtlich bedenklich geworden ist, die Notwendigkeit von Übergangsfristen anerkannt, in welchen der Gesetzgeber die Gelegenheit einer verfassungsmäßigen (Neu-)Regelung haben sollte (vgl. BVerfGE 21, 12 (40 ff.); 23, 242 (257); 25, 167 (179 f.); 33, 1 (12 f.); 33, 303 (348); 40, 276 (283); 41, 251 (266 ff.)). Eine solche Übergangsfrist kann insbesondere dann notwendig sein, wenn eine sonst eintretende Funktionsfähigkeit staatlicher Einrichtungen vermieden werden soll, die der verfassungsmäßigen Ordnung noch ferner stünde als der bisherige Zustand (BVerfGE 33, 1 (12 f.); 33, 303 (347); 41, 251 (267)). Bei der Zubilligung von Übergangsfristen ist nach der Schwere des Eingriffs zu differenzieren: Je tiefergreifend

weise handeln, um bis zum Erlaß der formellgesetzlichen Regelung den reibungslosen Flugverkehr sicherstellen zu können. Eine Besonderheit bestünde zudem für den Widerruf der Einflugerlaubnis als Reaktion der Bundesrepublik Deutschland auf ein völkerrechtliches Delikt des Heimatstaates des ausländischen Flugunternehmens. Um die Funktionstüchtigkeit der auswärtigen Gewalt aufrechtzuerhalten, ist ein sofortiges Handeln auch dann noch gestattet, wenn eine gesetzliche Grundlage überhaupt fehlt.[44] Aus diesem Grund bestünden an der Rechtsmäßigkeit des Widerrufs einer Einflugerlaubnis als Reaktion auf ein völkerrechtliches Delikt selbst dann keine begründeten verfassungsrechtlichen Zweifel, wenn die innerstaatliche Durchsetzung dieser Maßnahme nicht aufgrund einer schon bestehenden gesetzlichen Regelung erfolgt wäre. Eine Regelung durch „Folgegesetz" zur innerstaatlichen Durchsetzung bliebe geboten.

2. Einschränkungen des Einfluges ausländischer Gesellschaften in die Bundesrepublik Deutschland im Rahmen des internationalen Fluglinienverkehrs

Während im Bereich des Gelegenheitsverkehrs der Einflug ausländischer Flugunternehmen jeweils einer Erlaubnis bedarf, beruht die Gestattung des Einfluges im Fluglinienverkehr auf einem völkerrechtlichen Vertrag zwischen der Bundesrepublik Deutschland und dem Heimatstaat des den Fluglinienverkehr betreibenden Flugunternehmens.[45] In dem Luftverkehrsabkommen gewähren sich die Vertragsstaaten gegenseitig das Recht zur Landung zu gewerblichen und nichtgewerblichen Zwecken auf vereinbarten Fluglinien. Die Aufnahme des Fluglinienverkehrs setzt die Benennung eines Unternehmens durch den Heimatstaat gegenüber der Bundesrepublik Deutschland und eine von der Bundesrepublik Deutschland zu erteilende Betriebsgenehmigung voraus. Das Verfahren der Be-

---

eine Verwaltungsmaßnahme Grundrechte des Betroffenen berührt, desto strengere Anforderungen sind an die Einräumung von Übergangsfristen und die innerhalb dieser Fristen unerläßlichen Maßnahmen zu stellen; ist der Eingriff weniger schwerwiegend, kann eine großzügigere Anerkennung von Übergangsfristen in Betracht kommen."

„Für die Dauer derartiger Übergangsfristen können keine allgemein gültigen Maßstäbe gesetzt werden. Das Bundesverfassungsgericht hat verschiedentlich darauf abgestellt, daß eine gesetzliche Regelung jedenfalls bis zum Ende der laufenden Legislaturperiode des Parlaments erfolgen müsse (so BVerfGE 33, 1 (13) für ein Strafvollzugsgesetz; später wurde diese Frist verlängert bis 01. Januar 1977, BVerfGE 40, 276 (284); 16, 130 8142) für die Änderung der Wahlkreiseinteilung; 25, 167 (188) für die Neuregelung des Nichtehelichen-Rechts). Eine Übergangsfrist könnte dann nicht mehr länger anerkannt werden, wenn der Gesetzgeber eine Neuregelung ungebührlich verzögert hätte." (BVerfGE 51, 268 ff. (287 f., 290) zur Schulauflösung trotz unzureichender gesetzlicher Grundlage).

[44] Vgl. Erster Teil V.6.

[45] Zum Inhalt des Luftverkehrsabkommens vgl. Kloster — Harz, D., Die Luftverkehrsabkommen der BRD, 1976

nennung und der Betriebsgenehmigung tritt mithin an die Stelle der Einflugerlaubnis, wie sie im Gelegenheitsverkehr notwendig ist (§ 96 Abs. 1 LuftVZO, § 21a LuftVG). Die Bundesrepublik Deutschland erklärt sich in dem Luftverkehrsabkommen mit der Einschränkung ihrer Lufthoheit zugunsten des von dem Vertragspartner benannten Unternehmens grundsätzlich einverstanden, die tatsächliche Aufnahme des Fluglinienverkehrs setzt jedoch in Übereinstimmung mit dem Luftverkehrsabkommen die Erteilung einer Betriebsgenehmigung voraus (§§ 21 a, 21 LuftVG)[46]. Mit der Betriebsgenehmigung erkennt die Bundesrepublik Deutschland die durch das Luftverkehrsabkommen hingenommene Einschränkung seiner Hoheitsrechte auch gegenüber dem genannten Unternehmen an und gestattet ihm die Einrichtung der vereinbarten Fluglinie.

Der Fluglinienverkehr in der Bundesrepublik Deutschland beruht mithin auf zwei unterschiedlichen Rechtsgrundlagen: zum einen auf dem nach völkerrechtlichen Regeln zu beurteilenden Luftverkehrsabkommen, zum anderen auf der nach innerstaatlichem Recht zu beurteilenden Betriebsgenehmigung. Die Aufhebung oder zeitweise Suspendierung des Fluglinienverkehrs hat diese doppelte Rechtsgrundlage zu berücksichtigen. Erforderlich ist demnach zunächst auf der völkerrechtlichen Ebene die Kündigung bzw. Suspendierung des Luftverkehrsabkommens, auf der innerstaatlichen Ebene der Widerruf der Betriebsgenehmigung[47]. Eine Mitwirkung des Parlamentsgesetzgebers bei der Kündigung eines Luftverkehrsabkommens oder zeitweisen Suspendierung scheidet — wie bereits dargelegt[48] — aus, da Art. 59 Abs. 2 GG die Mitwirkung des Parlamentes im Bereich des Völkervertragsrechts abschließend regelt und lediglich die parlamentarische Mitwirkung bei Vertragsschluß gestattet.

Die Möglichkeit des Widerrufes der Betriebsgenehmigung ist gesetzlich geregelt in § 21 Satz 2, 3 in Verbindung mit § 20 LuftVG. Durch diese formell gesetzliche Regelung ist dem Gesetzesvorbehalt hinreichend Rechnung getragen.

3. Einschränkungen des Ausflugs deutscher Fluggesellschaften

Im Gegensatz zu Einrichtungen des Eisenbahnverkehrs[49] hat sich der Staat im Bereich des Flugverkehrs kein Betriebsmonopol vorbehalten. Vielmehr ist die Benutzung des Luftraumes durch Luftfahrzeuge frei (§ 1 Abs. 1 LuftVG); jedermann kann somit grundsätzlich in Ausübung der durch Art. 12 GG geschützten

---

[46] Schwenk, W., Handbuch des Luftverkehrsrechts, 1981, S. 348

[47] Ein förmlicher Widerruf wäre überflüssig, wenn die Betriebsgenehmigung unter der Bedingung der Geltung des Luftverkehrsabkommens erteilt worden wäre. (§ 21a, S. 3 LuftVG)

[48] Vgl. Erster Teil IV.3.d.

[49] Vgl. § 4 Abs. 2 Allgemeines Eisenbahngesetz (AEG) vom 29.3.1951 (BGBl. III 930-1).

Berufsfreiheit die Beförderung von Gütern und Personen durch Luftfahrzeuge zur wirtschaftlichen Grundlage seiner Lebensführung machen[50]. Diese Freiheit wird insbesondere durch die im LuftVG und in der zur Durchführung des Luftverkehrsgesetzes erlassenen Luftverkehrszulassungsordnung vorgeschriebenen Eintragungen, Erlaubnissen, Zulassungen und Genehmigungen eingeschränkt. Grundsätzlich bestehen gegenüber diesem System präventiver Prüfungen keine verfassungsrechtlichen Bedenken, da das Verbot mit Erlaubnisvorbehalt auch im Rechtsstaat ein zulässiges gesetzgeberisches Mittel ist[51]. Allerdings entspricht der grundsätzlichen Freiheitsvermutung des Art. 12 im System des Verbotes mit Erlaubnisvorbehalt die Gewährung eines Rechtsanspruches deutscher Staatsangehöriger oder Unternehmen mit Sitz in der Bundesrepublik Deutschland auf das Betreiben von Flugverkehr, wenn keine gesetzlich vorgesehenen Versagungsgründe vorliegen[52]. Diejenigen Gründe, die die Versagung der Erlaubnis rechtfertigen, müssen sich aus den Rechtsvorschriften selbst ergeben, da ein effektiver Rechtsschutz überhaupt nur möglich ist, wenn den Gerichten vollzugsfähige Rechtsmaßstäbe an die Hand gegeben werden, nach denen eine gerichtliche Entscheidung getroffen werden kann[53].

Sowohl hinsichtlich der Erteilung bzw. Rücknahme / Widerruf der Ausflugerlaubnis im Gelegenheitsverkehr als auch der Erteilung bzw. Rücknahme / Widerruf der Flugliniengenehmigung stellt sich die Frage, ob der Gesetzgeber in dem LuftVG und der LuftVZO seiner Verpflichtung, die Versagungsgründe in für die Gerichte vollzugsfähiger Art und Weise zu normieren, nachgekommen ist[54].

Gemäß § 2 Abs. 6 LuftVG in Verbindung mit § 90-93 LuftVZO bedürfen deutsche Luftfahrzeuge der Erlaubnis zum Verlassen der Bundesrepublik Deutschland. In dem LuftVG selbst sind Gründe, die die Versagung der Erteilung einer Ausflugerlaubnis rechtfertigen, nicht enthalten. Die §§ 91 ff. LuftVZO beinhalten formelle Erlaubnisvoraussetzungen und materielle Gründe, die die Versagung der Erlaubnis rechtfertigen können[55]. Die Ansichten in Literatur und Recht-

---

50 Zum Berufsbegriff vgl. BVerfGE 7, 377 (397); 30, 292 (312 f.); 48, 388; 54, 313, 68, 281. Aktuelle Probleme des ARt. 12 GG sind dargelegt bei Schneider H. P. / Lecheler H., Art. 12 — Freiheit des Berufes und Grundrecht der Arbeit, VVDStRL 43 (1985), S. 7 ff., 48 ff.

51 BVerfGE 9, 83 ff. (87); vgl. auch BVerfGE 41, 399; 50, 263; 61, 317 f. sowie Held I., Der Grundrechtsbezug des Verwaltungsverfahrens, 1984, S. 162 ff. m. w. N.

52 BVerfGE 6, 32 ff. (42); 8, 71 ff. (76); 18, 353 ff. (364)

53 BVerfGE 20, 150 ff. (157 f.); 21, 73 ff. (79 f.); 52, 1 ff. (18 ff., 29 ff., 40 ff.) — Kleingartenentscheidung

54 Die vorliegende Untersuchung beschränkt sich auf die verfassungsrechtliche Prüfung der §§ 2 VI, 21 LuftVG. Zu verfassungsrechtlichen Zulässigkeit der Genehmigung gemäß § 20 LuftVG siehe Graumann H., Die Rechtsnatur der Genehmigung von Luftfahrtunternehmen nach § 20 LuftVG, 1966; Deiseroth K., Begriff und Bedeutung der Genehmigung gemäß §§ 20-22 LuftVG, 1970

55 § 93 LuftVZO hat folgenden Inhalt:
Erteilung der Erlaubnis, Rücknahme, Widerruf und Aufsicht

sprechung zu den materiellen Voraussetzungen der Erteilung bzw. Aufhebung einer Ausflugserlaubnis divergieren. So wird aus der Systematik hergeleitet, vornehmlich Aspekte der Verkehrssicherheit seien zu berücksichtigen[56], der allgemeine Gesichtspunkt der öffentlichen Sicherheit und Ordnung sei maßgebend[57] oder die Voraussetzungen des § 22 des LuftVG — nachhaltige Beeinflussung der öffentlichen Verkehrsinteressen — seien im Rahmen von § 2 Abs. 6 LuftVG zu prüfen[58]. Diese in der Literatur und Rechtsprechung geäußerten Ansichten zu den Voraussetzungen für die Erteilung bzw. den Widerruf einer Ausflugserlaubnis entsprechen nicht den Grundsätzen, die das BVerfG im Rahmen der Wesentlichkeitslehre ausgebreitet hat[59]. Den Rechtsvorschriften selbst muß mit „hinreichender Deutlichkeit[60]" zu entnehmen sein, daß überhaupt und wenn ja, welche materiellen Gründe die Versagung der Erlaubnis rechtfertigen. Unter Zugrundelegung dieser Rechtsprechung, rechtfertigen zunächst lediglich die in § 91 LuftVZO aufgelisteten formellen Gründe die Versagung der Erlaubnis. Die Zulässigkeit der Versagung der Erlaubnis zum Ausflug auch aus materiellen Gründen heraus könnte sich aus § 93 Abs. 4 LuftVZO ergeben. Diese Vorschrift gestattet den Widerruf der Ausflugserlaubnis, „wenn dies im Interesse der Sicherheit und Ordnung sowie der Landesverteidigung der Bundesrepublik Deutschland notwendig ist". Wenn unter diesen Voraussetzungen der Widerruf der Erlaubnis zulässig ist, so ist erst recht die Versagung der beantragten Ausflugserlaubnis zulässig, wenn dies im Interesse der Sicherheit und Ordnung sowie der Landesverteidigung der Bundesrepublik Deutschland notwendig ist. Durchgreifende verfassungsrechtliche Bedenken unter dem Gesichtspunkt des Parlamentsvorbehaltes bestehen — wie bereits dargelegt[61] — gegen die Regelung der Versagungsgründe durch Rechtsverordnung nicht. Die Bundesrepublik Deutschland kann daher zulässigerweise die Versagung der Erteilung einer Ausflugserlaubnis im Gelegen-

---

(1) Die Erlaubnis wird für den einzelnen Flug oder allgemein oder für den Flug nach bestimmten Staaten erteilt. Sie kann mit Auflagen verbunden und befristet werden.
(2) Bei Einzelflügen gilt die Ausflugerlaubnis als erteilt, wenn der Antrag rechtzeitig gestellt und nicht vor der angegebenen Zeit des Abfluges abgelehnt wird.
(3) Die Erlaubnis ist zurückzunehmen, wenn die Voraussetzungen für ihre Erteilung nicht vorgelegen haben. Sie ist zu widerrufen, wenn die Voraussetzungen für ihre Erteilung nachträglich nicht nur vorübergehend entfallen sind. Sie kann widerrufen werden, wenn die erteilten Auflagen nicht eingehalten werden.
(4) Die Erlaubnis kann ferner widerrufen werden, wenn dies im Interesse der Sicherheit und Ordnung sowie der Landesverteidigung der Bundesrepublik Deutschland notwendig ist. § 92 Abs. 3 Satz 2 gilt entsprechend.
(5) Für die Aufsicht beim Vollzug der Absätze 1 bis 4 ist § 65 sinngemäß anzuwenden.

56 VG-Köln, Urteil vom 20.11.1981, in: Zeitschrift für Luft- und Weltraumrecht, 1982, S. 176 ff. (181 f.) m. w. N.

57 Schwenk W. (Anm. 51), S. 426 m. w. N.

58 Nachweise im Urteil des VG-Köln, Anm. 64, dort S. 182

59 Siehe die Nachweise zur Bspr. des BVG in Teil I, Anm. 58, 59

60 BVerfGE 52, 41 — Kleingartenentscheidung

61 Siehe Anm. 44.

heitsverkehr bzw. den Widerruf der bereits erteilten Erlaubnis auf § 2 VI LuftVG in Verbindung mit §§ 91, 93, Abs. 4 LuftVZO stützen. Im Falle der Suspendierung des Flugverkehrs mit der UdSSR waren die Tatbestandsvoraussetzungen des § 93 Abs. 4 LuftVZO erfüllt: es war im Interesse der Sicherheit des deutschen und internationalen Luftverkehrs notwendig, auf das völkerrechtliche Delikt der UdSSR angemessen zu reagieren. Hinsichtlich der Beurteilung der Notwendigkeit dieser Maßnahme steht dabei der Exekutive ein weiter Beurteilungsspielraum zu, der eine gerichtliche Überprüfung auf eine reine Willkürprüfung beschränkt. Insgesamt genügen mithin die Vorschriften des LuftVG und der LuftVZO den Anforderungen des allgemeinen Gesetzesvorbehaltes und Parlamentsvorbehalts.

Literaturverzeichnis

Avruch, Steven: The 1983 Korean Airlines Incident: Highlighting the law of International Air Carrier Liability, in: Boston College International and Comparative Law Review, Vol. 8 (1985), 75.

Baade, Hans W.: Das Verhältnis von Parlament und Regierung im Bereich der Auswärtigen Gewalt. Studien über den Einfluß der auswärtigen Beziehungen auf die innerstaatliche Verfassungsentwicklung, 1962.

Backsmann, Horst: Über die Mitwirkung des Gesetzgebers bei der Änderung von Verträgen, in: DVBl 1956, 317.

— Über die staatsrechtliche Ermächtigung zum Abschluß zwischenstaatlicher Vereinbarungen, in: DVBl 1956, 747.

Becker, Peter: Der Parlamentsvorbehalt im Prüfungsrecht, in: NJW 1990, 273.

Benda, Ernst: Der soziale Rechtsstaat, Benda (Hrsg.), Handbuch des Verfassungsrechts, 1983, 477.

Beyerlin, Ulrich: Gewaltverbot, in: Seidl-Hohenveldern (Hrsg.), Lexikon des Rechts — Völkerrecht, 1985, 101.

Bleckmann, Albert: Europarecht, 5. Aufl., 1990.

— Die völkerrechtliche Repressalie im innerstaatlichen Recht, in: DÖV 1981, 353.

— Gesetzesvorbehalt für die Nachrüstung?, in: DVBl. 1984, 6.

— Der „mittelbare Grundrechtseingriff", in: DVBl. 1988, 373.

— Grundgesetz und Völkerrecht, 1975.

— Art. 2 Abs. 1 SVN, in: Simma (Hrsg.), Charta der Vereinten Nationen — Kommentar (1991).

— Gedanken zur Repressalie, in: Staatsrecht — Völkerrecht — Europarecht, Festschrift für Hans-Jürgen Schlochauer, 1981, 193.

— Zur Rechtmäßigkeit der EG-Sanktionen gegen Argentinien nach allgemeinem Völkerrecht und dem Recht der Europäischen Gemeinschaft, in: Vorträge, Reden und Berichte aus dem Europa-Institut, Nr. 4 (1982).

Blumenwitz, Dieter: Die vermögensrechtlichen Folgen der Ostverträge, Jahrbuch für Ostrecht, Heft XIII / 2, 1972, 179.

— Die deutsche Staatsangehörigkeit und die Schutzpflicht der Bundesrepublik Deutschland, Festschrift für Murat-Ferid, 1978, 439.

Böckenförde, Ernst-Wolfgang: Planung zwischen Regierung und Parlament, in: Der Staat, 1972, 443.

— Gesetz und gesetzgebende Gewalt, Schriften zum öffentlichen Recht, Bd. 1, 2. Aufl. 1980.

Bothe, Michael: Kriegsbegriff, in: Seidl-Hohenveldern (Hrsg.), Lexikon des Rechts — Völkerrecht, 1985, 162.

Bowett, Derek W.: The Law of International Institutions, 1982.

Brownlie, Ian: Principles of Public International Law, 3. Aufl. 1979.

Bruha, Thomas: Die Definition der Aggression, 1980.

— Handelsembargo gegen Argentinien durch EWG-Verordnung, in: DVBl. 1982, 674.

Campbell, Duncan: Rhodesien — eine Herausforderung für Großbritannien und die Vereinten Nationen, in: Europa-Archiv, 1967, 135.

Chamberlain, Kevin: Collective suspension of air services with states which harbour hijackers, in: ICLQ, Vol. 32 (1983), 616.

Constantinesco, Léontin : Das Recht der Europäischen Gemeinschaften, Bd. I, 1981.

Dahm, Georg: Völkerrecht, Band 3, 1961.

Däubler, Wolfgang: Stationierung und Grundgesetz, Was sagen Völkerrecht und Verfassungsrecht zu neuen Massenvernichtungswaffen in der Bundesrepublik", 1982.

Degenhart, Christoph: Der Verwaltungsvorbehalt, in: NJW 1984, 2184.

Deiseroth, Karl: Begriff und Bedeutung der Genehmigung gemäß §§ 20 — 22 LuftVG, 1970.

Delvaux, Henri: Die Opfereigenschaft nach Art. 25 der europäischen Menschenrechtskonvention, in: Maier Irene (Hrsg.), Europäischer Menschenrechtsschutz: Schranken und Wirkungen, 1982, 33.

Dicke, Detlev: Die Intervention mit wirtschaftlichen Mitteln im Völkerrecht, 1978.

— Die parlamentarische Zustimmungsbedürftigkeit von Verträgen zwischen der Bundesrepublik Deutschland und der Deutschen Demokratischen Republik, 1971.

Doehring, Karl: Die allgemeinen Regeln des völkerrechtlichen Fremdenrechts und das deutsche Verfassungsrecht, 1963.

— Die staatliche Stellung der Ausländer in der BRD, in: VVDStRL 32 (1974), 7.

Doehring, Karl / *Ress*, Georg: Staats- und völkerrechtliche Aspekte der Berlin-Regelung, 1972.

Dolzer, Rudolf: Eigentum, Enteignung und Entschädigung im geltenden Völkerrecht, 1985.

Drews, Bill / *Wacke*, Gerhard: Gefahrenabwehr, Bd. 2, 8. Aufl., 1977.

Duckwitz, Edmund: Rechtsfolgen bei Verletzung völkerrechtlicher Verträge, 1975.

Eberle, Carl-Eugen: Gesetzesvorbehalt und Parlamentsvorbehalt, in: DÖV 1984, 485.

Eckertz, Rainer: Atomare Rüstung im Verfassungsstaat, in EuGRZ 1985, 165.

Edwards, Beoffrey: Europe and the Falkland Islands Crisis, in: Journal of Common Market Studies, 22 (1984), 295.

Ehlermann, Claus: The scope of article 113 of the EEC-Treaty, in: Mèlanges en l'honneur de P. H. Teitgen, 1984, 145.

Engel, Franz-Wilhelm (Hrsg.): Handbuch der NATO, 1957.

Enderlein, Joachim: Die Sanktionen gegen Iran auf dem Gebiet des Kapitalverkehrs, in: RIW, 1980, 453.

Erichsen, Hans-Uwe: Schule und Parlamentsvorbehalt, Festschrift zum 125-jährigen Bestehen der juristischen Gesellschaft zu Berlin, 1984, 113.

Fastenrath, Ulrich: Auswärtige Gewalt im offenen Verfassungsstaat, in: Dittmann / Kilian (Hrsg.), Kompetenzprobleme der Auswärtigen Gewalt, 1982, 1.

— Kompetenzverteilung im Bereich der auswärtigen Gewalt, 1986.

Fiedler, Wilfried: Auswärtige Gewalt und Verfassungsgewichtung. Zum Problem des internationalen Verfassungsrechts, in: v. Münch (Hrsg.), Staatsrecht-Völkerrecht-Europarecht, Festschrift H.-J. Schlochauer, 1981, 57.

— Zur Verbindlichkeit einseitiger Versprechen im Völkerrecht, in: German Yearbook of International Law, Vol. 19, 1976, 35.

— Unilateral acts in international Law, in: Bernhardt (Hrsg.), Encyclopedia of Public International Law, Vol. 7, 1984, 518.

Fischer, Georges: Le problème rhodésien, in: Annuaire Français de Droit International XI, 1965, 41ff.

Fleck, Dieter: UN-Friedenstruppen im Brennpunkt, in: Vereinte Nationen 1974, 161.

Fliess, Barbara A.: Strategische Rüstungskontrolle und Verteidigungspolitik unter Reagan, in: Aus Politik und Zeitgeschichte, Beilage zur Wochenzeitung „Das Parlament", B 44 / 85 v. 2. 11. 1985.

Fohmann, Lothar H.: Konkurrenzen und Kollissionen im Grundrechtsbereich, in: EuGRZ 1985, 49.

Friauf, Karl-Heinrich: Ordnungsrahmen für das Recht der Subventionen, Verhandlungen des DJT 1984, Bd. II.

Friesenhahn, Ernst: Parlament und Regierung im modernen Verfassungsstaat, in: VVDStRl. 16 (1957), 9.

Frotscher, Wolfgang: Regierung als Rechtsbegriff, 1975.

Frowein, Jochen: Die rechtliche Bedeutung des Verfassungsprinzips der parlamentarischen Demokratie für den Europäischen Integrationsprozeß, in: EUR 1983, 301.

— Rechtliche Aspekte einer Beteiligung der Bundesrepublik Deutschland an Friedenstruppen der Vereinten Nationen, Beiträge zum ausländischen öffentlichen Recht und Völkerrecht, Bd. 101 (1990).

— Die Verpflichtung erga-omnes im Völkerrecht und ihre Durchsetzung, in: Völkerrecht als Rechtsordnung, Festschrift für Hermann Mosler, 1983, 241.

Fuchs, Rainer: Die Entscheidung über Krieg und Frieden, Friedensordnung und Kriegsrecht nach dem Bonner Grundgesetz, 1981.

Geck, Wilhelm Karl: Der Anspruch des Staatsbürgers auf Schutz gegenüber dem Ausland nach deutschem Recht, ZaÖRV 17, 475.

— Die Ausweitung von Individualrechten durch völkerrechtliche Verträge und der diplomatische Schutz, Festschrift für Carl Carstens, 1984, 339.

Grabitz, Eberhard: Kommentar zum EWG-Vertrag, 2. Aufl., 1990.

Graumann, Horst: Die Rechtsnatur der Genehmigung von Luftfahrtunternehmen nach § 20 LuftVG, 1966.

Grewe, Wilhelm: Zum Verfassungsrecht der auswärtigen Gewalt, in: AÖR 1987 (Bd. 112), 521.

Großfeld, Peter / *Junker*, Harald: Das CoCom im Internationalen Wirtschaftsverkehr, 1991.

Groux, Jean: Le parallélisme des compétences internes et externes de la Court de Justice au développement de la condition internationale de la Communaté européenne, in: CDE 1978, 527.

Groux, Jean / *Manin*, Philippe: Die Europäischen Gemeinschaften in der Völkerrechtsordnung, 1984.

Guggenheim, Paul: Traité de Droit international public, Tome II, 1954.

Gusy, Christoph: Parlamentarischer Gesetzgeber und Bundesverfassungsgericht, 1985.

Häberle, Peter: Die Wesengehaltsgarantie des Art. 19 Abs. 2 GG, 3. Aufl, 1983.

Hailbronner, Kay: Entwicklungstendenzen des Wirtschaftsvölkerrechts, in: Konstanzer Universitätsreden, Bd. 130, 1983.

— Verletzungen fremder Lufthoheit durch Verkehrsluftfahrzeuge und staatliche Gegenmaßnahmen, in: Zeitschrift für Luft- und Weltraumrecht, 1973, 155.

— Die Freizügigkeit türkischer Staatsangehöriger nach dem Assoziationsabkommen EWG / Türkei, in: EuGRZ 1984, 55.

— Rechtswirkungen des EG-Südafrikakodex, in: RIW 1982, 111.

Hassan, Faroog: The shooting down of Korean Airlines flight 007 by the USSR and the future of air safety for passengers, in ICLQ 1984, Vol. 33, 712.

Heintzen, Markus: Das grundrechtliche Eingriffskriterium bei Sachverhalten mit Auslandsberührung, in: DVBl. 1988, 621.

Held, Hermann: Wirtschaftskrieg, in: Strupp, Karl / Schlochauer, Hans-Jürgen, Wörterbuch des Völkerrechts, 1962, Bd. 3, 857.

Herzog, Roman: Allgemeine Staatslehre, 1971.

Hilf, Meinhard: Solange II. Wie lange noch Solange?, in: EuGRZ 1987, 1.

Hocke, Ernst / *Berwald*, Siegfried / *Maurer*, Heinz Dieter: Außenwirtschaftsrecht, Gesetze, Verordnungen und Erlasse zum Außenwirtschaftsrecht mit Kommentar, Stand Jan. 1991.

Hoffmann, Hubertus G.: Europa vor dem Problem der Raketenabwehr, in: Außenpolitik 1985, 136.

Ipsen, Knut: Außenwirtschaft und Außenpolitik — Rechtsgutachten zum Rhodesien — Embargo, in: Res publica, Bd. 19, 1967.

— Bündnisfall und Verteidigungsfall, in: DÖV 1971, 583.

— Die rechtliche Institutionalisierung der Verteidigung im atlantisch-westeuropäischen Raum, in: JÖR 1972, (Bd. 21), 1.

Jarass, Hans D.: Die Erklärung von Vorbehalten zu völkerrechtlichen Verträgen, in: DÖV 1975, 117.

Jaenicke, Günther: Diskriminierung, in: Strupp, Karl / Schlochauer, Hans-Jürgen, Wörterbuch des Völkerrechts, Bd. 1, 2. Aufl., S. 392.

Jellinek, Georg: Allgemeine Staatslehre, 3. Aufl., 1976.

Jesch, Dietrich: Gesetz und Verwaltung, 1961.

Kamsch, Hans G.: Boycott, in: Bernhardt, Rudolf (Hrsg.), Encyclopedia of Public International Law, Vol. 3, 1982, 74.

Karl, Wolfram: Vertrag und spätere Praxis im Völkerrecht, 1983.

Kersting, Klaus: Bündnisfall und Verteidigungsfall, 1979.

— Die Entscheidung über den Einsatz der Bundeswehr zur Verteidigung, in: Neue Zeitschrift für Wehrrecht 1982, 84.

— Kollektive Sicherheit und peace keeping operations, in: NZWehrR 1983, 64.

Kewenig, Wilhelm: Zur Revision des Grundgesetzes: Planung im Spannungsfeld von Regierung und Parlament, in: DÖV 1973, 23.

Kewenig, Wilhelm / *Heini,* Anton: Die Anwendung wirtschaftlicher Zwangsmaßnahmen im Völkerrecht und im Internationalen Privatrecht, Berichte der Deutschen Gesellschaft für Völkerrecht, Heft 22 (1982), 7, 37.

Kimminich, Otto: Die Verknüpfung der Rechtsstaatsidee mit den anderen Leitprinzipien des Grundgesetzes, in: DÖV 1979, 765.

Kisker, Gunter: Neue Aspekte im Streit um den Vorbehalt des Gesetzes, in: NJW 1977, 1313.

Kissler, Klaus Peter: Die Zulässigkeit von Wirtschaftssanktionen der Europäischen Gemeinschaften gegenüber Drittstaaten, 1984.

Klein, Eckart: Rechtsprobleme einer deutschen Beteiligung an der Aufstellung von Streitkräften der Vereinten Nationen, in: ZaöRV 34 (1974), 429.

— Zulässigkeit von Wirtschaftssanktionen der EWG gegen ihre Mitgliedstaaten, in: RIW 1985, 291.

— Grundrechtliche Schutzpflicht des Staates, in: NJW 1989, 1633.

— Sanktion, in: Strupp / Schlochauer (Hrsg.), Wörterbuch des Völkerrechts, Bd. 3, 1962, 158.

Klein, Eckart / *Pechstein,* Matthias: Das Vertragsrecht Internationaler Organisationen, 1985.

Kleine-Cosack, Michael: Verfassungswidriges Standesrecht, in: NJW 1988, 164.

Kloepfer, Michael: Arbeitsgesetzgebung und Wesentlichkeitstheorie, in: NJW 1985, 2497.

— Der Vorbehalt des Gesetzes im Wandel, in: JZ 1984, 685.

Kloster-Harz, Doris: Die Luftverkehrsabkommen der BRD, geschichtliche Entwicklung und inhaltliche Analyse unter besonderer Berücksichtigung der Kapazitätsklausel, 1976.

Koch, Klaus: Die Klagebefugnis Privater gegenüber Europäischen Entscheidungen gemäß Art. 173 II EWG-Vertrag, 1980.

Kopfer, Joachim: Die Neutralität im Wandel der Erscheinungsformen militärischer Auseinandersetzungen, 1975.

Krebs, Anton: Zum aktuellen Stand der Lehre vom Gesetzesvorbehalt, in: JURA 1979, 304.

Kuper, Jean: Sanctions against Rhodesie. The EEC and the implementation of general international Legal rules, in: CMLR, 1975, 231.

Kuyper, Pieter: The Implementation of International Sanctions, 1978.

Lakehal, D. E.: La Destruction du Boeing Sud-Coréen, in: Revue belge de droit International, Vol. 18 (1984 / 85), 171.

Lerche, Peter: Bayerisches Schulrecht und Gesetzesvorbehalt, 1981.

Lindemeyer, Bernd: Schiffsembargo: völkerrechtliche Praxis und Zulässigkeit, 1975.

— Das Handelsembargo als wirtschaftliches Zwangsmittel der staatlichen Außenpolitik, in: RIW 1981, 10.

Locke, John: The second Treatise of Government (An Essay Concerning the True Original, Extent and End of Civil Government) and A letter Concerning Toleration, Edited with an Introduction by. J. W. Gaugh, Oxford, 1956.

Lotz, Johannes: Substanz, in: Rahner K. (Hrsg.) Theologisches Lexikon, Bd. 7.

Magiera, Siegfried: Parlament und Staatsleitung in der Verfassungsordnung des Grundgesetzes, 1979.

Malanczuk, Peter: Zur Repressalie im Entwurf der International Law Commission zur Staatenverantwortlichkeit, in: ZaöRV 1985, 293.

Maunz, Theodor / *Dürig*, Günter / *Herzog*, Roman / *Scholz*, Rupert: Grundgesetz, Kommentar (Stand. Sept. 1991).

Maurer, Hartmut / *Schnapp*, Friedrich E.: Der Verwaltungsvorbehalt, in: VVDStRl Heft 43 (1984), 135.

Meessen, Karl M.: Extraterritoriality of Export Control: A German Lawyer's Analysis of the Pipline Case, in: German Yearbook of International Law, Volume 27 (1984), 94.

Melchior, Michel: Die gemeinsame Agrarpolitik, in: Dreißig Jahre Gemeinschaftsrecht, 1981, 500.

Meng, Werner: Völkerrechtliche Zulässigkeit und Grenzen wirtschaftsverwaltungsrechtlicher Hoheitsakte mit Auslandswirkung, in: ZaöRV 1984, 675.

— Die Kompetenz der EWG zur Verhängung von Wirtschaftssanktionen gegen Drittländer, in: ZaöRV 42 (1982), 780.

Menzel, Eberhard: Der staatliche Standort der Finanzkontrolle in der Bundesrepublik und im Ausland, in: DÖV 1968, 593.

Menzel, Eberhard / *Grewe*, Wilhelm: Die Auswärtige Gewalt der Bundesrepublik, VVDStRL 12 (1954), 129.

Mössner, Jörg Manfred: Bundeswehr in blauen Helmen?, v. Münch (Hrsg.), Festschrift für Hans-Jürgen Schlochauer, 1981, 97.

Mosler, Hermann: Wirtschaftskonzessionen bei Änderung der Staatshoheit, 1948.

— Die auswärtige Gewalt im Verfassungssystem der Bundesrepublik Deutschland, Beiträge zum ausländischen öffentlichen Recht und Völkerrecht, Heft 29, Festschrift für Carl Bilfinger, 1954, S. 243.

— Internationale Organisationen und Staatenverfassung, Festschrift für Hans Weinberg, 1956, 273.

Müller, Friedmann: Wirtschaftssanktionen im Ost-West-Verhältnis. Rahmenbedingungen und Modalitäten, in: Aktuelle Materialien zur Internationalen Politik, Bd. 1, 1983.

Münch, Ingo von (Hrsg.): Grundgesetz — Kommentar, Bd. 1, 3. Aufl. 1985, Bd. 2 u. 3, 2. Aufl. 1983.

— Rechtsfragen der Raketenstationierung, in: NJW 1984, 577.

Murphy, Terence: Der U.S. Omnibus Trade and Competitiveness Act von 1988, in: RIW 1988, 929.

Murswiek, Dietrich: Der Umfang der verfassungsrechtlichen Kontrolle staatlicher Öffentlichkeitsarbeit, in: DÖV 1982, 529.

— Die staatliche Verantwortung für Risiken der Technik, 1986.

Nicolaysen, Gert: Autonome Handelspolitik der Europäischen Wirtschaftsgemeinschaft, in: v. Münch, Ingo (Hrsg.), Staatsrecht — Völkerrecht — Europarecht, Festschrift für Hans-Jürgen Schlochauer, 1981, 855.

Niehues, Norbert: Schul- und Prüfungsrecht, 1976.

Nüßgens, Karl / *Boujang,* Karlheinz: Eigentum, Sozialbindung, Enteignung, NJW-Schriftenreihe, Heft 44, 1987.

Oerter, Stefan: Neue Wege der Exportkontrolle im Bereich der Rüstungsgüter, in: Zeitschrift für Rechtspolitik, 1992, 49, AZ 412.

Oppenheim, Lana / *Lauterpracht,* Hersch: International Law, Vol. 2, 7. Aufl. 1952.

Ossenbühl, Fritz: Welche normativen Anforderungen stellt der Verfassungsgrundsatz des demokratischen Rechtsstaates an die planende Tätigkeit?, DJT 1974, Bd. I, Teil B, 60.

— Verwaltungsvorschriften und Grundgesetz, 1968.

Petersmann, Ernst-Ulrich: Handelspolitik als Verfassungsproblem, in: Jahrbuch für die Ordnung von Wirtschaft und Gesellschaft, Bd. 39, 1988, 239.

— Internationale Wirtschaftssanktionen als Problem des Völkerrechts und des Europarechts, in: ZVgl.RWiss. 1981, 1.

— Constitutional functions and constitutional problems of international economic law, 1991.

Pietzcker, Jost: Vorrang und Vorbehalt des Gesetzes im Wandel, in: JUS 1979, 710.

— Mitverantwortung des Staates, Verantwortung der Bürger, in: JZ 1985, 209.

Putzier, Eckart: Die Ermächtigungen des Außenwirtschaftsgesetzes, 1987.

Reichel, Hans Gerhard: Die auswärtige Gewalt nach dem Grundgesetz für die BRD vom 23.5.1949, Schriften zum öffentlichen Recht, Bd. 43, 1967.

Reimer, Georg: Die internationale Luftfahrt im Spannungsumfeld von Politik und Recht, in: Zeitschrift für Luft- und Weltraumrecht, 1984, 20.

Renwick, Ronald: Economic Sanctions, Harvard Studies in International Affairs, N° 45, 1981.

Ress, Georg: Die Auswirkungen des europäischen Gemeinschaftsrechts auf die deutsche Rechtsordnung, in: Der Beitrag des Rechts zum europäischen Einigungsprozeß, 1984, 43.

— Wechselwirkungen zwischen Völkerrecht und Verfassung bei der Auslegung völkerrechtlicher Verträge, Berichte der Deutschen Gesellschaft für Völkerrecht, Heft 23, 36.

— Das Souveränitätsverständnis in den Europäischen Gemeinschaften, 1980.

— Die Rechtslage Deutschlands nach dem Grundlagenvertrag vom 21.12.1972, 1978.

— The Delimitation and Demarcation of frontiers in international treaties and Maps, in: National and international boundories, Thesaurus Acroasium, Vol. XIV, 1985, 447.

— Die Kontrolle internationaler Verträge und der Akte der Europäischen Gemeinschaften durch das Bundesverfassungsgericht, in: Keio Law Review, 1983, 49.

— Die Autorität des Verfassungsrechts, in: Die Autorität des Rechts, Referate des wissenschaftlichen Kolloquiums aus Anlaß des 65. Geburtstags von Karl Doehring am 17.3.1984, Heidelberg 1985, 28.

— Mangelhafte diplomatische Protektion und Staatshaftung, in: ZaöRV 32 (1972), 420.

— Diplomatischer Schutz, Seidl-Hohenveldern (Hrsg.), Lexikon des Rechts — Völkerrecht, 1985, 54.

— Die Einzelfallbezogenheit in der Rechtsprechung des Europäischen Gerichtshofes für Menschenrechte, Festschrift für H. Mosler, 1983, 719.

— Wichtige Vorlagen deutscher Verwaltungsgerichte an dem Gerichtshof der Europäischen Gemeinschaften, in: Die Verwaltung, 1987, 177.

Riedel, Norbert: Bundeswehr mit „blauen Helmen"?, in: NJW 1989, 639.

Rieder, Bruno: Die Entscheidung über Krieg und Frieden nach deutschem Verfassungsrecht, Schriften zum öffentlichen Recht, Bd. 459, 1983.

Ronellenfitsch, Michael: Das Genehmigungsverfahren von Kernkraftwerken, 1984.

Rottmann, Frank: Der Vorbehalt des Gesetzes und die grundrechtlichen Gesetzesvorbehalte, in: EuGRZ 1985, 277.

Rousseau, Jean-Jacques: Le droit des conflits armés, 1983.

Rupp, Hans H.: Grundfragen der heutigen Verwaltungslehre, 1965.

Schenk, Dedo von: Das Problem der Beteiligung der Bundesrepublik Deutschland an Sanktionen der Vereinten Nationen, besonders im Falle Rhodesiens, in: ZaöRV, Band 29 (1969), S. 257.

Scheuner, Ulrich: Die Neutralität im heutigen Völkerrecht, 1969.

— Der Bereich der Regierung, in: Rechtsprobleme im Staat und Kirche, Festschrift für Rudolf Smed, 1952, 120.

Schiedermair, Hartmut: Das Phänomen der Macht und die Idee des Rechts bei Gottfried Wilhelm Leibniz, 1970.

Schiedermair, Hartmut / *Dörr,* Dieter: Der Schutz der Deutschen Handelsflotte, 1985.

Schmidt, Reiner: Der Verfassungsstaat im Geflecht internationaler Beziehungen, VVDStRZ 36 (1978), 65.

Schmitt, Carl: Freiheitsrechte und institutionelle Garantien der Reichsverfassung, 1931.

Schneider, Hans: Gesetzgebung: ein Lehrbuch, 1982.

Scholz, Ruppert: Parlamentarischer Untersuchungsausschuß und Steuergeheimnis, in: AÖR 105 (1980), 598.

— Wie lange bis „Solange III"?, in: NJW 1990, 941.

Schröder, Meinhard: Wirtschaftssanktionen der Europäischen Gemeinschaften gegenüber Drittstaaten, in: GYIL 23 (1980), 11.

Schumann, Ekkehard: Die Befreiung der Rechtsanwaltschaft von obrigkeitlichen Schranken, in: NJW 1990, 2089.

Schuppert, Gunnar Falke: Die verfassungsrechtliche Kontrolle der Auswärtigen Gewalt, 1973.

Schwabe, Jürgen: Probleme der Grundrechtsdogmatik, 1977.

Schweisfurth, Theodor: Rechtsfragen der Raketenstationierung, in: NJW 1984, 1506.

— Die „Zustimmung" der Bundesregierung zur Stationierung amerikanischer Mittelstreckenraketen in der Bundesrepublik Deutschland, in: Archiv des Völkerrechts, Bd. 22 (1984), 195.

Schweitzer, Michael: Staatennachfolge, in: Seidl-Hohenveldern, Lexikon des Rechts — Völkerrecht, 1985, 257.

Schwenk, Walter: Handbuch des Luftverkehrsrechts, 1981.

Seewald, Otfried: Zum Verfassungsrecht auf Gesundheit, 1981.

— Gesundheit als Grundrecht, 1982.

Seidl-Hohenveldern, Ignaz: Gleichheit, in: Seidl-Hohenveldern (Hrsg.) Lexikon des Rechts — Völkerrecht, 1985, 107.

Simma, Bruno: Termination und Suspension of Treaties, in: GYIL, Vol. 21 (1979), 75.

von Simson, Werner / *Kriele,* Martin: Veröffentlichungen der Vereinigung der deutschen Staatsrechtslehrer, Heft 29 (1971).

Spiegel, Hans Ulrich: Die neuen Richtlinien für die Übernahme von Ausfuhrgewährleistungen durch die Bundesrepublik Deutschland, in: NJW 1984, 2005.

Staupe, Joachim: Parlamentsvorbehalt und Delegationsbefugnis, Schriften zum öffentlichen Recht, Bd. 506 (1986).

Stein, Torsten: Rechtliche Aspekte einer Beteiligung der Bundesrepublik Deutschland an Friedenstruppen der Vereinten Nationen, Beiträge zum ausländischen öffentlichen Recht und Völkerrecht, Bd. 101 (1990).

Steinberg, Rudolf: Art. 12 — Freiheit des Berufs- und Grundrechte der Arbeit und der Verwaltungsvorbehalt, in: AÖR 110 (1985), 255.

Steinicke, Dietrich: Wirtschaftskrieg und Seekrieg, Die allgemeine völkerrechtliche Anerkennung des anglo-amerikanischen Kriegsbegriffs und ihre Rechtsfolgen, 1970.

Steinkamm, Arnim: Repressalie, in: Seidl-Hohenveldern (Hrsg.), Lexikon des Rechts — Völkerrecht, 1985, 226.

Stern, Klaus: Gesetz zur Förderung der Stabilität und Wachstum der Wirtschaft, in: DÖV 1967, 657.

Stettner, Rupert: Der Verwaltungsvorbehalt, in: DÖV, 1984, 611.

Tomuschat, Christian: Die Auswärtige Gewalt der EWG erhält feste Konturen, in: EUR 1977, 157.

— Der Verfassungsstaat im Geflecht der internationalen Beziehungen, VVDStRL 36 (1978), 7.

— Repressalie und Retorsion. Zu einigen Aspekten ihrer innerstaatlichen Durchführung, in: ZaÖRV 33 (1973), 179.

— Deutscher Beitrag zu UN-Friedenstruppen, in: Außenpolitik 1985, 272.

Trevirauns, Hans-Dietrich: Vorbehalte zu normativen völkerrechtlichen Verträgen in der Staatspraxis der BRD, in: DÖV 1976, 325.

Triepel, Heinrich: Delegation und Mandat im öffentlichen Recht, 1942.

Topf, Eberhard: Die Kündigung von Verträgen des Deutschen Reiches mit auswärtigen Staaten, in: AÖR 59 (1931) 343.

Verdross, Alfred / *Simma,* Bruno: Universelles Völkerrecht, 3. Aufl., 1984.

Verhoeven, Joe: Sanctions internationales et Communautés Européennes, in: Cahiers de Droit Européen, 1984, 259.

Vitzthum, Wolfgang: Die Menschenwürde als Verfassungsbegriff, in: JZ 1985, 201.

Wahl, Rainer: Gesetzgeber und Juristenausbildung, in: DVBl. 1985, 822.

Weber, Albrecht: Nachrüstung und Grundgesetz, in: JZ 1984, 583.

— Schutznormen und Wirtschaftsintegration, 1982.

Weber, Ludwig: Blockade, in: Bernhardt (Hrsg.), Encyclopedia of Public International Law, Vol. 3, 1982, 47.

Wengler, Wilhelm: Völkerrecht, Band I, 1964.

Wetzel, G. / *Rauschwing,* D.: The Vienna Convention on the Law of Treaties, Travaux preparatoires, 1978.

Wieland, Joachim: Verfassungsrechtliche Grundlagen und Grenzen für den Einsatz der Bundeswehr, in: Deutsches Verwaltungsblatt, 1991, 1174.

Wiese, Walter: Verfassungsrechtliche Aspekte der Vorbehalte zu völkerrechtlichen Verträgen, in: DVBl. 1975, 73.

Wildhaber, Luzius: Der Fall Temeltasch und die auslegenden Erklärungen der Schweiz, in: EuGRZ 1983, 145.

Wolf, Joachim: Zurechnungsfragen bei Handlungen von Privatpersonen, in: ZaÖRV 1985, 233.

Wolf, Rainer: Das BVG — Hüter der Umwelt?, in: Bundesverfassungsgericht Bd. 17, 1984, S. 239 ff, Kritische Justiz, Heft 3, 1984, 239.

Wolfrum, Rüdiger: Internationale Organisationen, in: Seidl-Hohenveldern (Hrsg.), Lexikon des Rechts — Völkerrecht, 1985, 127.

Zemanek, Karl: Economic warefare, in: Bernhardt (Hrsg.), Encyclopedia of Public International Law, Vol. 3, 1982, 163.

Zehetner, Franz: Wirtschaftskrieg, in: Seidl-Hohenveldern (Hrsg.), Lexikon des Rechts, Völkerrecht, 1985, 349.

Zeitler, Franz-Christoph: Verfassungsgericht und völkerrechtlicher Vertrag, Schriften zum öffentlichen Recht, Bd. 251, 1974.

Zimmer, Gerhard: Funktion — Kompetenz — Legitimation. Gewaltenteilung in der Ordnung des Grundgesetzes, 1979.

Zuck, Rüdiger: Die notwendige Reform des anwaltlichen Standesrechts, in: NJW 1988, 175.

Zuppi, Alberto: Die bewaffnete Auseinandersetzung zwischen dem Vereinigten Königreich und Argentinien aus völkerrechtlicher Sicht, 1990.

FSC
www.fsc.org
MIX
Papier | Fördert
gute Waldnutzung
FSC® C083411

Kolibri 360 GmbH
Ferdinand-Jühlke-Straße 7
99095 Erfurt, Deutschland
produktsicherheit@kolibri360.de

Druck:
CPI Druckdienstleistungen GmbH
im Auftrag der
Kolibri 360 GmbH
Ferdinand-Jühlke-Str. 7
99095 Erfurt